Ni Buzhidao De
你不知道的
中国地理文化

U0627854

燕赵沃野

本书编写组◎编著

河北

（二）

中国旅游出版社

编委会名单

序

　　我们伟大的祖国有 960 万平方公里的辽阔疆土和 1.8 万公里的海岸线。从东到西，由南向北，壮丽的山河、富饶的土地，蕴藏着无尽的宝藏，滋养了伟大的中华民族；各地区独具特色的地域文化，共同形成了生生不息、绵延不绝的中华五千年文明。

　　数千年来，地理环境的不同生成了不同的民族，也成就了不同的文化。北方的草原大漠既养育了能征善战、驰骋欧亚的一代天骄，也造就了千年不衰的敦煌文化和鬼斧神工的月牙泉奇景；东南沿海辽阔的海疆，既便利了徐福、郑和扬帆远航，传播中华文明，吸收海外文化，也成就了一代又一代侨商巨贾，让中国人的足迹踏遍海角天涯；江南水乡富饶的阡陌田畴既哺育了成百上千的文人雅士，也雕琢出道法自然、幽雅绝伦的江南园林；如果说青藏高原的雄伟雪峰、蓝天白云和千古冰川是虔诚宗教的天然乐土，那么川渝的灵山秀水、天府的氤氲气候则是孕育辛辣美味的川菜佳肴的必备温床……在中国这块神秘的土地上，随处可见的是自然和人文的完美结合，随时可感的是中国地理文化的独特魅力。中国人崇尚天人合一，崇尚自然，寄情于山水，借山水寓思想；名山大川，野径小溪，一草一木，不仅成为中国人精神的慰藉，而且承载了中华民族灿烂的文化。

　　我们编辑出版这套《中国地理文化丛书》，意在区分不同地域，采用通俗易懂的问答形式向读者介绍各地特有的地理风貌、历史遗存、民风民俗、逸闻逸事、宗教文化、风土人情。条目的选取以突出地域性、知识性和可读性为标准，力求让读者通过浅阅读，收获真知识和正能量。为便于查询,本书特按省、市、自治区行政区划编辑成册,每册又以地市级行政区划编目。为保证质量,我们特邀数百位长期从事历史、地理、旅游研究的专家、学者联合编撰,使图书既不失严谨而又真正做到了简约生动,通俗易懂。

　　了解中华大地不同地域自然和文化的发展和演变,既有助于了解我们世世代代赖以生存的这块土地的昨天和今天,又有助于了解我们伟大的民族和悠久文化的昨天和今天,更有助于把握我们的民族和文化的未来。特别是在中华民族复兴之梦日渐光明的今天,这项工作显得尤为重要。如果我们的努力能为这项神圣的使命贡献一份绵薄之力,那将是我们的无上荣光!

目录
CONTENTS

唐 山

廊 坊

保 定

衡 水

邢 台

唐 山

　　唐山地处环渤海中心地带，南滨渤海，北依燕山，东与秦皇岛市接壤，西与北京、天津二市毗邻，隔海与朝鲜和韩国相望，素有"京东宝地"之称，是具有百年历史的中国沿海重工业城市。

　　唐山地理位置优越，自然资源丰富。北部低山丘陵区盛产板栗、核桃、苹果、山楂、梨、桃、葡萄等干鲜果品，"京东板栗"在国内外久享盛誉；中部平原盛产玉米、小麦、水稻、棉花、蔬菜等农副产品，素有"冀东粮仓"之称；东部沿海既是渤海湾的主要渔场，又是著名"长芦盐"的重要产区。唐山矿产资源丰富，现已探明储量的矿藏有 47 种，煤炭保有量 62.5 亿吨，是全国焦煤的主要产区；铁矿保有量 57.5 亿吨，是全国三大铁矿区之一。石灰岩、石油、天然气、黄金、银、锰、铅、锌、石英、云母、磷矿等储量也十分可观。唐山旅游景观独具特色。清东陵是我国现存规模最大、建筑体系最完整的皇家陵寝。景忠山、喜峰湖、水下长城、菩提岛、金银滩海滨浴场、大钊公园等多处人文、自然景观，每年都吸引着众多中外游客。

唐山经济基础比较雄厚，经济发展较快。1989 年跻身全国国内生产总值超百亿元城市行列，2000 年全市国民生产总值达到915 亿元，综合实力进入全国大中城市 50 强。中国第一座现代化煤井、第一条标准轨铁路、第一辆蒸汽机车、第一袋水泥、第一件卫生陶瓷都在唐山问世，唐山被誉为中国近代工业的摇篮。经过 100 多年的发展，唐山的工业已形成煤炭、电力、钢铁、建材、机械、化工、陶瓷、纺织、造纸、食品十大支柱产业。开滦煤矿、唐山钢铁公司、唐山发电厂、渤海水泥集团、南堡盐场、唐山陶瓷集团、唐山三友集团、唐山机车车辆厂等一批大中型企业在国内同行业中占有重要地位。

唐山是怎样得名的？

"唐山"一名的由来要追溯到唐朝贞观年间。贞观十九年（645 年）二月，唐太宗李世民亲率 10 多万唐军东征高丽，遇到了高丽军队的顽强抵抗，久攻不克，粮草将尽。唐太宗于九月下令班师。归途中途经唐地，唐太宗曾在大城山屯驻，以后此山遂名"唐山"，这是唐山得名的开始。后来的《永平府志》《大清一统志》《畿辅通志》《滦州志》等史志对此有过记载。大城山下的封大水（《水经注》记，今陡河）遂名"唐溪"，意为唐山脚下的河水，河上建桥名曰"唐山桥"。唐山的许多地名都缘于唐太宗东征的传说，如钓鱼台、晾甲山（今亮甲店）、三跳涧等。

唐山为何有"北方瓷都"之称？

唐山的陶瓷工业规模之大，历史之长，都名副其实地证明着它是北方瓷都。唐山的陶瓷手工制造可以上溯到距今四五千年前的"红山文化"类型的新石器时代。1981年唐山古冶区北寺商代遗址的发掘中就发现两座陶窑，1985年至1990年在丰润县东欢坨相继发现了战国村落遗址，村落中的陶窑内有烧制的各种类型的陶器，足见唐山的制陶业久远。明朝永乐二年（1404年）明成祖朱棣"迁江、浙、鲁、闽、晋之民充实边塞"，将制瓷技术又传到唐山，遂成为北方陶瓷重要产销地之一，至清末民初唐山窑业兴隆，又发展了白瓷、彩瓷。新中国成立后，党和政府大力扶植地方工业，唐山迅速发展成为生产规模仅次于景德镇的新兴陶瓷产区。陶瓷产品扩展为日用陶瓷和建筑陶瓷两大类，日用陶瓷由粗瓷发展为细瓷，由单件发展到茶具、咖啡具、中西餐具等成套瓷；建筑陶瓷由墙地砖发展到系列卫生瓷。现在，唐山的陶瓷产品品种已超过1000种，具有先进水平的骨质瓷、白玉瓷、玉兰瓷、白兰瓷，均为高级细瓷品种，被誉为"四朵金花"，多次获得国内和国际奖励，产品销往五大洲几十个国家，成为唐山经济发展的一大支柱产业。

滦河流域古地层是怎样形成的？

唐山大地北依燕山，南临渤海。远古时期，这里曾是渤海的一部分，其陆地的形成经历了漫长的岁月。

20世纪70年代，美国的地球物理探测卫星在探测到燕山山

▲ 滦河

脉时，发现了一条构造十分奇特的岩石带。后经测量，这一岩石带就位于今唐山市迁西县太平寨一带。科研人员采集了大量岩样，对岩石进行科学测定，测定出这里的岩石形成于早太古纪，距今已有 36.7 亿年，是目前已知的地球上最古老的岩石之一。

到了古生代末期（距今 6 亿年到 2.25 亿年前），这里出现了大片的蕨类为主的原始森林。后来这些树木死亡于凹陷下沉的内陆盆地，逐渐形成了蕴藏丰富的煤矿。

在中生代三叠纪（约 2 亿年前），陆生植物分布很广，地壳运动剧烈，岩浆侵入和喷出，构成层和褶皱，逐渐形成燕山山脉。后来由于海进与海退与河流沉积又形成了平原。在新生代第四纪（二三百万年前），由于冰川的影响，沧海变为陆地。古濡水（滦河）、封大水（陡河）等河流挟带泥沙向渤海湾西部堆积，从而逐渐把燕山东南麓的浅海大陆架填高成为陆地。温湿的气候，充裕的水域，丰厚的土壤，使古人类得以在这里生活、繁衍，因此可以说，滦河也像长江、黄河一样，是中国古代文明的发祥地之一。

唐山人民的抗震精神是什么？

1976 年 7 月 28 日凌晨 3 时 42 分，唐山、丰南一带发生强烈地震。震中东经 118 度 11 分，北纬 39 度 38 分，震级达 7.8 级。震中烈度 11 度，震源深 11 公里。当时，人们正在酣睡，万籁俱寂，突然蓝光闪过，地声轰鸣，房倒屋塌，地裂山崩，数秒之内，百年重镇被夷为平地。此次地震，共震亡 24 万多人，16 万多人受伤，整个唐山市变成了一片废墟，巨大的人员伤亡和财产损失世所罕见。

地震发生后，唐山人民在中国共产党领导下，发扬了风雨同舟、生死与共、先人后己、公而忘私的共产主义精神，在余震频频中，幸存者奋力挣扎，匍匐互救，相濡以沫。党中央、国务院急电全国火速救援。10 余万解放军星夜奔驰，舍生忘死，排险救人；5 万名医护人员及干部、民工救死扶伤，运送物资。震后 10 天，铁路通车，不到一个月，学校相继开学，工厂先后复产，商店重新开业。

自 1979 年，唐山重建全面展开，经过 20 多年的开拓进取，奋力拼搏，唐山新城已是高楼林立，交通发达，百业俱兴，成为冀东大地上的一颗璀璨的明珠。1996 年，江泽民总书记亲临唐山，面对唐山抗震 20 周年所取得的辉煌业绩，欣然提笔致词："弘扬公而忘私，患难与共，百折不挠，勇往直前的抗震精神，把新唐山建设得更繁荣、更美好！"唐山人民在抗震救灾，重建家园的伟大实践中所结晶而成的抗震精神，将指引唐山战胜一个又一个困难，取得一个又一个胜利。

唐山有哪些重要的旅游区？

唐山全市旅游资源开发的总体框架是，重点开发"两线"，即北部山区长城一线和南部乐亭沿海一线。组建了 4 个旅游功能区：1. 北部长城沿线观光和度假旅游功能区。依托明长城、清东陵、汤泉、鹫峰山、喜峰湖、景忠山、蓟镇总兵府等资源，建成具有国际吸引力的古代文化观光和度假旅游区。2. 海滨度假、海岛生态旅游功能区。充分利用乐亭海滨、海岛资源，建成集自然生态观光、海滨度假、夏令营基地、会议培训于一体的度假旅游区。3. 中部周末休闲旅游功能区。包括曹雪芹祖籍、灵山、白羊峪等旅游区。4. 市中心文化科普旅游功能区。包括地震科普项目、南湖生态公园、大城山、凤凰山 3 个特色公园。

到 2005 年，唐山在创建成功 2 个国家级旅游名牌产品、3 个省级特色旅游产品的同时，形成三条项目饱满的旅游线路：第一条线是涵盖清史各个文化层面的"北京、唐山、承德大三角环形观光游"；第二条线是可充分领略厚重历史及民俗民风的"古长城民俗文化游"；第三条线是以菩提岛、月坨岛、金沙岛三个不同风格的近海岛屿为主要内容的"海滨度假游"。

唐山市正日益成为华北地区重要的旅游目的地之一。

唐山保留了哪些地震遗迹？

1976年地震后，国家地震局决定在唐山灾区保留若干处地震遗迹、遗址，他们经过多次实地考察，反复研究、对比，并经与唐山市政府协商，决定选择保留地震遗迹、遗址10处，可分为三类：

第一类是关于地震断裂情况的遗迹、遗址共有三处：一处是原唐山市第十中学院内错位的房基、小路、树行、地下排水管；第二处是吉祥路一段树行的震时错动；再有就是唐山生产资料公司院内一块场地，震时房基、树行发生错动。

第二类是作为研究建筑抗震问题的遗址，有五处：

1. 达谢庄原第一小学一幢三层楼房。震时虽有破坏，但未倒塌。

2. 河北矿冶学院（今河北理工学院）图书馆楼。

3. 原唐山地区交通局的一幢办公楼，虽经破坏，但未倒塌。

4. 唐山机车车辆厂原铸钢车间，震时全部倒塌，现在保存了有代表性部分，如烟囱、电杆、厂房一部分。

5. 利民桥，由于桥梁震时移动，致使中间一跨的桥梁错开，桥墩倾斜。

第三类是地震中受损较轻，对研究抗震建筑有价值的遗址，有两处：

一是唐山钢铁公司俱乐部。经简单维修后，整座建筑仍能正常使用；

二是唐山陶瓷厂原办公楼，建筑基本完好，现已改作它用。

上述遗迹被列为国家在地震遗迹方面的重点保护项目，也是我国首次保留的 10 处地震遗址。

理 工学院图书馆楼地震遗址的特点是什么？

河北矿冶学院（今河北理工学院）图书馆楼于 1975 年动工修建，1976 年 7 月建成，尚未使用即被震毁。建筑面积为 4090 平方米，建筑平面造型是"T"形，分阅览室与书库两部分。南面为 3 层阅览室，东西长 70 米，宽 12 米，高 13.5 米，可容纳 750 人同时阅览。阅览室为钢筋混凝土无梁楼板、砖墙。该馆地处地震构造带西北 4 公里，系为 7.8 级地震的十度裂度区内。阅览室西部倒塌，东部震裂；书库倒塌形式更为复杂，第一层全部破碎，2~4 层仍为一体，书库向东北方向剪切移动约 1 米，然后坐落下来。其被毁后现状，保留了地震时地面水平运动留下的痕迹。

唐 山机车车辆厂铸钢车间地震遗址的特点是什么？

地震时，该厂房正处于宏观震中，裂度为 11 度，3 跨厂房除部分中间支柱扭曲、倾斜之外，四周墙柱全部倒塌，屋架大部分落地。厂房南侧的砖砌烟囱，原高 25 米，地震时因受上下颠簸的影响，变成套筒式结构，全高只剩下 19.01 米。被损后的现状，保留了地震时地面垂直运动所留下的痕迹。

唐山抗震纪念碑展示了哪些内容？

唐山抗震纪念碑位于唐山市路南区新华道和文化路交叉口，1986年唐山地震十周年时落成。纪念碑由主碑、副碑等部分组成。主碑高33米，以主体和浮雕组成。主体上部为4根梯形钢筋混凝土独立柱，花岗岩贴面，由4个不同方向集聚于一个中心，犹如4只伸向天际的巨手，象征着唐山人民不屈不挠的抗震精神，象征着全国四面八方大力支援唐山的抗震救灾和恢复建设，象征着人类对地震灾害不懈探求和人定胜天的精神，表现新唐山的兴旺发达、蒸蒸日上。下部8块浮雕组成正方形，构图严谨匀称，主题深沉凝重，浓缩了唐山抗震10年的历史，是一部生动形象、深沉厚重的教科书。碑座为正方形，总高度2.8米，共分为4层，每层7级台阶，共28级，象征"7·28"唐山地震日。副碑以花岗石堆成废墟形式，碑中心正面镌刻碑文，记载震灾及救灾事迹。碑后为地震烈度分布图。纪念碑旁还有地震资料纪念碑等建筑，总建筑面积4.8万平方米。

清东陵规模有多大？

清东陵位于遵化市境内，是中国最后一个封建王朝——清王朝帝后妃陵寝，也是中国现存规模最大、体系最为完整的皇家陵寝。

清东陵始建于顺治十八年（1661年），陵寝建筑分布在48平方公里范围内，15座帝后妃陵依昌瑞山自东向西排开，气势宏伟。从1663～1935年，先后葬入清朝顺治、康熙、乾隆、咸丰、同治5位皇帝，包括孝庄文皇后和慈禧在内的15位皇后，136位妃嫔，1位阿哥，共157人。整个陵区松柏常青，古木参天，朱墙碧瓦，

画栋雕梁。石雕以乾
隆帝裕陵地宫最为精
细，慈禧陵"凤在上
龙在下"透雕尤为鲜
见。近年来先后开放
了八陵四宫三馆一庙
等景点，游览面积达
19 万平方米。

▲ 清东陵神道

　　清东陵四面环山，
中间是平原，万山拱卫，众水夹流，朝向端严，堂局饱满，完全
是天造地设的上吉佳壤。各座陵寝皆在昌瑞山南麓依山势而建，
主次分明，尊卑有别。陵寝建筑之美与山水自然之胜浑然一体，
使这座皇家陵寝越发威严、肃穆、富贵、华美。

顺治皇帝是怎样为自己选定陵址的？

　　清东陵正东三四十公里远的长城脚下，有一块方圆近百里的
风水宝地，此地既平坦又肥沃，北靠瑞云峰，南望沙碧水，东临
古刹禅林寺，西傍长城要塞罗文峪。自从清朝入关，孝庄皇太后
和多尔衮就派人四处为顺治帝选陵地，钦天监官员先后有两次来
到京东一带，当时的杜若预和杨宏量均看中了这块宝地，回京禀
报皇上，顺治听了很高兴，答应要亲自审定。时隔不久，顺治皇
帝借来遵化一带行围打猎的机会，率领深懂"五行"的谋士杨宏
量、杜若预等大臣来到此宝地。顺治问杨宏量此地好之何在，奇
之何在？杨宏量立刻跪下详告："此地三面环山一面江，五凤朝阳
拱太皇，福大之人为吉地，千秋万代掌朝纲。"说罢，杨宏量带
路，给皇帝展现了由三面山脉构成的"五只凤凰"，好像正在展翅

朝向南面这块宝地飞翔。接着杨宏量又向皇帝报明陵地的水脉，陵地北面和宝地外围均有水，脉络清楚、通顺，既有潺潺细流，又能一泻千里，为宝地增添光辉。顺治皇帝听了表示满意，当即拍板定下陵址。

为何有清东陵还有清西陵？

　　清朝顺治帝的孝陵位于今遵化市马兰峪西的昌瑞山，在孝陵东侧又建起了康熙皇帝的景陵，昌瑞山被正式划为皇家陵区，陵墓可以一帝接一帝按顺序修建下去。可是到了第五帝雍正却改弦易辙，把自己的陵墓建在了远离昌瑞山五百多里的易县泰宁山（一作永宁山）下。是昌瑞山一带没有"吉穴佳址"了吗？不是，顺治帝的孝陵地处昌瑞山主峰下，位居首位，至高无上。陵寝规模宏大，建筑完备，为诸陵之首。其后代皇帝只能在孝陵旁侧相度而建，在规制上又不得逾越孝陵。雍正帝即位后，曾一度将自己的陵址定在昌瑞山一带的九凤朝阳山。雍正帝作为一代君王，万乘之尊，雄心勃勃，从不甘居人下，他也想把自己的陵墓修得像孝陵一样宏大，一样威风。这一目的只有远离遵化，另辟陵区，才能实现。此时恰有大臣上折，说九凤朝阳山吉地"规模虽大，而形局未全；穴中之土，又带砂石，实不可用"。于是雍正下令废九凤朝阳山吉地，命怡亲王允祥等人重新为其相度"万年吉地"。允祥等人终于在易县泰宁山找到了"乾坤聚秀之区，阴阳会合之所"。雍正帝也看中了此"吉址"，决定在泰宁山天平峪建陵，后定名泰陵。泰陵位于泰宁山主峰下，仿照孝陵，规模宏大，建筑完备，他的部分子孙后来也在泰陵两侧建起了众多陵墓，而泰陵成为诸陵之首。

　　昌瑞山在京师以东，所以称东陵，泰宁山在京师以西，称西陵。

"昭穆相建"是怎么回事？

自从雍正皇帝在易县泰宁山建立了泰陵，另辟了新陵区，从此出现了东、西两个陵区以后，他们的后代子孙皇帝怎么建陵？是建在东陵，还是建在西陵？有无必要另辟新的陵区？雍正的儿子乾隆首先遇到了这个问题。最初，乾隆皇帝为了"展孝思而申爱慕"，追随其父，想把自己的陵址选定在泰陵附近。但他又想，如果后来的子孙们都跟他学，追随其父，陵寝都会建在西陵，这就与东陵日远日疏，使其逐渐冷落下来，对不起他的祖宗。如果不制定一个具体章程，任凭子孙今后乱建，不是热了这头，冷了那头，就是热了那头，冷了这头，也许还会像他的父亲雍正皇帝那样，又另辟新的陵区，那就乱了章法，成何体统！经过周密思考，乾隆皇帝终于想出了一个高招儿，就是"昭穆相建"。左为昭，右为穆，古代宗法制度，无论宗庙中灵牌位次，还是墓地葬法，最高辈居中，以下父、子、孙等递分左右（昭穆）依次排列，即父在左，子在右，孙在左，曾孙在右，依此类推。东、西陵寝是以京都北京为中心而分的，东陵为昭，西陵为穆，乾隆帝让他的后代子孙按昭穆次序，在东西陵相递而建。为此，乾隆皇帝还专发了谕旨，不仅明确规定以后其子孙严格按照昭穆次序建陵，而且还明确了严禁开辟新陵区。乾隆帝改变初志，最后决定在东陵的胜水峪为自己建陵，让他的儿子嘉庆帝在西陵选择了陵址。但是，他想出的这个"昭穆相建"的方法，连他本身算起，只执行了两代，到了第三代道光就乱了章法。

孝 庄文皇后的昭西陵为何建在东陵陵区外？

清东陵有五座皇帝陵、四座皇后陵、五座妃园寝，唯独昭西陵建在陵区之外，大红门东侧，何以如此？

据史料记载，孝庄文皇后13岁时嫁给了比她大20岁的皇太极，被封为永福宫庄妃，深受皇太极宠爱。孝庄文皇后32岁时皇太极死去，她辅佐六岁的儿子福临当上了皇帝，即顺治帝。福临死后，孝庄文皇后又辅佐她的八岁孙子玄烨即了皇位，即康熙帝。孝庄文皇后对于建立清王朝，巩固封建统治，发挥过不容忽视作用。因此她受到了后世子孙的格外爱戴和尊敬。孝庄文皇后病重期间，康熙帝衣不解带，亲尝汤药，侍奉身边几十天。康熙帝曾向上天祈祷，要求减少自己的岁数，以延长孝庄文皇后的寿命。康熙二十六年（1687年）十二月二十五日，孝庄文皇后病逝，寿七十五岁。按说孝庄文皇后应与皇太极于沈阳昭陵合葬。但她死前曾说："太宗皇帝（皇太极）梓宫奉安已久，卑不动尊，此时不便合葬。我心恋汝父子，亦不忍远去。务于孝陵近地安厝。"康熙帝遵照遗嘱，在东陵围墙外，大红门东侧选择了一块吉址，把孝庄文皇后生前每每称赞、居住不久的紫禁城内一座大殿拆运到此，依原样重新建造起来，起名叫"暂安奉殿"，孝庄文皇后的棺椁在那里一直停放了37年。到了雍正二年（1724年），方将暂安奉殿改为陵寝。因皇太极陵叫昭陵，此陵在昭陵以西，所以叫昭西陵。按古代的丧葬和宗法制度，左方为尊，昭西陵正好选择在大红门左方。孝庄文皇后在东陵内葬的人中辈分最高，所以每次来陵寝祭祀都必须先到昭西陵，然后再到其他陵寝，把昭西陵建在诸陵之外，也有其实际意义。

慈 禧的菩陀峪定东陵返工重修的原因是什么？

慈禧、慈安两座太后陵都是在同治十二年（1873年）兴建光绪五年（1879年）竣工的，规制大小相同，在清代皇帝陵中已居上等，但慈禧仍不满意。在建陵过程中，慈禧亲自从北京来到东陵，视察了工程，在她的陵内地宫中，十分虔诚地将手腕上的十八颗珍珠手串取下来，放在"金眼吉井"之中，用以"息壤"和祈福求祥。光绪七年（1881年），45岁的慈安皇太后暴亡。从此慈禧独揽了大权。她生前高人一头，死后还想超人一等，总惦记着陵寝的工程和死后的享受，竟不顾甲午战争和全国灾情，不顾国库空虚和人民的死活，居然以菩陀峪陵寝工程"年久失修"为借口，决定拆除三殿，重新修建。严令原材料丝毫不得迁就重用。整个工程一直持续了14年，直到慈禧死时才算告终。

重建后的慈禧陵三殿工程，其工艺之精，耗资之巨，不仅超越了明、清各陵，就连明、清二十四位皇帝的宫殿也较之逊色。进入慈禧陵三殿，金光四射，宛如置身于黄金世界一般。为妆扮三殿，仅纯黄金就用了4590多两。

西 太后为何葬东面？

参观慈禧、慈安陵时，人们不禁要问，西太后为何葬东面，东太后为何葬西面？所谓东、西太后，本是按两宫太后所居住的地方而得的称呼。慈安生前居住在紫禁城内的东路钟粹宫，称东太后，慈禧生前居住在西路的储秀宫、长春宫，称为西太后。慈安16岁已立为皇后，而慈禧18岁进宫时只是一个贵人，一直到咸丰皇帝死时，才成为贵妃，距离皇后还差两级。在封建社会，人有尊卑，等级十分严格。皇家丧葬仪式规定，比皇帝晚死的皇后在帝陵侧旁另建陵园。咸丰帝的定陵坐落在清东陵的最西面，比他晚死的皇后只能葬在他的东侧，称为定东陵。地位高的皇后靠近皇帝。慈安陵靠西，慈禧陵靠东是由她们的地位决定的。再从东陵所设的神道来看，一律"以次接主"。慈安皇后陵的神道接在咸丰皇帝的主干神道之上，而慈禧陵的神道却接在慈安陵的神道之上，可见慈禧陵在东面，不仅不是强占了慈安的风水宝地，反而说明慈禧的地位远远不如慈安的地位高。

慈禧陵的石雕图案为何"凤引龙"？

凡是逛东陵的人，多数带着好奇的心情，要看一看太后陵内的"凤引龙"图案，这别出心裁的杰作，为什么会引起游客的兴趣？一百多年前，在兴建东、西两太后陵前，东、西两太后借同治谒陵之机，来到普祥峪，特意察看了定东、定西两座陵址。当监造大臣禀报隆恩殿前陛阶台石雕图案时，慈禧让他们先别定。巡视陵寝后，慈禧让慈安在大臣面前提出改绘图案。慈安郑重地说："隆恩殿前陛阶台的石雕绘制一幅新图案，不再效法前朝旧习，要变'龙引凤'为'凤引龙'。"具体做法慈禧讲道："鸾凤在上，蛟龙在下，形成凤龙戏火珠之图，碑石的格局与所定相同，要求只改图案就是了。"光绪十二年（1886），慈禧借光绪谒陵之机，再次来到东陵，此时慈安已暴亡好几年了。慈禧察看了隆恩殿前陛阶台上的"凤引龙"，乍一看，还可以，可仔细一看跟慈安陵内的，没啥两样，顿觉不悦，李莲英善解太后心意，就命监造大臣换了一块新石雕。监造大臣令民工把旧石雕埋在陵前地里，然后换上新的。新石雕长 3.18 米，宽 1.60 米，一改浮雕为透雕，"凤引龙追"的形态更是出奇，栩栩如生，活灵活现。又在隆恩殿周围的汉白玉望栏和栏杆上，布满了"凤戏龙"的雕刻图案。

传说中的香妃墓在东陵吗?

容妃是新疆维吾尔族人，信奉伊斯兰教。乾隆二十五年（1760 年）初入宫，备受乾隆宠爱，她的民族信仰和风俗习惯也得到了充分尊重，每次皇帝出巡必带容妃。乾隆五十三年（1788 年）病逝，终年 55 岁。她在宫中生活 28 个春秋，虽然未给皇帝生儿育女，但她一直宠幸不衰。容妃死后一百多年一直默默无闻，可是近几十年来，充满传奇色彩的"香妃故事"盛传民间，有人认为容妃就是香妃，容妃因此而名声大振。

关于香妃的传说很多，最具代表性的就是《清朝野史大观》中的香妃故事。传说香妃死后葬到了新疆的喀什，至今仍有香妃墓，而容妃则葬在了清东陵裕陵妃园寝内。1979 年在清理容妃墓地宫时，发现有遗骨、发辫，出土了一些丝织品、珠石等物，并且发现在棺椁的前面有用金漆手写的阿拉伯文"以真主的名义……"这说明清东陵的容妃墓入葬者是信奉伊斯兰教的新疆人。十几年来，经过研究考证，基本上形成了统一的看法，认为容妃就是香妃，死后葬在清东陵。

道光陵为什么要"搬家"到清西陵?

遵照乾隆皇帝"昭穆相建"的谕旨，嘉庆皇帝在西陵修建了昌陵，嘉庆之子道光帝旻宁就应在东陵建陵。道光帝即位后在东陵界内相度了万年吉地，历经七个寒暑始建成。而道光帝死后却葬在了易县清西陵。原来宝华峪陵寝因修建地宫时，没有设置龙须沟，地宫里渗了水，不能排除，道光帝得知此事后，非常恼怒，严惩承修陵寝的官员，下令将用工七年之久，耗费数百万两白银建起的宝华峪陵寝彻底拆除。

本来地宫出现渗水，是完全可以采取补救措施，就地解决的。由于道光帝在西陵找到了比东陵的宝华峪更为理想更中意的龙泉峪，就以渗水为借口，决心把陵寝建到西陵。他在西陵龙泉峪重建的陵寝隆恩殿前石上留下的诗中泄露了迁陵的"天机"，在注释中，他更为明确地说："予因宝华峪办理不善，规制又拂朕意，不能不改图吉壤。特命禧恩等遍行相度，再历春秋，始得兹地。"这位一生标榜"节俭""敬天法祖"的皇帝，也不顾违背"昭穆相建"的祖制，不惜陵寝两建一拆，耗费巨资把陵寝由清东陵搬到清西陵。

贵妃地宫中怎么会有皇后的棺椁？

在裕妃园寝纯惠皇贵妃的地宫中，有一座皇后的棺椁，引起游人的疑问，这就是名存实废的乌喇那拉氏。乾隆三十年（1765年），乾隆皇帝巡游江南，随行的乌喇那拉皇后还在船上庆贺了生辰，后来却不见了皇后的身影，被专人护送回京了。原来在这次巡游中，帝、后之间发生了口角，皇后竟然剪下了头发。按照清朝的规制，皇帝死时，所有后妃均摘下头饰，披散头发，还要剪下一绺头发，以示对帝王的哀思。乌喇那拉皇后的举动，等于诅咒皇帝早死一样，堂堂一国之君怎能容皇后如此呢？回京之后，乾隆皇帝真想把她废掉，因"乌喇那拉氏入宫多年没有失德之处"，没有得到群臣的同意，皇帝只好把皇后的位号保留下来，但是把晋升时所存留的全部绢宝（印在绢上的印记）统统烧掉，把手下的用人裁减，只留两人，每年分得的银两、物品也都被扣减了，皇后只是空有其名了。皇后死时四十九岁，死后连座坟头都没有，寄葬在纯惠皇贵妃的地宫中，安排在东侧。死后无谥号，只能以乌喇那拉氏称呼。直到 1983 年裕妃园寝开放，乌喇那拉皇后的棺椁才为世人所见。

东 陵大盗孙殿英是如何疯狂盗宝的？

　　随着清王朝的覆没，东陵护卫已名存实亡。当时驻扎在蓟县马伸桥一带的国民革命军第十二军军长孙殿英，对慈禧陵葬宝早有耳闻，此时更是眼红。

　　1928 年 7 月初，孙殿英得知土匪收编的奉系第二十八军马福田团由保定开往滦县途中进驻马兰峪企图盗宝，便命师长谭温江率部连夜出击。击退马福田之后，部队竟直奔东陵，伪称要搞军事演习，实则开始了盗陵活动。

　　谭温江部进入陵区，白天层层设岗，断绝行人，深夜动用工兵挖坟盗墓。从 7 月 2 日始 6 天之内，先后盗掘了慈禧与乾隆的陵墓，将地宫及棺中的珍宝大肆洗劫。匪徒们抡镐操锹在古洞门内掘开了洞口，拆开金刚墙，钻进了墓道，撞开了两道汉白玉石门就进入了墓室。慈禧的棺椁停放在正中的石座（宝床）上，外椁为金丝楠木所制，上面漆有 49 道漆，最外层金漆，闪闪发光。匪徒们劈开外椁，撬开内棺，揭开"子盖"，慈禧的尸体躺在里面，虽然死后 20 年还如同活人一般，吓得匪徒惊叫起来。在长官的催促下，首先收走尸身周围的大件宝物：翡翠西瓜、蝈蝈白菜……为了尽取慈禧身下的珠宝，便将慈禧尸身甩在棺外，棺内珠宝搜尽之后，又将棺木掀翻，在棺下的石床上还有一眼井，井中还存有大量宝物，匪徒们又扒下了慈禧身上的龙袍和内衣，解下了周身的珠串，用刀撬开嘴，取出了一粒又大又圆的明珠。

　　孙殿英盗墓，使中国的国宝遭到了极大劫难。

孙殿英盗宝大案为何不了了之？

清东陵的裕陵、慈禧陵被孙殿英洗劫后，正在天津张园闲居的清末逊帝溥仪从报纸上看到了消息，他嚎啕大哭，悲恸欲绝，在张园里搭设了灵堂和祭坛，供上了乾隆皇帝和慈禧的灵牌，日夜焚香，朝夕祭拜。清朝宗室、遗老遗少们纷纷聚集张园，随同行礼，跪拜举哀。溥仪素服减膳，悲恸万分，在灵堂发誓："不报此仇，誓不为爱新觉罗后裔。"溥仪强烈要求民国政府和北平卫戍司令部严惩盗陵匪首，派兵保护清陵。同时，许多社会名人、民间团体、报馆纷纷强烈要求严惩盗陵罪犯，一时间成为全国舆论的焦点。南京政府和北平卫戍司令部面对强大的社会舆论不得不做出一番姿态，表示要严缉凶犯。

孙殿英见他的盗陵行径被揭露，引起全国的愤怒，心里发了慌。于是，他向南京政府军政要员进行大肆贿赂。这些国府大员们得了孙殿英的宝物后，哪能再认真追办盗陵案？况且孙殿英当时拥有军队，颇有实力，是一个不大不小的军阀，南京政府总想收买利用他，不会轻易把他惹翻。尽管溥仪四面活动，八方告状，但查办盗陵犯一案一拖再拖，竟至最后不了了之。

孙殿英1947年被人民解放军生俘，在监狱中结束了他罪恶的一生。

汤泉为何备受皇家青睐？

汤泉位于遵化市西北汤泉村东，距城区18.5公里，历史上曾是皇家洗浴之地。这个汤泉历史悠久，而且很有特色，早在1300多年前就被开发利用。当年唐太宗李世民东征时，就曾在此驻跸沐浴，并赐名为"福泉"。汤泉周长约23米，四周由大理石砌成，池上有石栏，建有"流杯亭"。明万历五年（1577年），戚继光任蓟镇总兵时曾修葺汤泉。泉水水质甚佳，内含硫黄等多种矿物质，常浴可健身。清朝皇帝对汤泉尤为酷爱，康熙皇帝不仅多次到此，题诗作赋，修整池馆，而且建造了别具一格的流杯亭。该亭为八角攒尖顶，檐下雕龙，下有石凳，亭内顶端有木雕云龙，探头俯视亭内。地面石板上刻有"S"形水道石槽，热气腾腾的泉水从池南的石雕龙头引入石槽。如在亭中设宴，将盛酒的酒杯放在亭下环形石槽内，杯随水漂，在"漂杯"的过程中，水烫酒热。这种流杯饮酒之法，古已有之，但利用温泉"流杯"，却是汤泉的一大特色。汤泉北百米处有六棱碑及清代皇帝的行宫，现行宫改建成工人疗养院。这里群山环绕，绿树成荫，环境清静，可观瞻古迹，洗尘健身。

鹫峰山为何又称"三台山"？

遵化城区以北6公里处，有一座拔地而起，突兀傲岸，远近闻名的佛教仙山——鹫峰山。鹫峰山原名三台山：因山有前台、中台和后台三台而得名。前台、中台即舍身台，后台即鹫峰岭。前台低平，中台峻峭，后台奇险。山中千年古刹栖云寺就坐落在奇险的鹫峰岭上。寺内供奉着十八罗汉、释迦牟尼、观音菩萨等佛像。栖云寺右上方的峭壁之下有座小庙，是为供奉慧能大师及其师父所建的。鹫峰山平均海拔500米，主峰海拔890米，景区总面积14平方公里，内有90万平方米的原始森林，森林覆盖率达90%以上。鹫峰山以"山名、寺古、树奇、石怪、崖绝、城窄"闻名遐迩：以第十五罗汉"阿氏多尊者"住守过这里而有名；栖云寺"重建在唐天宝，重修在大辽"乃为古；"兄弟柏""齐石松""钻天银杏"令人称奇,"龟石""猴石""飞来石"实属奇异,昔日高僧跳崖"舍身成佛"流传千古;山顶有石砌长城 1400 米,最窄处仅为 70 厘米,可称窄城之最。

景 忠山缘何得名?

景忠山位于唐山市迁西县境内,燕山余脉的南麓,长城脚下,滦河之滨。山为东西走向,背靠古镇三屯营,正中主峰突起,海拔 611 米。距北京 180 公里,天津 175 公里,景区面积 15 平方公里,大小景点 80 余处。明初景忠山有二名,南称明山,北称阴山。山形高峻耸拔,陡峭森立,山间苍松挺拔林立,高耸入云,有"万松穿石立,一径与天争"之势。它更有变幻神奇的云雾,时而冉冉浮忽,时而弥漫四合,仿佛群峰掩映大海之中,景色绮丽壮观。

景忠山峰巅最早的寺庙有"三忠祠",祠内奉祀蜀汉诸葛亮、南宋岳飞、文天祥三人。这三人都是封建社会忠君的典范。在我国封建社会,为臣以"忠君"为首,明军忠君的精神支柱,就是"三忠",鼓舞将士杀身成仁,舍生取义,膺义而履忠。景忠山所在的古蓟镇三屯营自明代正统以来就已是镇守蓟州、永平、山海总兵官的驻守重镇。为了缅怀蓟镇阵亡的将士,自明初以来已把景忠山作为建立蓟镇忠烈庙的吉地,因此香火兴盛,欲使人景行仰止,故而明初以来就以"景忠"二字命名此山了。

景 忠山为何有"灵山秀色"之称?

景忠山拥有古代宏伟的寺庙建筑群,山峦寺庙建筑约 1.9 万平方米,宗教文化源远流长,自然风光雄奇秀丽,有"灵山秀色"

之称。金色琉璃瓦顶，曲径游廊的红墙，完全掩映于巧夺天工的苍松翠柏之间，山顶寺院雄伟堂皇，堪称古代建筑艺术苑囿中一枝绚丽的奇葩。

景忠山自然风光，集雄奇和秀丽于一体。它有挺拔茂密的苍松翠柏；有峭壁千丈的悬崖和连云叠嶂的层峦。云雾变幻神奇，寺庙群金碧辉煌。登临景忠山赏景，有"拂晓观日""云寺晓钟""幽洞常滴""岚峰叠翠""滦水托兰""峡谷影龙""云海缥缈""峰巅连座"八大奇观。古寺名胜分布群山之中。如，山脚下的四大金刚殿，山腰的茶棚，峰巅的碧霞元君庙，西山千佛殿，东山古刹佛院，山前三清观等，都是景忠山之名胜。

清康熙帝曾御笔题诗：

景忠山上日方阑，岩壑层层生早寒。
岭腹冻云凝玉杖，山中瑞气接仙銮。
鸣钟涧里经声近，击鼓楼前树影残。
缭绕旌旗萦石道，六龙行处万民欢。

此外，康熙帝还为景忠山御书匾额名"灵山秀色"，极言景忠山景观之秀丽。

为什么说景忠山是宗教名山？

景忠山气韵典雅，古朴迷离，其观古之幽，探奇之妙，赏景之媚，不愧为京东第一名岫。她的玄奇之处更在于集儒、佛、道三教于一山。佛道文化博大精深，源远流长，座座庙宇掩映在苍松翠柏之中，塑像逼真，栩栩如生。清顺治、康熙二帝对此山崇奉之至，曾多次驾幸，御笔题匾，赐金菩萨、珠宝及大藏经。景忠山由此被誉为北方佛教圣地。神奇的自然景观，孕育了极富魅力的文化民风。每年农历四月十八和十月十五为景忠山的传统庙会。游客商贾云集，各种文化活动丰富多彩，热闹非凡。

碧霞元君是神话中东岳大帝的神女。景忠山碧霞元君庙建景忠山顶，始建于顺治十八年（1661年）。该庙依山就势，宏伟壮观。康熙帝曾登临此山，亲自御制景忠山碧霞元君庙的碑文。

景忠山既有佛教的佛祖殿、菩萨殿、四帅殿，又有道教的碧霞元君殿、玉皇殿、真武大帝殿，还有儒家推崇的三位杰出忠臣诸葛亮、岳飞、文天祥的"三忠祠"，故被誉为宗教名山。

景忠山寺庙分布有什么特点？

迁西景忠山的寺庙建筑是我国寺庙建筑艺术中一颗璀璨的明珠。据资料记载，景忠山庙宇分布可分为三大部分。一是山脚下庙宇的分布；二是山间寺庙的分布；三是峰顶寺庙的分布。

山脚下庙宇的分布状况：到达景忠山脚下，第一庙即是行宫庙，坐北面南的独立古刹院落，是皇帝和达官显贵登山前休息的行宫，原有僧人住此。行宫庙前即院落较大的"署院"，房舍较多，古香古色，格外恬静幽深，是高龄当家僧人居住的地方。景忠山的一切经济往来、日常佛事活动均在此处理接洽，是景忠山重要的日常办事机构。登山石径的东侧分布三座庙宇，即三官庙、三义庙、马公祠。三义庙是山下较大寺庙，奉祀桃园三结义之刘、关、张三人的泥塑像。三官庙规模仅次于三义庙，奉祀天、地、水三官。马公祠为明代建筑，它是一个"祠"，内奉祀明代镇守三屯营总兵官马永及明代一些阵亡将士，是明代蓟镇官军奖忠扬美重要之庙。

山间寺庙的分布：山间寺庙包括石牌坊、镇山四帅殿、神游亭

（又称茶棚）、三清观四部分建筑。石牌坊是登临景忠山山脚处的第一个建筑，牌坊上方刻"景忠山"三个大字，是景忠山的象征。登山而上不远便是镇山四帅殿，它是景忠山的门户。出四帅殿拾级而上便是三道茶棚，游人可在此休憩赏景。由景忠山前面登山，不远的山腰间便是三清观，始建于宋代，明清时道士很多，三清观香火极其兴盛。

峰顶寺庙建筑分布：景忠山峰顶建筑十分雄伟，主要分主峰寺院，主峰东、西侧寺庙群。景忠山峰顶地势非常险要，前后是峭壁，左右是峡谷，临涧凸岗上筑起了高大台基，其上最引人注目的建筑当数寺院最大的"碧霞元君"大殿，它不仅建筑别致，而且壁画艺术价值较高。其相邻的寺庙如"三忠祠""后佛殿"等都是峰顶古老的寺庙。

民族英雄戚继光何时扩建蓟镇总兵府？

迁西县的三屯营是明代蓟镇总兵府驻地。蓟镇总兵府明代设在桃林口（今抚宁县）。永乐二年（1404 年）镇府移至狮子峪（今迁西县），天顺二年（1458 年）又移至三屯营。蓟镇在沿边九镇中，从其地理位置上看，蓟镇从东、西、北三个方面环卫着京城，蓟镇有险则京城震惊，蓟镇稳固则京城无虞，具有特殊的重要地位。隆庆二年（1568 年），戚继光驻守三屯营。在城内先后建起了镇府中军公署、左游击公署、右游击公署、辎重游击公署、保河车营公署、守备公署及副总兵公署等。万历三年至五年（1575 ～ 1577 年）戚继光重新扩建了三屯营城。重修后的三屯营城，高三丈，周七里，设三个正门：南为景忠门，东为宾日门，西为巩京门；两个便门：小东门、小西门。城上建成有五座角楼和九座敌楼，有东、西两处水关。城北无门，城台上建有紫极宫。

城中央有钟楼和鼓楼，雄伟壮观，引人注目。城四周有护城河，浅处七尺，深处三丈，宽七尺。东门外凿有震湖，震湖边有草料场，纵横50丈。城西有演武厅和阅武场，阅武场长200丈，宽10丈。新城修好后，戚继光修文治武，从此边关安然。

著名的《大刀进行曲》诞生在何地?

喜峰口是万里长城上的重要关隘，位于迁西县。1933年长城抗战中，中国军队曾在这里浴血奋战，使日寇胆寒。如今这里修建了潘家口水库，水光山色，蔚为壮观。

1931年"九一八"事变后，日军侵占我国东北，并向华北一带进逼。1933年年初，日军进犯到喜峰口外平泉大道。3月8日中午，宋哲元二十九军冯治安师赵登禹旅王长海团奉命从百里外星夜驰赴喜峰口，在西门外教军场列队待命，誓师抗击日军。3月11日上午，日军在重炮掩护下向喜峰口西侧的松亭山我军阵地猛攻。我军官兵迎击激战数小时，毙敌百余人。终因敌机枪火力太强，我军伤亡过重，于下午3时被迫撤退，松亭山被敌人占领。失去了高地，我军阵地受到极大威胁，于是下午4时又组织兵力再次争夺，将士们不顾敌人机枪扫射，挥刀勇猛进扑，与敌人肉搏混战2小时，毙敌二三百名，敌人狼狈退去，我军伤亡300余人，至黄昏时终将松亭山高地收回。激战之后，29军又组成突击队，身背大刀趁夜突袭日军侧后。大刀队迂回包抄，出其不意地冲入敌阵，挥舞大刀向敌人头上砍去，日军死伤累累，仓皇逃窜，我军大获全胜。此后，日军不敢脱衣大睡。

29军喜峰口大捷消息传出，全国振奋，国民党元老何香凝两次赋诗赞美29军。音乐家麦新更是激情满怀，很快创作出《大刀进行曲》。歌词是：大刀向鬼子们的头上砍去/二十九军的弟兄们/

抗战的一天来到了/抗战的一天来到了/前面有东北的义勇军/后方有全国的老百姓/咱们二十九军不是孤军/看准那敌人/把他消灭,把他消灭,冲啊!/大刀向鬼子们的头上砍去/杀!

这首歌后来唱遍全国,成为抗战名歌。

万里长城唯一保存下来的水门在哪里?

青山关位于迁西县东北 45 公里,自然风光秀美多姿,长城文化深厚悠远。青山关城高一丈四尺,周长六十六丈九尺。此关建于明万历年间,距今已有 500 多年的历史。远看青山关,造型奇特,巧夺天工。青山关有两座建筑独特的敌楼,一是监狱楼,为古代监禁战俘之用。此楼无门,只有四眼通气孔;二是 72 券楼,此楼由大小 72 拱砌成,造型美观,实属长城建筑的一大奇观。关城以北亦有奇楼两座:一名狐仙楼,不仅常有狐狸出没,而且此楼之侧尚有一泉,水清凉甘甜,长年不涸。另一楼筑于山之绝顶,夜晚,从关城望去,一轮明月挂于楼顶,抬手可揽;清晨,登此楼南眺渤海,一轮红日从海面升起,大地浮光耀金,蔚为壮观。更为奇异的是,万里长城唯一保存下来的水门正位于此。水门建于城东侧,青砖砌成拱形,虽经数百年霜侵风剥,山洪奔泻,但其完美的造型依然如故。从水门淌出的清流直抵林中尚存的一座古庙,此景如画,禅意幽然。

"万里长城第一窑"的发现解开了什么谜?

万里长城第一窑位于迁西县大岭寨村。1985 年,该村村民刨出了一块刻有"左三"字样的长城砖,于是装满长城砖的古窑被发现了,这就是后来考古学家誉为"长城第一窑"的"左三窑"。

1991 年春,《望长城》剧组来大岭寨拍片,文物部门对砖窑进行了全面发掘。结果发现砖窑满装着 500 多块完整的长城砖,其中许多刻有"左三"字样。考察结果公布后,在我国考古界引起轰动。1993 年夏,迁西县文物工作者对"左三窑"周围进行了广泛探察,结果又发现 6 座古长城砖窑遗址。同年 10 月,文物部门又对"左三窑"北侧砖窑进行全面发掘,发现此窑主体呈椭圆形,短轴 1 米,长轴 3.2 米,窑深 2.2 米,窑床呈月牙形,窑膛接近扇面形,窑门、风道、前窑均保存完好。与"左三"不同的是,此窑四周为土壁,窑内没有砖,因烟道及拱门的青砖上刻有"左一"字样,此窑命名为"左一窑"。

据专家论证,大岭寨发现的砖窑群基本上同属于明代中期的建筑,由此推断,这片古窑群系明代修筑万里长城时的一个规模较大的砖料基地,从而解开了长城砖的来源之谜。这一发现,填补了整个长城沿线在这一领域的空白。

长 城名关"冷口关"的名字是怎么来的?

迁安长城有一要隘——冷口关。它建在山势险峻的凤凰山上,山上 12 个山峰都建有城堡,故有"十二座连营凤凰山"之称。其正中主峰山腰处有两块碧绿色的岩石,传说是凤凰的双眼。正中主峰两侧有青、褐、黄色间杂的岩石,酷似展开的多彩的凤翅。十二座连环山峰犹如展开的凤尾,而凤凰山则像一只昂首展翅欲飞的凤凰。冷口关为砖城,高二丈九尺,周长三百八十七丈。筑有西门、东门和南门。城南有练兵场,对峙的山峰中有沙河自北而南流过。冷口关由于地理位置十分重要且地势险要,成为历代兵家必争之地。秦、汉、宋、明各代,一直是重要关隘。明代民族英雄戚继光任蓟镇总兵时,曾在这里修边城,筑敌台,建连营。

民国初年，直奉军阀混战，主要战场就在这里。1933 年，这里又是中国军队抗击日寇侵略的著名长城抗战主战场之一。

冷口关原名"清水明月关"。相传一年冬天，康熙皇帝骑着毛驴私访到冷口，只见一位少妇手抱碾杆碾着黄澄澄的谷子，康熙皇帝见景生情，信口吟诗一首："登古道，过皇庄，见一美娘碾黄粮。玉腕杆头抱，金莲裙下忙，轻笤扫，慢簸扬，几番停足整容妆，汗流满面花含露，糠扑飞娥柳带霜。勤而俭，贤而良，可惜佳人配农郎。"吟毕，康熙帝骑着毛驴想过关口，但因雪大风急，透不过气来，几次都未能通过关口。后来，康熙皇帝学张果老倒骑毛驴才艰难地通过。但到北门时，因路滑，驴失前蹄，康熙皇帝被摔了下来，他不由得说了声"好难过的冷口关啊！"于是，"清水明月关"改为"冷口关"。

你知道"大理石长城"吗？

迁安境内万里长城，东起徐流口，西至红峪口，总长 44.9 公里，其中主城墙 36.8 公里，砖石结构 11.4 公里，石结构 25.4 公里；支城墙 650 米，楼长 1619.7 米。迁安境内长城有两个重要关口：冷口关、白羊峪关，并分别建关城和谎城（亦称马圈、阅兵城）。建有徐流口、河流口、新开岭口、红峪口 4 个便门（口）和徐流口城、徐流营城、河流口城、东堡子城、建昌营城、石门城、白道子城、小关城、新开岭城、五重安城 10 座城堡，3 个水门楼，160 座敌楼，11 个烽火台，19 个站台。迁安长城为明朝所建，是极其珍贵的历史文化遗产，于 1982 年列为河北省重点文物保护单位。迁安长城有一段大理石长城，位于大咀子山与将军帽山之间。长约 1.5 公里，高 10 米，宽 5 米。城底、敌楼基础，多为大理石。1985 年普查矿产资源时，发现东起白道子、西至红峪口约 15 公里的山中，大理石储量丰富，面积约 2 平方公里，品种有鸡血红、竹叶、晚霞、虎皮斑、彩带、蟹子等。大理石长城的石料就取自马井子村与红峪口村之间。

白羊峪关的"围山绕工程"是怎么回事？

迁安市北部莽莽的燕山峰顶上，有长约 45 公里的长城沿着燕山群峰蜿蜒起伏。1982 年，迁安境内的长城被列为省重点文物保护单位。其中白羊峪长城保存完好，附近有白羊河及娄子山水库，已逐步发展为集长城风光、山区林果、水上游乐为一体的游览区。

白羊峪是长城的重要关口，历来为兵家必争之地。明代民族英雄戚继光任蓟镇总兵时，曾在白羊峪关到冷口关一带修边城、筑敌台、建连营。站在长城俯瞰，清澈的白羊河水汩汩流淌，河口小石山为"珠"，河两边九条山脉为龙，汇集成"九龙戏珠"的自然景观。

迁安北部长城脚下的围山绕工程是一项集农、林、绿化为一体的现代化绿色工程，早已闻名遐迩。初春时节，当游客驱车从山脚下盘旋而上，会感觉到徜徉在花的海洋，桃花、李花、杏花、苹果花先后开放。金秋时分，丰硕的果实从车窗伸手即取。站在山顶的凉亭上，微风拂来，心旷神怡，举目远眺，古长城脚下，山山相连，梯田层层，碧树道道的绿树长带，宛如五彩画廊，随风逐浪。果树通过造型，新颖、奇特、美观。1988 年以来，以围山绕为主的迁安市"绿色工程"荣获"首都周围绿化综合效益特别奖"等荣誉称号。

灵 山风景区神奇在哪儿？

灵山为冀东名山，位于长城脚下的迁安市。在这里你可以领略到灵山、圣水、神树的风采，我们还会为你讲述那古老而美丽的传说。

形状各异，色彩斑斓，鬼斧神工的巨石为灵山所独有。人们依据其形状，起名石夹、石椅、石柜、石鼓……并寄予良好的祝愿：久摸此石可延年益寿、消灾避邪、财源滚滚……因而被当地人视为珍宝，冠名以长寿石、藏宝石等。相传这是女娲补天炼石处，补天所剩下的一块五彩石化作通灵宝玉转世人间，若干巨石的边角料遗弃在灵山。女娲补天后，其张开的五指手影化作五座山峰，巍然耸立，故灵山又名五峰山。五峰山风格独具，春夏之交，云雾缭绕，玉带缠腰，透出一股灵气、仙气。灵山南边山峰幽谷深处的飞流瀑布，分上下两层，落差十余米，能让人感受"飞流直下"的气魄，为北方所不多见。

灵山神奇的"圣水"井，深不过一丈，阔不满三尺，而常年井水似满非满，且久雨不溢，久旱不枯，冬温夏凉，清冽爽口。经化验，"圣水"含偏氨酸和微量元素达20余种，此水比矿泉水保健价值要高几倍，实属神水、宝水。

灵山脚下有棵银杏树，据科学家考证，此树经历了2600多年的悠悠岁月，至今仍枝繁叶茂，显示出顽强的生命力。据迁安县志记载："此树围有八抱，高可五丈，亭亭然，植于路旁，每年结果数百斤。"目前我国500年以上的古银杏不足80株，2000年以上更属罕见。相传此树为春秋五霸之一齐桓公亲手所植，人们把此树视若神明，誉之"神树"。

华北第一大海岛——菩提岛的魅力何在？

菩提岛位于乐亭县南部大海之中，面积 2.34 平方公里，为华北第一大海岛。岛上气候宜人，夏季无酷热感，7 月平均气温24.2℃，比秦皇岛低 0.2℃。受海陆风影响，往往高温刚至又变成海风，使气温转凉，非常适宜避暑度假。

菩提岛动植物资源丰富，是国际观鸟基地，为河北省生态旅游示范区之一。岛上有动物 400 余种，植物 168 种。春夏秋季，奇花异草，鸟唱蝉鸣，一派纯自然风光，置身其间，深有返璞归真之感。

该岛自然特点可归纳为"八岛"之奇：

（1）荒岛：北部多草滩、草地、灌木，为荒岛景观，因人迹罕至，登岛体验有洪荒、孤野之感。

（2）海岛：该岛是经潮流作用形成的蚀余型岛屿，海岛特色明显，游人可充分体验吃海、住海、航海、观海的情趣。

（3）沙岛：全岛为沙性，沙丘密布，地势平坦，可进行沙浴、沙雕、日光浴等活动。

（4）大岛：南北长 3 公里，东西宽 1 公里。打网岗东西长13.5 公里，均宽 50 米，是我国北方海域最细长的岛，并形成我国独有的双道海岸线。

（5）绿岛：全岛草木丛生，有多种乔、灌木及花草植物，植被覆盖率达 98%。

（6）鸟岛：因植被茂盛，人烟稀少，咸、淡水及食物丰富，每年吸引着 400 余种鸟类来此栖息、繁衍，成为名副其实的"鸟岛"。

（7）日月岛：该岛东南有状似弦月的月岛。在特定的日子里，可以观赏到"三日同辉""三月同辉"的奇景。即在天空、海中和沙滩上同时有几个太阳（月亮）争辉。

（8）佛家岛：岛上有建于明朝的"朝阳庵"遗址和建于清朝的"潮音寺"，前者现存残碑一块及瓦砾，后者现有后殿五间，内有佛像及雕刻的 500 罗汉，刻工精细，前廊石柱有精致的石雕及楹联数副，足见当时佛事的鼎盛。

乐 亭的哪一座岛富有荷兰风情？

月坨岛是乐亭县西南渤海湾中的沙岛，位于菩提岛东南 4 公里，距陆岸 4.8 公里，封闭性良好。总陆域面积 0.43 平方公里，因形状似一弯晓月而得名。它由月坨、腰坨、西坨三大部分七个岛屿组成，总面积 1800 亩。环岛有 6 公里滩涂，均为硬底细沙，坡度平缓，海水清碧洁净，风浪平静，是天然浴场。万顷碧波澄澈，百鸟飞翔讴歌，芳草野花接疏林，小桥曲径连木阁。该岛按照荷兰专家规划设计，配套荷兰风格的度假设施齐备，戏海、沙滩娱乐项目丰富，是国内独有的、高档次的具有异域风情的海岛度假区。

为 什么说金沙岛最适合休闲避暑？

金沙岛位于京唐港南侧，乐亭县西南渤海湾中，是一座由 11 个断续相接的沙坝组成的弧形沙岛。全长 13.5 公里，最宽处 250 米，面积 3.25 平方公里，好像一艘巨轮抛锚在波涛之中，又似一头巨鲸仰俯在水面。传说八仙过海时韩湘子撒漏花篮，天壤化为金沙岛，并引得凤凰飞来观潮。全岛均为中细沙，洁白明净，没有污染，波平浪缓，海水清澈洁净，远离人群闹区，是天然大型海岛浴场，可以进行海浴、沙浴、日光浴。在炎热的夏天，这里凉风习习，气候宜人，非常适合休闲避暑。岛上盛产海鲜，文蛤、青蛤、四角蛤、毛蚶、海蟹等可让您过足"海鲜瘾"。

乐亭有哪两大天然海滨浴场？

乐亭海滨浴场海水清澈、阳光充足、空气清新怡人，海边有沙滩，近海有小岛。乐亭县利用这种优越的自然条件，先后于1993年和1994年投资开发了金银滩浴场和灯笼滩浴场。

金银滩浴场位于乐亭县京唐港东侧，总面积1.6平方公里，此处有一长5公里的沙岛，雨天沙黄似金，晴天沙白如银，故名金银滩，浴场因而得名。本区海面宽阔，深浅适度，水清见底，沙软潮平，是良好的海滨浴场。浴场除可以进行海水浴外，还可在沙滩上进行沙浴、沙雕、沙滩足球、沙滩排球等娱乐活动；海边可以进行垂钓、摸蛤、拾蟹、逮虾等娱乐活动；浴场设有摩托艇、游船等水上游乐设施。适逢春、夏、秋三季，鱼、虾、蟹、贝可供您一饱口福。长达5公里的金银滩东部人迹罕至，沙鸥翔集，是看鸟观潮的好去处。

灯笼滩浴场海岸带长5公里，宽1公里，总面积5平方公里，浴场因位于灯笼铺岛而得名。浴场沙滩宽50～100米，主要由中细沙组成，其北部多沙丘，最高达7～8米，沙滩平坦宽阔，水清浪小，风光优美，气候宜人。在这里，眺望那宽广博大、深邃浩渺的大海，那飞翔于碧海蓝天间的白色海鸥，那漂移于远方的片片渔帆，使人流连忘返，心旷神怡。浴场北侧万亩虾池、鱼池，可供钓鱼、钓虾，浴场东西两端分别为浪窝口和老米沟渔码头，是著名的海产品集散地，数千艘渔船追浪赶潮。浴场的西北侧则为乐亭县万亩盐田。

乐亭的两大海滨浴场交通便利、景观独特、环境清新自然，是旅游避暑度假的胜地。

有"京东宝塔"之誉的是哪座塔？

在丰润县城西约 1 公里的地方，有一座风姿雄秀的宝塔，这座宝塔建于 10～13 世纪契丹族统治下的辽代。它以悠久的历史、卓尔不群的建筑风格和优美动人的传说，在唐山名胜中占有重要的位置。它就是被誉为"京东宝塔"的天宫寺塔。

天宫寺塔坐落于原天宫寺旧址。据载，天宫寺建于辽清宁元年（1055 年），系盐监张日成购地而建。清宁八年（1062 年），其子又于寺西北角高台之上建塔，为密檐砖塔，共 13 级，高 24 米，八角实心，保存辽代建筑特色，造型完美，雕刻精细。1976 年，遭地震破坏，塔顶震落，塔南面基部劈裂下沉，塔的九层檐东南面劈裂成一直径 1.5 米的大洞，塔檐多处剥落，从上至下较大裂痕 20 余道，坍塌倒落危在旦夕。1987 年，修复工作全面展开。从塔残部分 7～13 层发现塔内保存的一批珍贵文物，其中有木板刻经数卷，镏金铜佛 5 件，文殊普贤石像及陶器、瓷器等，这些文物和标本对研究辽、明两代佛教、印刷、造纸、陶瓷历史和天宫寺原来的形制，具有重要价值。

天宫寺塔是丰润悠久历史、灿烂文化、人民勤劳、勇敢、智慧的象征，京东人民把它称誉为"宝塔"是当之无愧的。

无梁阁与药师灵塔的建筑特点是什么？

在丰润城南有一座拔地而起、满山镶翠的孤山，名曰车轴山，山巅建有一座雄伟的建筑——无梁阁。

无梁阁，亦称"无量阁""五大观音阁"，因阁无梁，纯砖石结构，故称无梁阁。阁始建于辽重熙年间，初建时阁左右各建塔一座，明万历年间进行增修，并建成规模较大的寺院。

无梁阁初为一层，明万历三十六年（1608年）修至三层，属砖灰质结构的歇山顶建筑。在阁的第一层石制拱楣上有凤凰飞舞和二龙戏珠的浮雕，生动活泼，栩栩如生。其上为明万历年间重修时所附白石匾额，上刻"五大师观音阁"的字样。在二、三层内有多幅明代壁画，画面线条流畅，色彩鲜明，从中可以看出我国劳动人民高超的艺术造诣。整座无梁阁呈现出古朴、典雅、别致、玲珑秀拔的风格，多年来以"高阁无梁"和"孤峰独秀"吸引着众多游人。

距无梁阁西5.8米处有一塔，名为药师灵塔，又称车轴山花塔，与无梁阁同年建造，为八角形砖砌亭阁花塔，11层，塔高28米余，底座9.6米。塔的下部为雕刻精细富丽的须弥座，上首是八角形塔身，塔身的东西南北四面设砖雕假门。其余四面均有用砖浮雕而成的高大的菩萨像，塔檐下有仿木砖雕斗拱，檐上是八层方形亭阁式小塔龛，内置砖雕佛像。远远望去，整个塔体如一巨型花束，是我国现存不多的辽代建筑珍品。

净 觉寺为何被誉为"京东第一寺"？

净觉寺位于玉田县城东南约20公里处，建筑规模宏伟，结构新奇，寺中雕刻与绘画更是融宗教内容与民间习俗为一体，艺术风格独特，被称为"京东第一寺"。

净觉寺占地面积1.854万平方米，共5个院落，建筑大部分集中于中院，并以主体建筑为中轴，左右分布对称合理。主要建筑有3殿3楼，即门殿、正殿、后殿；碑楼、钟楼、鼓楼。此外，还有东西配殿、龙凤门楼、智然墓碑亭以及耳房、配房共计 98 间。远望去，琉璃瓦顶金碧辉煌，龙吻脊饰威严庄重；近观看，结构新奇，巧夺天工。正殿是净觉寺的主殿，此殿 5 架梁，12 根柱子，好像悬吊在殿顶，也就是人们常说的"悬梁吊柱"。据古建筑专家分析，梁柱似悬非悬，似吊非吊，是巧用力学原理，将殿顶的沉重压力分散在四周的墙壁上。那蜿蜒伸展的铁环，悬吊起来的廊檐巨檩，更显示了设计者的独具匠心，实为中华古建筑之精华。

净觉寺精美的雕刻更使人眼花缭乱，应接不暇。从材料上看，有石雕、砖雕、木雕；式样上分整雕、浮雕、透雕；从内容上看，既有宫廷色彩的龙飞凤舞，又有民间情调的花鸟鱼虫，既有庄重威严的佛门偶像，又有民间传说的招财进宝，以及妙趣横生的"猴捅马蜂窝"图案等。除了柱梁檐脊等处广泛采用砖石雕刻以外，所有的木质檩柱拱斗端首，全部刻有祥云、人物、鸟兽花虫。殿堂的四壁，门窗的群板，都有彩绘精雕，无一遗漏，千姿百态，丰富多彩。无论是面积，还是建筑结构及寺内雕刻，净觉寺都堪称"京东第一寺"。

"铁肩担道义，妙手著文章"是哪位革命前辈的真实写照？

李大钊，河北乐亭人，中国共产主义运动的先驱，中国共产党的创始人之一，伟大的马克思主义者。早在青年时代，目睹清政府的腐败和国家危亡的局势，就立志为苦难的中国寻找出路。1911 年参与策划滦州起义，其后开始发表文章揭露军阀官僚的黑暗统治，揭露袁世凯卖国阴谋。新文化运动中，李大钊成为运动的主将，创办报刊、发表文章，在中国大力介绍民主与科学。十月革命胜利后，李大钊潜心研究马克思主义，先后发表了《法俄革命之比较观》《庶民的胜利》和《布尔什维主义的胜利》等文章，歌颂十月革命的胜利，号召中国人民走十月革命的道路。五四运动爆发后，李大钊自始至终参加并领导了这场伟大的运动。此后又为共产党的创立而斗争。共产党成立后，李大钊以极大的热情领导了北方工农运动。1925～1926 年间，发表多篇文章，对农民的土地问题和农民武装问题非常关心，在其影响和领导下，直、晋、鲁、热、察等省的农民运动迅速发展。1925 年，领导发动"首都革命"推翻段祺瑞政府，建立国民政府。1926 年李大钊在异常恶劣的革命形势下与敌人周旋，1927 年 4 月 28 日被军阀张作霖杀害。"铁肩担道义，妙手著文章"是李大钊一生的真实写照，他以自己的行动树立了革命者的光辉典范。

你 参观过李大钊故居吗？

李大钊故居位于河北省乐亭县大黑坨村，这里不但是李大钊同志诞生、幼年和少年成长的地方，而且是他与夫人赵纫兰成婚安家生活过的地方。直到 1920 年李大钊因建党工作繁忙，为便于工作和生活，才把夫人接到北京。1927 年 4 月，李大钊被反动军阀杀害后，他的夫人赵纫兰也多次受到敌人的迫害。为了把孩子养大成人，赵纫兰不得不从北京返回乐亭故里，仍居住在当年与李大钊共同生活居住过的屋子里。就这样，李夫人与孩子们一直在这里又生活了 6 年。

李大钊故居始建于清光绪七年（1881 年），坐北朝南，为长方形。高阶台，黑大车门，为三进宅院，是一座典型的冀东穿堂院，由大门、后门两侧与厢房、正房之间用一丈高的十字花墙眼儿封顶的青砖墙围砌而成。主房、配房、院墙，高矮匀称；大门、二门、后门错落有致，三院一体，层次清晰，建筑格局合理，古朴淡雅。1988 年 1 月 13 日，经国务院批准为中华人民共和国全国重点文物保护单位。

李 大钊纪念馆是怎样布局的？

李大钊纪念馆坐落于乐亭县新城区，占地 100 亩，建筑面积 4680 平方米。沿中轴线由南向北是：牌楼式南大门、功绩柱、导向柱、浮雕、三十八级台阶、序厅、瞻仰厅以及东西展厅。这里建筑风格融民族特色与现代建筑格调为一体，并与园林绿化相结合，朴素、简明、大方，充分体现了李大钊同志的精神风范。李大钊纪念馆的馆藏文物、照片、资料、字画等共 180 余件。李大钊纪念馆既是李大钊同志生平业绩的陈展，又是爱国主义教育基地；既是研究李大钊的中心之所在，又是独特的旅游景点。被中宣部确定为全国百个爱国主义教育示范基地之一。

詹 天佑是如何修建滦河大桥的？

詹天佑，中国铁路工程的先驱。他一生修建和勘察了许多条铁路，最为世人瞩目的当属他主持修建的京张铁路。不过，詹天佑在铁路事业上取得的辉煌成就却是从主持修建滦河大桥开始的。

清光绪十六年至二十年（1890～1894 年），作为天津中国铁路公司工程师的詹天佑参加了关内外铁路的修建工作，督修从古冶到滦州（滦县）这段工程。光绪十八年（1892 年），工程进展至滦河，由英国工程师喀克斯承包修建滦河大桥。他们选择的建桥地点平时水面宽 50 米，夏季洪水漫滩，水面宽达 600 米。河床细沙覆盖，西侧细沙厚为 1～5 米，向东逐渐加厚，最厚处约 20 米。因此，打桩时遇到很大困难，桥墩屡筑屡塌。喀克斯无奈，将工程先是包给日本人，又转包给德国人，都未能成功。喀克斯这才不得不求助于詹天佑。

詹天佑仔细分析了外国人失败的原因，经过缜密测量，研究河床的地质构造，决定重新选择桥址。他采用"气压沉箱法"建筑基础，打桩建桥。沉箱双脚嵌入岩盘，基础全部采用混凝土浇筑，墩身用石砌。"工程浩大，历三十二月始告成。"1894 年 2 月竣工。大桥全长 670.56 米，宽 2 丈，17 孔。滦河大桥是中国铁路史上最先采用气压沉箱法施工的铁路桥。

詹天佑解决了外国人解决不了的难题，为中国人争了气，成为英国土木工程师学会会员，载誉唐山，名扬中外。

周口店中国猿人陈列馆内为何陈放裴文中雕像？

参观过北京周口店中国猿人陈列馆的人，一定忘不了陈列馆门前那尊有一双深邃聪智眼神的雕像。那就是我国著名历史学家、古生物学家、中国猿人第一个完整头盖骨化石的发现者裴文中先生。

裴文中（1904～1982 年），河北唐山丰南县人。出身于贫寒之家，1921 年考入北京大学地质系，毕业后进入北京地质调查所，后又被派到周口店参加发掘化石工作。1929 年，发掘遇到坚硬石层，专家们认为石层下不再会有化石了，因此转移他处考察，留下裴文中主持工作。11 月底，天寒地冻，本该结束野外工作，裴文中要求大家延迟几天。12 月 2 日下午 4 时，在三十多米深的洞里紧张工作的裴文中在昏黄的烛光下突然发现一件奇异的东西，这就是著名的中国猿人头盖骨。这一发现揭开人类学研究史上重要的一页，把人类历史推前四五十万年，大大提高了人们对人类起源和人类发展的认识。1931 年，裴文中又发现了中国猿人用过的石器、烧过的骨头和用过的灰烬，从而明确了中国猿人的文化性质。1933～1934年，开挖山顶洞，又获得旧石器时代后期的山顶洞人的化石及文化遗物、遗迹。为缅怀裴文中先生的功绩，周口店中国猿人陈列馆内陈放裴文中胸像，北京自然博物馆内也陈放有裴文中铜像。

唐山皮影艺术有什么特色？

皮影戏，是唐山著名的地方曲艺，以滦县的驴皮影而著称，在当地又称"影子戏""灯影戏""土影戏""皮猴戏""纸影戏"等。它是用灯光照射兽皮或纸版雕刻成的人物剪影以表演故事的一种戏剧。剧目、唱腔多与地方戏曲相互影响，曲艺人一边操纵一边演唱，并配以音乐。皮影戏的内容，多为传统的历史戏、神话剧等。虽然各地制作皮影的风格不同，但精工雕刻，造型概括洗练，装饰纹样夸张，具有艺术韵味，却是共同的。皮影的制作，最初是用厚纸雕刻，后来采用驴皮或牛皮刮薄，再进行雕刻，并施以彩绘，风格类似民间剪纸，但手、腿等关节分别雕刻后再用线连缀在一起，表现能活动自如。关于皮影的传统雕刻技法和过程，艺人们归纳为："先刻头帽后刻脸，再刻眉眼鼻子尖，服装发须一身全，最后整装把身安，刻成以后再上色，整个制作就算完"。皮影不仅具有使用价值和欣赏价值，而且具有很高的艺术价值和收藏价值。如今，皮影戏作为一种民间艺术，已远播海外，成为一种世界性的艺术，国外不少工艺美术爱好者把皮影作为壁饰的橱窗装饰品。

评 剧是如何诞生的？

　　评剧的发展虽不过百年，但它以自己的艺术魅力征服了长城内外、大江南北。评剧何以诞生于冀东这块沃土呢？19世纪末，由于清政府的腐败、卖国，北洋军阀的混战，造成了民不聊生、颠沛流离的境地。当时冀东一带人民生活处于水深火热之中，农业经济遭到了严重的破坏，旧的经济关系开始分化。一部分农民下关东逃荒、经商；还有一部分人，由于生活所迫弃农从艺。在冀东涌现出许多民间艺人，以莲花落艺人为最多，他们卖艺乞食，流浪街头，在农闲时出去演唱莲花落，零散的莲花落艺人因难以糊口，便逐渐组织起来，产生了许多莲花落班社，评剧开始萌芽。评剧创始人成兆才先生就是这样走上唱莲花落道路的。评剧产生初期，正处在"五四"新文化运动前后，"五四"新文化运动对他们产生了巨大影响，在演出中，评剧内容努力宣传戒烟、放脚、剪辫子等新思想、新观念。编演了《大烟叹》《花为媒》《杜十娘》《杨三姐告状》等一批揭露旧社会罪恶及争取婚姻自由的反封建戏剧。他们的演出，由于跟上了时代，适应了观众的审美要求，所以也促进了自身艺术的发展与传播。

乐 亭大鼓是怎样产生和发展起来的？

　　乐亭大鼓发源于河北省乐亭县，是当地人民在长期的生产生活中根据乐亭语言、音调、文化传统创造并经过历代大鼓艺人在演唱实践中不断发展完善起来的，明中期已形成完整的唱腔体系。乾隆六年（1741年）正式定名为乐亭大鼓书，后恭亲王在观看演出后又赐名乐亭大鼓，此名称一直延续至今。

乐亭大鼓在内容上有的揭露封建统治的腐朽和丑恶，有的歌颂抗击侵略的英雄人物，有的赞美中华民族的传统美德，有的反映普通劳动人民的追求与向往，有的表现农村的风俗人情，主要故事有五大类：1.征战御敌；2.历史故事；3.侠义、公案；4.神话传说；5.寓言杂事。其唱腔属于板腔结构体，这种唱腔或委婉清秀而优美动听，或褒忠斥奸而情感切切。脚本有长篇、中篇、短篇和微篇，唱词多为十言和七言，主要板式有慢板、四平板、二六板、流水板。伴奏音乐主导乐器为大三弦，辅以皮鼓、铁板击节。乐亭大鼓自清代进入全盛时期以后，始终在曲艺界占有重要地位，在群众中特别是北方广大农村有深远的影响。新中国成立以后，乐亭大鼓不断排练新戏，古为今用，推陈出新，使这门艺术有了新的发展。乐亭大鼓的传统书目有：《骂城》《单刀赴会》《三国》《拷红》《杨家将》等。新书目有《双锁山》《平原枪声》《节振国》等。

唐山有哪些特产？

唐山物阜民丰。京东板栗、东路花生、玉田小枣、东方对虾等产品各具特色。

棋子烧饼：因状如小鼓、个似棋子而得名，使用大油和香油合酥，包肉、糖、什锦、腊肠、火腿等多种馅。色泽金黄，里外烤制酥透，肉馅鲜香，酥脆适口不腻，便于保存。

蜂蜜麻糖：经过配料、和面、擀片、清面放片、剁块、炸制、烧浆等工艺，所制麻糖色泽新鲜，呈淡黄色，片薄如纸，形似花朵，清脆香甜。

京东板栗：果壳色泽鲜亮，壳内涩皮易剥，果仁淡黄，肉质细腻，品味甘甜香脆，尤以糖炒后更为香甜可口。其营养成分含蛋白质 10.7%，脂肪 7.4%，糖 10%～20%，淀粉 60%，并含多种维生素和脂肪酸等。具有养胃、健脾、补肝强身作用。又由于含有大量易吸收可溶性糖，亦是老弱、婴幼的滋补佳品。

海产品：唐山海岸线长达 170 公里，海岸平直，水深较浅，潮间带宽，淡水河口十余处，形成了重要经济鱼类及甲壳类动物产卵场和索饵场。对虾、毛虾、海蟹、蚰子、海米及各种鱼类，成为唐山沿海的特产。

陶瓷：主要产品有日用瓷、建筑瓷、卫生瓷、工业理化瓷、高新技术瓷、美术陈列瓷等，品种多达 1000 多种，成套瓷产品有：中、西餐具、茶具、咖啡具、酒具、文具、烟具、杯、碟、碗、盘，供陈设观赏的座盘、瓷板画、各种花瓶；各种瓷塑、瓷雕；可供建筑装饰用的大型瓷砖壁画等实用陶瓷和艺术陶瓷。其中，骨质瓷瓷质润泽、光灿莹洁、胎质细致，白玉瓷瓷质细腻、釉面光润、白中泛青，最为著名。唐山陶瓷装饰的主要技法是雕金、喷彩、釉中彩等，形成了唐山陶瓷的独特风格。

廊　坊

你了解廊坊吗？

　　廊坊市位于河北省中部偏北、京津两大城市之间，素有"京津走廊"之美称，幅员6429平方公里，总人口435万人。1989年4月，经国务院批准为省辖地级市，现辖2市6县2区（三河市、霸州市、大厂回族自治县、香河县、永清县、固安县、文安县、大城县、广阳区和安次区）。廊坊城区规划面积70平方公里，已建成面积54平方公里，人口40万，是全市的政治、经济、文化中心，也是一座新兴的飞速发展的城市。境内居住着汉、回、满、蒙、朝、壮等17个民族。

　　廊坊地处华北大平原北端，地势较为平坦，自西北向东南倾斜，平均海拔15米。地处海河流域，水系比较发达。全市98%以上土地为平原，耕地面积554万亩，土地肥沃，农作物主要有小麦、玉米、甘薯、豆类、棉花等。地下埋藏着石油、天然气、煤炭、地热、石灰岩、白云石、硬铁矾土等矿产资源，具有较高的开采价值。

　　廊坊的产业经济发展迅速。第一产业形成了优质高效农业的基本雏形，生态农业和畜牧养殖业得到较快发展，尤其面向京津市场的特色蔬菜、花卉花木、干鲜果品、优质粮食作物发展较快，培育形成了福成集团、福华集团、正大集团等一批较大的龙头企业。第二产业，形成了机械、电子、轻工、纺织、食品、医药、新型建材等支柱行业。第三产业发展迅猛，全市共有各类商品交易市场225个，其中年成交额亿元以上的市场23个，如大城东阜摩托车配件市场、文安胶合板市场、胜芳钢木家具市场、大厂国际渔具城等在河北乃至全国都有很高的知名度。

廊坊的交通十分发达。境内有5条干线铁路（京山、京沪、京九、大秦、津霸），3条高速公路（京津塘、京沈、津保），5条国家级公路（京开、京哈、京福、京津、津保），40多条省及其以下地方公路，通车里程2820公里，公路密度接近发达国家水平。

廊坊有雄厚的科技力量。境内有13所国家级科研机构、21所高等院校、20所中等专业学校，东方大学城内还有十余所高等院校分校；同时，京津两市众多的科研机构和高等院校，为近在咫尺的廊坊提供了强有力的科技支撑。

你 知道"廊坊"的来历吗？

据史书记载，4000年前"黄帝制于下以立万国始经安墟"，"安墟"即在今天的安次区常道村附近。现在的廊坊在春秋战国时代为燕国的封疆，秦朝时分属渔阳郡、广阳郡、巨鹿郡管辖，汉朝、唐朝时属幽州管辖。县治始建于公元前206年，属渤海郡。南宋景定元年（1260年），安次县更名为东安县，1919年复名安次县。现在的廊坊城区在明代还只是一农舍乡村，村中有一座庙宇名叫"琅珐寺"，人们叫起来比较别扭，便取其偕音得名廊坊。清光绪二十三年（1897年）修建京山（北京—山海关）铁路，经此设站开始逐渐发展为集镇，属安次县。1900 年义和团在此围歼八国联军，取得"廊坊大捷"，小镇因此闻名中外。新中国成立初期称天津专区，1969 年行政中心由天津迁至廊坊，1974 年改称廊坊地区，1982 年建廊坊市，把原属安次县管辖的廊坊镇、南光塔、桐柏、北旺乡划归廊坊市。1983 年经国务院批准撤销安次县并入廊坊市。1988 年 9 月廊坊市改为省辖地级市。

为什么称廊坊为"京津走廊上的明珠"？

从地理位置上看，廊坊北临京城的通县、大兴，市区距北京 40 公里，距天津 60 公里，与首都机场、天津机场相隔 70 公里，距天津新港 100 公里，分布于京津唐高速公路两侧，京山、京沪、京九、大秦、津霸五大铁路，京津塘、京沈、津保高速公路，京开、京哈、京福、京津、津保 5 条国家级公路贯穿于此，因此，廊坊是北京到天津的必经之地。

从经济区位方面讲，廊坊位于正在规划中的大北京经济圈的腹地，毗邻东北、华北两大工业基地，是河北省两环（环渤海、环京津）经济开放带的重要一极，得近海开放之利，更占接受京津辐射之先，属多种产业、大中城市和人口高密度区，不仅市场容量大，而且有着丰富的资金、技术、人才、信息等资源，蕴藏着广阔的发展空间。由于特殊的位置，廊坊的经济可依托京津而互为发展。

正因为廊坊有特殊的地理位置优势，"进京（北京）下卫（天津）不到半小时，上天（天津）入海（渤海）不到一小时"，因此，被人们誉为"京津走廊上的明珠"。

全国第一家整个辖区通过环境管理体系认证的城市是哪一座？

2003 年 11 月 10 日，国家环保总局中国环境联合认证中心向廊坊市颁发 ISO 14001 环境管理体系认证牌证。

廊坊市是全国第一家整个辖区通过环境管理体系认证的城市。通过这一认证，向世界展示出一块"绿色品牌"，为该市全面与世界经济接轨，促进跨越式可持续发展打造了坚实的基础和宽广的绿色平台。

廊坊市着眼促进区域经济、社会、环境的协调、健康、可持续发展，提高城市竞争力，在全力打造中国优秀旅游城市的同时，于 2002 年 4 月 10 日在市区全面启动了 ISO 14001 环境管理体系认证。2002 年 6 月，他们又将认证范围扩展到全市 6429 平方公里的整个辖区。

经过全面治理，该市在全省率先实现了环保"一控双达标"，12 种主要污染物均控制在规定的指标内，全市纳入治理的工业企业全部达标排放，市区大气和水环境功能区全部达到国家规定标准。城市绿化率达到 39.98%，生活污水处理率达到 45%，生活垃圾无害处理率达到 80%。2002 年，廊坊市成为全省第一个省级环保模范城市。

龙潭沟是怎样得名的？

在三河市灵山东北七华里，西邻磕头岭，东通蒋福山盆地，有一条全长 2 公里的山沟。从灵山沿沟而上，沟底起伏不定，两旁峭壁如削，时而沟谷纵横，时而怪石突兀，因沟内有龙潭三处，人们称之为"龙潭沟"。所谓龙潭，即从沟的西部向东有三个深水潭，名为一潭、二潭、三潭，浑然天成，巧夺天工。潭四周草木繁茂，山花烂漫，每逢夏季，凉风习习，雾气氤氲，令人神清气爽、精神倍增。龙潭沟自然风景优美，内有鳄鱼潭、龙潭峡、一线天、神象沟、虎穴峪等多个景点，是旅游度假的好去处。

为什么说宋辽古战道是罕见的地下奇观？

"万里长城与战道，地平上下两奇观。"这是国家文物鉴定委员会副主任委员史树青教授对"宋辽古战道"的评价。1988 年，永清县根据明、清地方史志的记载和民间传说，经过试挖掘查明，古战道在永清境内覆盖面积达 300 平方公里，以后相继在霸州、文安、固安、雄县等县市发现了古战道。1998 年 12 月，中国社会科学院、国家文物鉴定委员会、首都博物馆、古军事研究所的 20 多位专家学者亲临永清考察和论证，一致认定这是宋、辽时期，宋国抗拒辽国入侵的防御性古战道。从初步调查和试挖掘的情况来看，分布在永清等 5 个县市的古战道东西延伸 65 公里，南北宽 10~20 公里，面积约 1300 平方公里，规模大，分布广，延伸长，类型多，战争中具有多种功能，其建筑材料是规格与质量基本统一的青砖。造型上，洞体高矮各异，宽窄不一。设计上，既有较为宽大的藏兵洞，还有翻眼、掩体、闸门等军用设施，埋藏深度上呈立体分布，同一地道内，也分为深、中、浅三层，最浅处距地表 1 米左右，深处则达 4~5 米，洞与井、古庙、神龛、石塔及临街的商店相通，洞内有通气孔、放灯台、蓄水池缸、土坑等生活设施，从地下古战道的功能来看，初步可划分为以运兵为目的的"引马洞"，以长期隐藏为目的的"藏兵洞"和能深入敌军阵前的"瞭望洞"。洞与洞首尾相连，纵横交错，体现了左右互援的布阵意图，有较高的军事及观赏价值。

据历史学家考证，永清古战道建于北宋咸平三年（1000 年）前后，当时，宋辽两国在河北边境长期对峙，宋方地处华北大平原，无险可守，除了筑城之外，就只能秘密挖地道以备战。它的发现与发掘，引起国内外史学家和军事学家的极大关注，从现有资料来看，宋辽古战道在国内外绝无仅有，堪称一大历史奇观了。永清县正依托地下古战道，以杨家将的历史传说为中心内容，逐步恢复部分古战道遗址，建成具有军事特色的宋辽古战道旅游区。

灵山塔在什么地方？

在三河市城区北 7.5 公里的大唐田村边，有一座海拔 87 米的小山，名为灵山，山北坡古柏成片，南坡乔灌相间，山脚下，三面有泉，水清而甘，汇流成溪，名为小清河。在灵山的山顶有一座五级古塔，即为辽代所建灵山塔。塔通高 16 米，为五层八角形，砖木结构，塔基部有牡丹、芍药花样，塔基上有复连云火花纹。曾被列为三河市八大景点之一，明代曾重修。近十几年来，省、市各级政府先后多次拨款，对其进行抢救性维修，使灵山塔恢复了原貌。

你知道大掠马白果树的来历吗？

位于三河市区 12.5 公里的大掠马村小学院内，有一棵大银杏树，距今已有 1300 年的历史。相传是唐代僧人所栽；又传是唐王李世民东征路过此地，并安营扎寨，将马鞭插在此处，次日马鞭变成了白果树；也有传说是李世民的大将尉迟敬德随唐王东征时所栽，究竟是谁所栽无从考证。白果树树干直径 2.8 米，高 30 米，树围约 14 米，树冠直径 31 米。在大掠马村村民的精心保护下，历经千年风霜洗礼的白果树，依旧枝繁叶茂，生机勃勃。每年立冬前后，如有寒流到来，白果树则在其前一天全部落叶，当地农民收获白菜，全看白果树落叶。为更好地保护这一千年古树，三河市文化局和新集镇政府在白果树周围设置了护栏。

北坞清真寺在什么地方？

大厂回族自治县是廊坊市唯一一个少数民族自治县，全县有回族人口2.6万，占该县总人口的21.6%。北坞清真寺位于县城西北10.5公里处的北坞村西侧，紧靠京哈公路。该寺始建年代没有记载，明朝万历年间（1573～1620年）扩建，占地6000平方米，为砖瓦木石结构。寺坐西朝东，主体建筑由大殿、高亭、抱厦、对厅、南北讲堂、沐浴室等部分组成，四周高垣环绕，南墙外一塘碧水激滟，过寺外石桥，穿宫门，步入正厅，出正厅为长方形天井，南北两侧有讲堂，天井西面为礼拜大殿，四角高亭望月楼立于窑殿之上，是寺中最高的建筑物。整个寺院结构紧凑严整、肃穆森然，将阿拉伯风格和中国建筑艺术特色融为一体。寺中大殿宽敞高大，巨柱林立，可容纳近千人礼拜。大殿北面的一块明代石碑，是古寺最早的文字记载。1922年三河县知事唐玉书为寺内10处景观命名并书写匾额。如今，北坞清真寺主体经修复完好保存，具有独特的地方风格，是河北省十大著名古寺之一。

你知道金轮石幢为谁而建吗？

唐代武则天称帝后，改国号大周，并借用佛经故事，加尊号称"金轮神圣皇帝"。大周圣历二年（699年），武隆县（今永清县）县令闻生元为取媚于武则天，在城东南0.5公里处建金塔院，并刻金轮石幢供奉在塔院内。石幢正面中部刻有："大周圣历二年二月八日，武隆县令闻生元相，奉为金轮神圣皇帝敬造四面像，并浮图一所供养。伏愿圣主千年，山岳齐寿，兵戈永息，岁稔恒丰。"故名此幢为金轮石幢。金轮石幢为一方柱体，高3.43米，宽0.41米，顶部四面均浮雕武后立像，神态端庄，造型优美，它为研究武则天与佛教的关系和武则天的相貌提供了珍贵的历史资料。现在供奉石幢的塔院早已变成废墟，金轮石幢存于永清县文化馆内。

什么是尊胜陀罗经幢？

经幢即为古代宗教石刻的一种，大多是用多块石刻堆建而成柱状，柱身刻陀罗尼经文、佛像等。尊胜陀罗经幢位于固安县城偏西21.5公里的牛驼镇王龙村西，据《固安县志》记载：该幢建于金天辅年间（1117～1123年）。幢高约7米，9层，无基座。第一层为八面形石柱体，镌有陀罗经文和明代嘉靖十年（1531年）、崇祯四年（1631年）重修石幢经过；第二、三、四层，浮雕飞天鸟兽图案；第五层八角形柱体上刻有"神赞天辅皇帝万岁齐天，彰德皇后储君亲王公主千秋，特建消灾报国佛顶尊胜陀罗尼幢"的文字；第六层浮雕兽面图案；第八层雕仰莲；第七、九层雕佛像，最上为蘑菇状幢顶，造型清秀，雕刻细腻，现属省级文物保护单位。

义和团在什么地方重创八国联军？

1900年6月10日，俄、英、美、日、德、法、意、奥等国拼凑2064名官兵组成八国联军，在英国海军中将西摩尔的率领下，从天津出发，原计划当天下午到达北京。八国联军在中国的土地上横冲直撞，还没有遭受过大的损失，所以，在他们看来，此趟北京之行，对有铁路之便利，有洋枪洋炮武装的外国军队来说，乃是朝发夕至、瞬息可成的事情。帝国主义的侵略行径，激起义和团的坚决抵抗。6月12日，义和团与清军董福祥、聂士成部联合作战，切断侵略军与天津的联系。6月14~18日，侵略军被义和团群众包围在廊坊、落岱、杨村一带，面对用近代枪支、火炮和装甲列车武装的侵略军，义和团奋勇杀敌，视死如归，不惜以血肉之躯与敌人拼搏，表现出极大的勇气和爱国热情，打死打伤敌军300余名，西摩尔溃不成军，这支曾以军乐队壮行、耀武扬威的队伍，最后变成一支长长的担架队，沮丧地败回天津。义和团沉重打击了八国联军进犯北京的嚣张气焰。史称"廊坊大捷"。

"廊坊大捷"是中国近代史上撼人心魄的一次重大战役，是整个义和团运动期间一件具有深远历史影响的大事。在这次战斗中，中国人民敢于和敌人血战到底的英勇气概震惊了世界。近百年来，"廊坊大捷"表现出来的民族精神，一直鼓舞着廊坊人民。

闻名中外的八卦掌创始人是谁？

八卦掌，又名八卦拳，是中华武术中拳术的一种。运动结构多采用掌法，运动形式则按八卦的四正四偶和九宫步运行。它的创始人是文安县朱家务村人董海川。

董海川，生于1796年，字汇川。自幼聪敏过人，嗜武成癖。1811年赴京考武举未中，遂开始浪游江湖，投师访友，后在安徽九华山遇到道人董梦林（红莲长老，江湖人称碧灯侠），拜为师傅开始学艺。碧灯侠看到董海川擅钻研，一点即通，就把自己的真功夫全部传给了他。经过八年的勤学苦练和潜心研习，利用道家八卦图中的无极圈和乾、坎、艮、震、巽、离、坤、兑八个字（八卦方位），从其变易之理中悟出了八卦掌。他善于汲取诸家之长，融会贯通，充实自己，技艺不断提高，臻于化境，成为八卦掌发展史上承前启后，继往开来的一代宗师。

1828 年在京净身入宫当太监，后到肃王府任司膳太监、护院总管、武师，并赏七品首领衔，收徒传艺。晚年辞去王府职务，收徒达数千人，使八卦掌逐渐流行于全国，闻名于世，形成武林中的一大门派。1882 年，端坐而逝，享年 86 岁。他一生为继承和发扬祖国的八卦掌武术，做出了巨大贡献。

李莲英为何得宠于慈禧太后？

李莲英（1848～1911 年），字乐元，原名英泰，今大城县臧屯乡李贾村人。李莲英幼年家境贫寒，他的父亲以修鞋、熟皮子为生。

咸丰五年（1855 年），李莲英九岁时净身入宫，曾为慈禧充当梳头房役，凭他聪明伶俐，巧于阿谀奉承而得宠。历任首级太监、副总管、大总管，授二品红顶戴。同治元年（1862 年）夏天，慈禧太后又亲自把李英泰这个名字给改为李莲英。对此慈禧太后还做了解释，说"莲"是荷花，"英"是花瓣，她自己是活菩萨，菩萨总坐在莲花里，"我愿叫你伺候我一辈子"。从此，"李英泰"这三个字便被抛到九霄云外去了。

李莲英进宫当太监，经历了咸丰、同治、光绪、宣统四朝，正是清王朝走向衰败的时代。他干预朝政、反对维新、广植私党、买官鬻爵，干尽了龌龊的勾当；慈禧太后是一个习性刁钻、心狠手辣的女人，李莲英跟随她一生，始终立于不败之地，显然也绝非平庸之辈。

1908 年 10 月慈禧太后死后，李连英待百日孝满后，离开皇宫，搬进北京棉花胡同家中。他深知一生积怨太多，便闭门不出，整日持斋念佛。后被杀。

韩复榘为什么被蒋介石处决？

韩复榘，生于 1890 年，字向方，霸州市东台山村人，行伍出身，民国时期的旧军阀，在 20 世纪 20 ~ 30 年代声震西北、华北、中原各地。

韩复榘早年入伍时，参加爱国将领冯玉祥等人组织的"武学研究会"，接受民主革命思想，后成为冯玉祥的部下。1912 年参加过滦州起义，失败后被押送回乡。冯玉祥东山再起后，又投到其门下，当过师长、军长、河南省主席，1929 年背叛冯玉祥投入蒋介石怀抱，在冯玉祥、阎锡山讨伐蒋介石时，帮助蒋介石抗击阎锡山。1930 年 9 月任国民党山东省政府主席，他在山东三次破坏中共山东省委，杀害邓恩铭等共产党员，镇压农民武装暴动。但他对蒋介石也存有戒心，长期截留地方税收，扩充军队，对在山东的国民党 CC 派多次进行捕杀，和蒋介石发生利害冲突。在"两广事变""西安事变"时，公开表示过反蒋。抗日战争爆发后，任国民党第五战区副司令长官兼第三集团军总司令，日本侵略军引诱他参加华北"五省自治"，他表示决不当汉奸。"七七事变"后对共产党的态度有所改变，但也不真心抗日。1937 年 9 月，日本侵略军进犯济南，韩复榘末战而走，率领十万大军仓皇南逃，致使日军长驱直入，占领整个山东。蒋介石以此为理由，于 1938 年 1 月 11 日以在开封召开军事会议为名将其诱捕，24 日，以"违抗军令，擅自撤退"的罪名将他枪决于汉口。

京 韵大鼓"白派"创始人是谁?

京韵大鼓是曲艺的一种,主要流行于包括京津在内的华北和东北地区。比较有名的有三大派别,即"刘派""张派"和"白派"。"白派"的创始人为白云鹏(1874~1952年),河北霸州人。青年时期的白云鹏在农村庙会说唱大书,1900年前后到天津演唱,不久去北京拜史振林为师,改唱小口大鼓(经过改革的木板大鼓)。由于他嗓音宽厚苍劲,善于选择适合自己说唱的题材谱曲创腔,逐渐形成了吐字清晰、韵味醇厚,长于表达书中人物内心感情的独特艺术风格,具有较高的朗诵色彩,成为京韵大鼓的一个流派,人称"白派"。

白派京韵大鼓的代表曲目除说唱《红楼梦》故事的《黛玉焚稿》《探晴雯》等外,《孟姜女》《花木兰》《草诏敲牙》《樊金定骂城》等书段也是在艺术上经过长期锤炼、深为听众喜爱的曲目。五四运动以后,白云鹏在当时社会思潮的影响下,演唱了具有进步思想内容的《提倡国货》《劝国民》等新唱段;抗日战争时期,他经常演唱《哭祖庙》等节目,曲折地反映了他的爱国思想。中华人民共和国成立后,白云鹏积极传艺授徒,革新鼓曲艺术,于1951年入中国戏曲研究院工作,为丰富祖国的曲艺宝库做出了一定贡献。

你 知道"百岁将军"是谁吗?

孙毅,中将军衔,我军杰出的军事教育家,人称"胡子将军"。1904年5月14日生于河北省大城县城内,1920年10月离开家乡当了兵,在旧军队中混了四五年,1931年随董振堂、赵博生参加宁都起义，走上革命道路。1933 年加入中国共产党，1934 年随中国工农红军参加二万五千里长征，任军委教导师参谋长。新中国成立后，历任中国人民解放军第二高级步兵学校校长、华北军区副参谋长、中央军委军校部副部长、中国人民解放军训练总监部外训部副部长、军委出版部部长、总参谋部军训部副部长、总参谋部顾问、军委纪律检查委员会委员等职；当选过五届全国政协常委、中共七大代表。

20 世纪 80 年代离休后，孙老将军不遗余力地做好青少年的革命传统教育工作，担任过 60 多所大、中、小学校的校外辅导员，给青少年做传统报告 900 多场。被誉为"全国最佳健康老人""军中不老松"的孙毅将军，是全军迄今最长寿的老一代革命将领。1993 年孙毅过 90 岁生日，时任国防部长的迟浩田上将对孙毅将军说："我要交给你一个光荣的任务——希望你带个头，成为全军的第一个百岁将军！"老将军高洁的人品、豁达的胸怀、不息的斗志、美满的婚姻，就是他健康长寿的秘诀，也成为青年一代学习的楷模。2003 年 7 月 5 日孙毅将军在北京逝世，享年 100 岁。

"香河老人"为什么死而不朽？

在香河县淑阳镇胡庄子村，有一位普普通通的农家妇女，名叫周凤臣，于 1992 年 11 月 24 日晚平静地死去，享年 88 岁。其遗体一直停放在她生前居住的地方，没有经过任何防腐处理，十个春秋，历经 0℃～34℃ 的室温、相对湿度 90% 的考验，奇迹般地完好保存下来，而且逐渐演化成被称为"没有处理过的木乃伊"或者佛教界所说的"金刚琉璃体"。这就是引起世人瞩目的"香河老人"。那么，到底是什么原因让这位老人"固执"地"留"了下来？

据老人的子孙讲，老人生前为人谦和，心肠慈善。38岁时，得了一场大病，开始吃素，此后50年间不沾荤腥。临终前20天，老人出现反常的变化，咳嗽不止并拒绝进食。香河县医院检查诊断为急性肺炎。住院期间，她曾多次出现异常呕吐，有时喝一口水能吐出一碗，里面还有红色蝌蚪状的东西和黑色小米粒状的硬物。老人身体出现极度虚弱，强烈要求回家，儿女们开始为她准备后事。当天上午老人出现了异常排便，呈喷涌状，量大黏稠，颜色为棕褐色。老人临终前要求家人用凉水为她擦身，并用清凉油涂擦全身主要穴位。

据专家讲，香河老人本质上就是木乃伊的一种，也叫干尸。老人临终前所做的比如净身、净口等举动以及所发生的一些不正常的生理反应，可能是导致其尸体不腐的最主要原因。自从"香河老人"死后不朽的消息传出后，已经有近十万人参观过。香河老人现象引起了社会各界的关注，国家各大单位的医学、人体学、病理学的专家学者们纷纷来到香河，并对老人的遗体进行了研究，试图揭开香河老人特异生命现象之谜。

廊坊的名特风味食品有哪些？

廊坊特色食品以"京东肉饼"最有名气，其他还有安次区的王麻子烧鸡、肖胡子驴肉、落垡杂面，永清县的后奕香肠，大城县的火烧夹驴肉、里坦窝头，三河市的豆腐丝，香河县的臭豆腐，霸州胜芳镇的松花蛋等。

"京东肉饼"又叫香河肉饼，发源于京东三河、大厂一带，是当地回族人民喜爱的传统食品，历史悠久。据传说，乾隆三十五年（1770年）乾隆皇帝路过现在的大厂县，曾经品尝过这种肉饼，对其色香味赞不绝口，从此京东肉饼生意大振。京东肉饼最初以牛羊肉为馅，后来也有改用猪肉做馅的，它的特点是：皮薄馅大、色泽金黄、肉嫩无筋、决不塞牙。食用时可配辣椒提味、蘸米醋解腻。如今在京、津、河北的大中城市，均有专门经营京东肉饼或香河肉饼的店铺，成为人们比较喜爱的大众食品。

为什么廊坊的红小豆被誉为"红珍珠"？

廊坊市98%的耕地为平原，土地肥沃，是河北省主要农作物小麦、玉米、豆类、花生的重要产区，一些具有地方特色的农副产品远销国内外。闻名遐迩的"天津红小豆"就出产于廊坊，仅安次区每年的种植面积就达11万亩，出口量达7000多吨，占全省的30%，年最高创汇额200余万元。"古洼绿珠"牌"AA"级红小豆，是"天津红小豆"中之佳品，产于文安大洼。这里肥沃的土壤，清澈的水源，无污染的大气，为红小豆的生产提供了最佳生态环境。"古洼绿珠"牌"AA"级红小豆的特点是籽粒饱满、色泽鲜艳、皮薄粒大，纯天然品质，是一种高蛋白、低脂肪、多营养、多功能的营养类食品。具有"利水祛湿，和血排脓，消肿解毒"的功效，"古洼绿珠"牌"AA"级红小豆畅销国内，还出口日本、东南亚、德国等国家和地区，深受外商欢迎。该产品在1997年首届河北省农业博览会和第三届中国农业博览会上均被评为"名牌产品"。在国外市场上享有"红珍珠"的美誉。

你知道"烤肉宛"吗？

"烤肉宛"即宛氏烤肉的别称。在大厂回族自治县的大马庄村，有一户宛氏家庭，为谋生计，于康熙二十五年（1686年）来到北京开一饭馆，跟蒙古人学会烤羊肉的手艺，吸引了众多食客，名气越来越大，至 20 世纪 20 年代，宛氏第三代传人，挂出"烤肉宛记"的招牌，专门经营烤肉。宛记烤肉风味独特，以含浆滑嫩、松软喷香、肥而不腻、瘦而不柴、鲜嫩可口而著称，食客慕名而来，买卖越来越兴隆。京城文化界名流马连良、梅兰芳、张大千、齐白石等也纷沓而至，国内著名画家张大千、溥心畬二位大师先后为此题诗，并写过"清真烤肉宛"的匾牌。日本、美国、英国、法国、德国等众多外国人士也以尝中国的烤肉宛为快。著名京剧艺术大师梅兰芳邀友人重新品尝后，题诗一首，留赠于店。"清真烤肉宛"这个老字号延续至今，独树于京都之门。

廊坊新世纪步行街有什么特色？

廊坊新世纪步行街坐落于廊坊市广阳区，步行街宽 120 米，全长 5 公里，集商贸、旅游、餐饮、文化、娱乐、休闲为一体，是全国最长的步行街。整个步行街采用欧式建筑风格，框架结构，智能户型，外墙面浮雕镶嵌，特色鲜明，格调统一。坐落于街区内的数十件建筑小品、过街天桥、长廊、商亭、喷泉和各种不同形象的雕塑与建筑风格都浑然融为一体。街内两侧 10 米宽的花岗岩步行路，52 米宽的街心广场中，典雅园林设计、郁郁葱葱的花草树木，编织成独具特色的绿色长廊。加上已入驻步行街的藏天朝酒吧、京客隆超市、麦当劳餐厅等，为人们提供了购物休闲的良好空间。目前，步行街管委会正在规划建设"旅游酒吧一条街"和"旅游美食一条街"。新世纪步行街，堪称"中国香榭丽舍大街""京津走廊的小巴黎"。

胜芳花灯有何特色？

胜芳镇是廊坊霸州市第一大镇，不仅经济上在霸州市占举足轻重的地位，胜芳花灯也在全国小有名气。胜芳在清代是直隶六大名镇之一，乾隆下江南，曾取道胜芳，留有"胜芳荷香"的赞语。胜芳镇扎灯艺人辈出，各式彩灯齐全，以形意灯为主，可分为木框灯、挂灯、玩意儿灯三种。木框灯以折叠式六角宫灯最具代表性，此外还有菱形、盾形、花篮形、花瓶形等花色品种。挂灯主要为金瓜形花灯，也称红纱风灯，多悬挂于房前檐下、城楼或牌匾上。玩意儿灯是花灯中最丰富多彩的品种，多以亭台禽兽鱼虫花卉为题材制作。如金鱼灯、鸳鸯灯、龙凤狮灯、老鼠攀亲灯等。最有特色的是"十面猪八戒灯"，十对耳朵能扇动，十张嘴巴能吧哒出响声，趣味盎然。还有横动八足的"螃蟹灯"、漂游河淀的"荷花灯"、顽童玩耍的轮箍"小车灯"等。数不胜数的精巧花灯使胜芳蜚声海内外。

香河首饰为什么被称为"东方首饰一枝花"？

香河的花丝工艺，历史悠久，在继承中国古老的垒丝工艺的基础上，以金银等贵重金属加工成首饰。它是以极细的金丝或银丝缠绕、层叠为基础，经掐、盘、粘、焊、镶、嵌等工序，再加上宝石、烧蓝、点翠、镶金等工艺，制造成各种造型和纹饰的工艺品，具有浓郁的民族特色。

香河县花丝首饰的特点是色彩斑斓、纤细精致、样式新颖、优雅喜人。其取材广泛，从花鸟草虫到各种动物、水族，无一不有。品种包括发饰、耳饰、手饰、带饰、佩饰等，花色样式达1200多个，销往日本、南亚、欧美等50多个国家和地区，被誉为"东方首饰一枝花"。

"柳 编之乡"是哪一地区的美称？

固安县是中国著名的柳编产地，早在明朝嘉靖年间（1522～1566年），固安北部地区就种植杞柳，编织柳器"升、斗、簸箕、栲栳之类"，清初，民间编织的柳条箱等远销京津、苏、奉各大商埠，20世纪60年代初期，柳编遍布全县，从1963年参加广交会开始，柳编方盒、花篮、八角箩筐等产品打入国际市场。改革开放以后，柳编业有了很大发展，已形成专业村、专业乡，编工达3000多人。为适应国际市场的需要，他们不断革新产品花样，创出各式各样的动物、花鸟、花瓶、宫灯；还有仿唐式坐墩、洗澡间地毯、古式梳妆台、现代式沙发、茶几、提篮、干果盘、宠物笼等，规格达2000多个型号，400多个品种。这些造型美观、编工细腻、小巧玲珑、造价经济、经久耐用的家庭陈设品不但行销全国各地，还批量远销到美国、日本、朝鲜、荷兰、丹麦、意大利、比利时等37个国家和我国香港、澳门地区，曾多次参加莱比锡博览会和国际工艺品展览，在国际市场上保持经久不衰的盛誉。在"全国名乡大全"中固安县被誉为"柳编之乡"。

保　定

你 了解保定吗?

　　保定市北靠北京市，西接山西省，总面积2.21万平方公里，人口1119万，辖4市3区18县。全市地势由西北向东南倾斜，地形大致分为山区、平原、洼淀三部分。山区包括西部太行山地和丘陵，海拔千米左右；平原海拔不足50米，地形平坦；平原以东为洼淀区，地势低平，积水成湖。气候四季分明，属温带大陆性季风气候，冬季寒冷干燥，夏季炎热多雨。山区海拔高，气温较低，年平均气温12℃，无霜期不足200天，年平均降水量不足600毫米。境内河流均属大清河水系，全部源于太行山麓，向东注入白洋淀。西部山区多青山绿水，风景秀丽，是避暑的好地方。中部平原，开阔平坦，入夏麦浪滚滚，初秋则是一望无际的青纱帐。东部洼淀连片，为著名"华北明珠"白洋淀。西部山区盛产多种温带水果，平原主产小麦、甘蔗、花生、棉花等农作物，洼淀以芦苇、鱼虾闻名。保定特产可归纳为这几句顺口溜："涞水核桃阜平枣，满城草莓顺平桃，唐县柿子曲阳梨，望都辣椒安国药，平原盛产粮棉油，淀洼苇席鱼虾好。"保定工业门类比较齐全，名牌产品主要有乐凯胶卷、天鹅化纤、天威变压器、风帆蓄电池等。境内交通发达，京广、京沪、京九、京原、朔黄铁路贯穿南北东西，京石、津保高速公路及107国道等50余条公路穿越境内，四通八达。邮政通信业发展迅速，电讯畅达快捷。

保定地名是怎么演变来的？

保定历史悠久，从旧石器时代晚期就有人类活动，易水、拒马河、唐河流域留有许多古代文化遗址。夏商时期，生活在保定地域的主要居民是易氏，商代封国为易。西周时，隶属于燕国，春秋战国时为北方各诸侯国的角逐之地，曾隶属燕、赵、中山等国。秦代建有恒山郡和广阳郡，西汉属涿郡、中山国、代郡的辖区，以后各代分别在保定地域内设置郡县，曾有朔平县、涿郡、中山郡、北平县、阳城县、乐乡县、永宁县、清苑县、满城县等。直到宋代，始置保塞军，后改为保州，初具都市规模。金元时期，保州多次遭遇战争。金贞祐元年（1213年）元兵屠城，古城被战火毁灭。元太祖十四年（1219年）复建城郭，二十二年（1227年）始具规模，称为保定路，寓有"保卫大都（北京），安定天下"之意，保定之名自此开始。明朝废保定路，改为保定府，所辖地区与今天保定市大致相近。清军入关后，将直隶巡抚由正定移驻保定，此后到新中国成立初期的300多年间，保定一直作为省会城市，有了前所未有的发展。

为什么说保定是历史文化名城？

保定是尧帝的故乡，有着悠久的历史。辖区内自然景观和人文景观交相辉映，革命纪念地和文物古迹各具特色。保定建城于宋代，自清朝康熙年间开始，就成为河北的省城，一直到新中国成立后，都是河北地区的政治、经济、文化中心。目前，市内保存有始建于元代的全国十大名园之一的古莲花池，建于明清两代的钟楼和大慈阁，有著名的清代省级衙署——直隶总督署。周边辖区内，有闻名全国的战国"燕下都"遗址；西汉中山靖王刘胜墓、清西陵、定州开元寺塔等文化古迹。有国家级风景名胜区野三坡以及被誉为"华北明珠"的白洋淀等自然风景名胜；还有诸如冉庄地道战遗址、狼牙山五勇士纪念塔等革命纪念地。明清以来，保定文化教育一直领先全国，清代的莲池书院享誉海内外，清末民初兴办了许多学校，有省立高中、高等农业学堂（现河北农大）、保定师范（红二师）、省立女二师（现十七中）、育德中学、保定陆军军官学校以及留法勤工俭学培训班，都名扬全国。出生在保定的历史名人有：杰出的戏剧大师关汉卿、王实甫；著名的科学家祖冲之、郦道元；政治家刘备、赵匡胤等。这些都说明，有着 3000 多年发展史的古城保定承载着中华民族源远流长的传统文化，放射着文明古国的灿烂光辉，是一座底蕴深厚的历史文化名城。

你 知道保定有多少处全国重点文物保护单位吗？

保定，历史悠久，文物荟萃，地上地下文物十分丰富，既有几千年的历史文物，又有近现代的革命文物；既有珍贵的古建筑，又有丰富的地下文物。截至 2011 年，保定共有全国重点文物保护单位 47 处，现列表如下。

为 什么保定有"学生城"之说？

保定人民历来崇尚文化，注重教育事业。兴办的众多学校成为这座历史文化名城的标志。古代，儒学教育就比较兴盛，明、清两代，有府学、卫学、县学，三所官司学并立，还有多所社学所、义学所、私塾学馆。书院作为当时的高等学府，明代有二程书院和上谷书院两所；清代有闻名全国的莲池书院。当时人才荟萃，书院兴旺。清末，作为直隶省会的保定，新学兴起，学校教育空前发展，省立高师、高等农业学院、保定师范、省立女二师、省立六中，均为在全国创办最早，且有较高声誉的学校，私立育德中学更负盛名，与天津的南开中学并列为全国重点学校，有"理育德，文南开"之说。私立同仁中学也引人瞩目。除普通学校外，军事学校也名扬四海，由李鸿章创办的将弁学堂到民国初的陆军军官学校，前后共设 10 余所，曾为中国革命培养了大批军事人才。有的学校，保定还留有遗址，如县学胡同、莲池书院等。有的学堂在原址基础上扩建、更名，如现保定一中的前身即省立六中和私立同仁中学；现保定十七中即原直隶省立女二师；有的建了纪念馆，如原育德中学建有"留法勤工俭学纪念馆"，保定陆军军官学校也建了纪念馆。从清末到民国初，整个保定城，学生人数占总人口的四分之一，被人们称誉为"学生城"。时至今日，保定仍有河北大学、河北农业大学、华北电力大学等，高等院校数居全国中等城市之冠。

描写保定历史风云的著名小说有哪些？

保定人民具有光荣的革命传统，"五四运动"后，在与反动政府的斗争中，特别是在抗日战争和解放战争中，涌现出无数可歌可泣的英雄人物，表现出不屈不挠的斗争精神。如火如荼的斗争生活和深厚的文化底蕴，也使古城保定在新中国成立前后孕育出一个优秀的作家群体。从保定这片沃土中成长起来的作家们，以满腔的热情描写了保定的历史风云，优秀作品如雨后春笋，层出不穷。其中保定蠡县籍作家梁斌，以红二师学潮和高蠡暴动为素材，写出了著名的优秀长篇小说巨著《红旗谱》《播火记》和《烽烟图》。以保定地区抗日战争和解放战争故事为题材的作品就更多了，著名的雄县籍作家徐光耀写出了《平原烈火》《小兵张嘎》等著名小说；清苑籍作家李英儒创作了《战斗在滹沱河上》《野火春风斗古城》；孙犁创作了《风云初记》；冯志创作了《敌后武工队》；刘流创作了《烈火金钢》；孔厥、袁静创作了《新儿女英雄传》等。这些作品以丰满的艺术形象和鲜明的民族风格以及质朴亲切的地方语言，赢得了读者的喜爱，令群众百读不厌。有的作品还拍成了电影，如《小兵张嘎》《烈火金钢》，产生了巨大的社会效应。

为什么保定会成为近代中国陆军最大的训练中心？

保定作为清末两代执掌重兵的直隶总督北洋大臣李鸿章和袁世凯的署衙之地，很自然地成为我国近代新式军队的训练基地。早在咸丰年间，李鸿章就在保定城内设立了保定行营将弁学堂。1902年，袁世凯接任李鸿章后，为扩大北洋军，"以练兵为当务之急"，把将弁学堂搬迁到城东郊外，扩建为北洋武备速成学堂。学堂虽几经易名，但新式陆军军官最重要的培训基地未变。基地培养的学员中，有许多成为中国杰出的军事家。辛亥革命后，袁世凯为大总统、段祺瑞为陆军部长时，学校正式更名为陆军军官学校。后人为与广州的黄埔军校区分，简称保定军校。保定军校从1912年秋招生，到1923年8月停办，共有九期6500多名学员毕业，其中不少学员后来成了军队中的著名将领。如唐生智、李品仙、张治中、白崇禧、傅作义、叶挺、陈诚、董振堂、张克侠等。

保定军校从它的前身将弁学堂算起，前后约有50年的历史，对中国近现代史产生过重要作用，保定也以近代中国陆军最大的训练中心闻名于世。

原 保定军校是如何布局的?

　　原保定军校，全名为保定陆军军官学校，位于保定城东北，距大东门2.5公里，是在一座关帝庙废址上建立起来的。现为保定畜牧场。学校共占地1500亩左右，分四部分，其中本部占地约190亩，分校占地约100亩，大操场占地约850亩，靶场占地约350亩。分校又叫东院，是前五期学员入伍期训练场，后改为马厩和库房。大操场中间靠北建有演武厅，包括阅兵台、室内运动场、休息室。本部是学校主体，布局合理，建筑讲究，规模也较大，可同时容纳2000人就学。建筑区分北院和南院，北院建有伙房、饭堂、库房。南院又划分为中、东、西三院，中院为办公室，东西两院为教室和学员宿舍。本部设南北两门，南门为正门，上悬黑色漆金字横匾"陆军军官学校"，门前一对威武的石狮分列左右。东西两院建筑形式相同，各有20排瓦房，前有廊厦，各排之间设走廊，每两排有一月门，内住一连人，故称"一连道子"。前排为教室、办公室，后排是宿舍。中院中央是方正高大的尚武堂，面对大门，尚武堂门前一对铜狮，两株古柏，威严肃穆，柏树上挂一口铜钟，为作息号令钟，厅前是广场，供全校开大会用，又称内操场。靶场在本部院外东北。现军校大多数建筑已被毁，在遗址上建有保定陆军军官学校纪念馆。

你 知道保定莲花池公园的历史沿革吗？

这座位于保定市中心的莲花池公园，是华北地区著名的古典园林。它始建于元太祖成吉思汗二十二年（1227 年），原名"雪香园"。到了明代，因园内荷花满塘，被称作莲花池。万历年间，经大规模扩建，更名为"水鉴公署"，成了官宦贵族专门用来闲游宴乐之地。清朝，这座古园达到鼎盛时期，雍正十一年（1733 年）增建莲池书院，辟为行宫。莲池书院作为直隶省文化中心长达两个世纪之久，是清代著名的大学堂。许多大学者、教育家在这里执教或当院长，为清朝培养出了大批官僚、文人和学者，如中国最后一个状元刘春霖就是莲池书院的学生。作为行宫，仅乾隆皇帝就三次幸临，嘉庆皇帝、慈禧太后西巡时路过保定，也都在这里暂住。可惜的是，1900 年八国联军入侵保定，这座盛极一时的名园珍宝被洗劫一空，精美的古典建筑也焚烧殆尽。后来有过多次修复，新中国成立后辟为人民公园，又经逐年修缮，基本恢复了原来的规模。亭台楼榭玲珑精巧，水光山影清幽秀丽，构成了一幅"湖中有景，景中含诗"的优美画卷，成为幽雅别致的"城市蓬莱"和北方"小西湖"。

古 莲花池的建筑布局是怎样的？

古莲花池建筑的主要特色是"环水筑榭"。"水"指园内的南北二塘，水面占全园面积的三分之一。池水又以北塘中央的临漪亭为中心，环塘而设的其他建筑玲珑剔透，与水中莲叶荷花岸边山石草木，相互衬托，倒映成趣。

步入北门，透过"三空三斗"的牌楼，望到的就是"濯锦

▲ 古莲花池

亭"，它飞檐微翘，红柱相托，亭旁藤绕柳垂，相传这是元将张柔婢妾洗衣的地方。从亭子往东南，是精雕彩绘的二层楼阁水东楼。过楼沿塘边折向西南，耸立在假山怪石之上的是"观澜亭"，站亭上可赏荷观波吟诗唱和。山下有"篇留洞"，洞名意出苏东坡"清篇留峡洞"，此洞备受乾隆帝青睐，曾为之四次题诗。假山南侧的三拱白玉桥，是莲花池仅存的唯一元代建筑。桥栏雕刻古朴精细，图案造型奇特。南塘南岸植有枣树，取名"红枣坡"，坡上坡下两小亭分别叫六幢亭和不如亭。前者是为保护六幢刻有佛经的石碑柱而建的。北塘南岸的"藻咏厅"是古莲花池的主体建筑，厅堂宽敞明亮，外围四面庑廊，是当年官宦文人吟诗作赋的地方。相传，明代这里还作过举人的考场。"临漪亭"位于北塘中心，也是全园的中心，又叫水心亭，是莲池重要建筑，亭子有两层，四丈高，八角如翼，跃出水面，有凌空欲飞之感。登亭远眺，如置身画中。北塘西岸是"君子长生馆"，庑廊环抱，雕梁画栋，台榭宽阔，驾于水上，是游人垂钓赏荷、吟风弄月的好地方。

你听说过历代帝王、元首在古莲花池的奇闻逸事吗？

保定古莲花池历史悠久，自清代以来皇帝、太后、民国总统及共和国的领袖们在此留下了不少奇闻逸事。莲池碑刻长廊的东段，有康熙皇帝"龙飞"题书，题书字大如斗，苍劲有力，被视为园中镇园之宝。相传这是康熙帝亲政时御笔，是乾隆皇帝特意为莲池行宫带来供奉的"圣迹"。乾隆帝也曾多次幸临莲池，北门内原有假山南北两座，乾隆游园时曾在此亲题"春午坡"三字，意取苏东坡"春午发浓艳"。莲池内许多亭子的宝顶是"莲叶托桃"的独特造型，据说八国联军攻陷北京，慈禧挟光绪帝连夜逃往西安，返回时到了保定，住进行宫御苑古莲花池，见到一位老艺人雕刻"莲叶托桃"的工艺构件，准备装到亭子的宝顶上，西太后先是很欣赏，后细一思量，脸色大变，怀疑这是在讽刺她"连夜脱逃"，便传旨杀了老艺人。后来人们为了纪念这位老艺人，把园内所有亭子的宝顶都建成了莲叶托桃的造型。莲池正门匾额题有"古莲花池"四个字，这块匾是北洋军阀政府总统徐世昌所书，操办这件事的，是另一个当过总统的直系军阀头子曹锟。毛泽东在 20 世纪 20 年代组织留法勤工俭学的时候，就到过古莲花池。新中国成立后，一次，毛主席走进莲池大门，第一句话就说："莲池书院当时在全国是很有名的。"刘少奇同志视察莲池，看到题有"小方壶"的匾额，就问题字的来历，秘书解释说：传说东海有三个仙岛，分别叫瀛洲、蓬莱、方丈，其中方丈也叫方壶，"小方壶"也许出自这个典故吧。刘少奇同志满意地笑了。

古莲花池保存有哪些珍贵的书法碑刻？

保定古莲花池是清代直隶文化中心，汇集了大量的文化瑰宝。道光初年，直隶总督那彦成将自己家藏多年的名贤墨迹献出来，请人刻成石碑，供当时莲池书院的学生观摩学习。这批碑刻称为《莲池书院法帖》，这样古莲花池就集中保存了许多历代书法碑刻珍品。这些碑刻主要镶嵌在北塘北岸高芬轩后面的墙壁上，被称为"碑刻长廊"。长廊装饰有雕栏彩画，共33间，分三段，嵌碑82方，西段17组，26方，草书居多；中段13组，14方，大多也是行草；东段7组，42方，是著名的《淳化阁帖》碑刻。这里荟萃了唐、宋、明、清几代名人的书法。有笔走龙蛇、气势磅礴的怀素大草《自叙帖》；有严正峻峭、浑厚雄健的颜真卿"多宝塔"《千福碑》；有龙跳天门、虎卧凤阙的王羲之草书；有苍劲有力、笔法流畅的王阳明"夜宿天地"，以及褚遂良的《千字文》、米芾的《虹县诗》、赵孟頫的《蜀山图歌》、董其昌的《云隐山房题记》《书李白诗》，还有被视为"镇园之宝"的康熙皇帝的御笔亲书"龙飞"二字。特别值得一提的还有书法价值较高的《蔡京送行诗碑》。蔡京是著名的奸相，被称为宋代六贼之首，声名狼藉，但却写得一手好字，因为人品太坏，很少有人藏他的字。这首诗是蔡京为朋友李谅写的送行诗。李谅很欣赏他的字，调任保定后就请人刻碑保存了下来。

为什么说直隶总督署是我国现存唯一的一座省级衙署？

在封建社会，统治阶级为了统治人民，县及其以上行政单位都建有衙门。但各级官吏历来是不修衙的。新官上任后或募钱财修寺刻碑以留名，或因自己不知任期长短而不肯掏钱修衙门，所以历代衙署保存至今的为数寥寥。

直隶总督署是清代直隶总督的衙署，于雍正七年（1729年）建成，后虽有所修葺和局部增建，但并没有大的变动，也基本上没有遭受重大灾害和人为的破坏。从全国范围看，清代的总督衙署大多已荡然无存，所存者也历经改建，面目全非，如南京的两江总督署在太平天国时期为洪秀全的天王府，同治三年（1864年）湘军攻下后被焚毁，同治十年（1871年）曾国藩复任两江总督后重新修造。新建的总督署"备极宏壮",辛亥革命后又改建为总统府,已失去原来总督署的内涵。而直隶总督署则基本上保存了雍正时期的建筑特色,历史悠久,

▲ 直隶总督署

保存完好,因此说直隶总督署是我国现存唯一的一座省级衙署。

直隶总督署的建筑是如何布局的?

现在的直隶总督署东西宽约130米,南北深220余米,总占地面积约30000平方米。以两条南北更道相隔,将衙署分为中、东、西三路。主体建筑在中路,主要有大门、仪门、大堂、二堂、官邸、上房,并配以左右耳房、厢房等。这些建筑均为硬山小式建筑,布瓦顶,保存完好。

直隶总督署的黑色三开间大门,坐北朝南,位于三尺多高的台基上。大门正中悬一匾额,上书"直隶总督部院"六个大字,白底黑字,显得庄严肃穆。两侧挂有一副黑底金字的抱柱联。

步入总督署大门,东西各有一过墙门通往东西两院。从大门沿甬道往北即是仪门。从仪门沿甬道北去60余米,便是总督署大堂。

大堂南侧有用砖砌成约13平方米的露台。露台是官员们举行礼仪活动的地方。露台两侧东西各有九间科房,东侧科房是吏科、户科、礼科房;西侧科房是兵科、刑科、工科房。六科房是就中央吏、户、礼、兵、刑、工六部相对应的办事机构。东科房南侧

71

相连的是架阁库。西科房南侧相连的是承发司房，在大堂正南沿甬道不远处，有木质的四柱三顶戒石牌坊一座。

由大堂东西侧绕便门北进即二堂院，二堂院布局严谨，东西厢房各三间，屋前有抱鼓石，开设有后门，均为穿堂屋，可通往东西更道和东西花厅。二堂正屋面阔五间，长22米，进深10米，为一明两暗布局。该堂屋是由元代"宣化堂"演变而来，至今还保留有不少宋元古风。

穿过二堂向里，是一开阔的小院，两侧各有一门与东西更道相通。再往北有砖墙相隔，中有门与内宅相通，往里即到内宅院，有官邸和上房两进院落，均为正房五间，左右耳房各两间，左右厢房各三间，并以廊庑相连。官邸正堂中间为一过堂屋，东侧室是"内签押房"，为总督平时批阅来文及处理公务的地方；西侧室是书房，是总督习经写字修身养性之所，总督一般都要给书房送一雅号，如雍正九年（1731年）唐执玉任总督时称作"濯漱斋"等。由二堂到官邸有直廊相通。通过官邸最后到达上房堂院，这是总督眷属居住活动的地方，平时外人是不能随意进出的。

除此，总督署的东西两侧还建有"花厅"，名曰"东花厅""西花厅"，是总督邀其幕友叙旧论政或举行大型宴请活动的地方。东西两路还建有一进或两进院落，大都是幕友办公或居住的地方，名曰"幕府"，如刑名幕、钱谷幕等。这些建筑规制虽次于中路，但廊庑、彩画俱备，仍不失其体面。

西路北部是一花园，有一便门与中路上房相通，是总督及眷属活动的场所。西侧还有一内箭道，为总督考核武官之用。东路北部是吏房，中部有厨房，南部是寅宾馆（接待客人的住所）。整个总督署房屋布局严谨，构成一组非常和谐的建筑群体。

直隶总督署的建筑具有什么样的风格？

直隶总督署作为明清官式衙署建筑的典型代表，其建筑风格体现在以下方面：

第一，在总体布置和空间组合上，总督署的中路建筑，一般将五开间的正房放在正北南向主轴线上，同时根据构成院落的需要，东西配置开间不等的厢房，南面无倒坐，而是呈多进三合院竖向延伸的格局，且用硬山式门楼或宅门分割形成独立的院落空间。中路主体建筑大门多居中间开，东西两路因是总督属员宴乐休息之所，故往往在南面倒坐以东设置大门，以符合"坎宅巽门"的风水要求。

第二，总督署建筑的主要形式为硬山小式，外墙为砖砌，因冬季严寒，厚度较大。官邸、上房地面原为木檩龙骨铺平口木地板，院内则多用青砖墁地。各幢房屋之间多由卡子墙连接，二堂、上房院由抄手游廊连接正房和厢房，丰富了宅内建筑层次和空间。东路建筑的花厅、进厅、回廊等多为卷棚顶，与中路多数建筑迥然不同。

第三，在装修上，总督署房屋门窗装修为固定木棂窗和格扇式板门，大门、仪门、垂花门多为棋盘式板门，各堂屋门则为板门格扇。外廊檐枋下多做花牙子。中路二堂、官邸、上房及东花厅的门窗、楣子木装修也有着自己的特色。楣子以硬三樘倒挂楣子为主要形式，其中的花牙子是安装在楣子立边与横边交角处的装饰件，双面透雕，常见的花纹有草龙、卷草、松、竹、牡丹等。而门窗则将灯笼锦、步步锦、豆腐块、花棂子等技法有机融合起来，并且内夹暗八仙、梅兰竹等传统吉祥图案，雕镂精细，与台基、屋面、墙身形成较鲜明虚实、线面、刚柔对比，表现出衙署建筑细部的韵律和节奏感。

第四，直隶总督署的彩绘，除大堂用贴金彩绘外，一般均为墨线小点金式彩绘，这在旋子彩绘制度中，属于七级当中的第六等。线路用墨，花心点金，较为低档，这与督署紧靠京师，从而在建筑级别、规模上恪守封建礼制大有关系。只是到了近代，由李鸿章修建的东路东花厅中，才开始施用较高档的苏式彩绘。民国时期，中、东路建筑在翻修的过程中，苏式彩绘更是大量混入，有的一直遗留至今。

直隶总督署住过哪些重要历史人物？

直隶总督署自雍正八年（1730年）由正定迁往保定至宣统三年（1911年）清帝退位，其间180余年，一直是直隶省最高军政机关，其地位又高于其他总督，在全国设立的八位总督中，只有直隶总督是正一品官员，其他七位都是正二品。按规定，直隶总督有节制其他总督的权力。清代直隶省管辖12府160个县，总督是名副其实的朝廷重臣、封疆大吏。曾驻此衙署的直隶总督共有74人，99任次，其中著名的有李卫、方观承、刘墉、那彦成、曾国藩、李鸿章、荣禄、袁世凯等重要历史人物。李鸿章是任期最长的直隶总督，总共有25年之久。现在总督署内设施、家具大都是李鸿章任总督期间布置的。二堂西侧启事厅是总督重要的活动场所，厅里的蜡像，就是李鸿章和日本公使森有礼及他的翻译郑永宁的造型。当年李鸿章在此会见重要外交使节，并留下了不少传闻。据说光绪二年（1876年）腊月的一天，李鸿章在此与森有礼论穿西服的利弊，争论异常激烈，面红耳赤。三堂东厢房内摆设一张床，是李鸿章日常工作和读书临时休息的地方。床边悬挂的像片是李鸿章的原版照片，极为珍贵。相传甲午战后，李鸿章就是在这间屋子里起草了臭名昭著的中日《马关条约》。总督署在民国时期是直系军阀的大本营，直系头目曹锟就住在这里。这里还是日伪和国民党原河北省政府衙署，新中国成立后河北人民政府、中共保定市委机关都曾入驻过。

保定直隶总督署大院内为什么有许多猫头鹰？

在保定直隶总督署大院内，许多猫头鹰时常出没在院内的大柏树上，昼伏夜出。而且，这些猫头鹰有一个特点，除了总督署大院外，别的地方一概不落。这究竟是什么原因呢？

相传在清朝乾隆年间，由于直隶总督方观承的勤勉，直隶省成为全国重要的粮棉生产地区，百姓生活富足起来。存粮的增多，招来了大批老鼠，这些老鼠吃粮食，啃衣物，而且部分地区还由鼠害酿成鼠疫，给老百姓造成极大危害。鼠害流行的消息，传到直隶总督方观承的耳内。方观承日夜考虑如何消灭鼠害，忽然他想起了猫头鹰是老鼠的天敌，要用猫头鹰治老鼠，这鼠害不就解决了吗。可他转念又想，当地老百姓都把猫头鹰看作一种不吉利的象征，怎么能动员家家都养猫头鹰呢？还是先在总督署大院内养几只试一试。无巧不成书，刚好有一只受伤的猫头鹰落在大院内，方观承立即吩咐仆人把受伤的猫头鹰饲养起来。后来这只猫头鹰的伤养好了，它白天一动不动地栖息在总督署大院内枝繁叶茂的柏树上，夜晚四处捕捉老鼠，它还引来数十只猫头鹰在总督署大院内安家。方观承看到这种情景，便下令全城百姓，不准伤害猫头鹰，违者重罚。很快，保定一带的鼠害得到了控制，人们对方观承赞不绝口。从此以后，每逢冬季，猫头鹰都会成群结队地飞到总督署大院内栖息，直到第二年春天才飞回东北老家繁衍后代。如今，200多年过去了，猫头鹰的后代仍保持着这个习惯，成为总督署冬季的一大奇特景观。

你 知道"保定府的大旗杆"吗？

游览过直隶总督署的人都知道在其门前裕华路的中间有两根大旗杆，它们在直隶总督署原东西辕门南侧，照壁北侧，左右各一根，原为木质，高约16~17米。旗杆上端约三分之一处有一方斗，下收上放，可以站人。旗杆的顶端悬一横棍，上挑一长方形红边白底彩旗，旗心上书"直隶总督部院"六个宋体黑字。民国初年曹锟任直鲁豫巡阅使时，将木质旗杆换成用钢筋水泥制作，并移至辕门外侧。旗杆加高到十丈零五尺（33.6米），为全国旗杆高度之最。保定有关旗杆的民间传说很多，素有"保定府的大旗杆"之称。新中国成立后曾一度作为古城保定的城徽。可惜在1971年9月将旗杆拆掉。1994年10月，此对旗杆以原高度、原式样矗立在原地，得以复建。

保 定市内现存最古老的建筑是什么？

钟楼，位于保定市裕华东路西段路北，是保定市内现存最古老的一座建筑。据金大定二十一年（1181年）的铸钟铭文记载，钟楼创建年代最晚不迟于金代。明宣德年间重修后，又称宣德楼。成化年间修葺时将楼建于台基上，曾改名干云楼；清康熙四十二年（1703年）重修后，又称"鸣霜楼"，俗称钟楼。

该楼坐北朝南，建在2.55米高的台基上，周围砌女儿墙，巍峨壮观，每当落日黄昏或晨曦微露时，钟楼更显古朴雄浑。

钟楼的形制为重檐二层歇山布瓦顶，面阔三间，进深三间，室内东侧置楼梯，上层举折为六椽层架，大阑额和普柏枋在角柱外垂直切割，枋断面成"丁"字形，跨六橼栿置枋子两根，为悬挂铁钟之用。

鸣霜楼出檐平缓，翼角起翘，戗脊上置蹲兽，普柏枋上施宏大的斗拱，将屋檐挑出。下层斗拱三踩，次间、补间皆用两朵，唯山面补间用一朵。从其斗拱看，为明代重修时改变了原来的式样，檐枋上原绘的苏式彩画，出自明人之手。

钟楼内悬挂的铁钟高2.55米，口径2米，钟带三层，每层每方皆铸佛像，铁钟铸造于金大定二十一年（1181年）。

李鸿章为何在保定建淮军公所？

李鸿章从清同治九年（1870年）起，曾三次出任直隶总督，长达25年，是任职时间最长的直隶总督。光绪十四年（1888年），李鸿章在《保定请建昭忠祠》的奏折中详细阐述了在当时的直隶省省会保定建立淮军昭忠祠的理由："同治四年，捻'逆'（即捻军）北犯直东，……戒严时，总兵张树珊，唐殿魁先后战死，情势岌岌"……"'贼'复回大名，突犯津沽，我军冒雨穷追，'贼'冒死冲扑，卒不得逞。七年，六月灭'贼'在平"，……"而良将猛士锋镝疾疫死亡已多"……"幸存者论功独厚，高勋显爵，恩荣已极"，"而从征将士苦战累年，限于阀阅之微，未获馨香之报。""现拟就保定省城购地建造祠宇，凡阵亡伤病文武员弁兵勇，分别正祠、副祠依次列入，庶足妥侑毅魄，激劝方来，合无仰恳天恩，准照苏州、扬州等处昭忠祠为例，饬地方官春秋致祭，以彰义烈，而励行理。"

由上述引文可知，淮军公所是李鸿章为祭奠因镇压捻军起义而阵亡的淮军将士的"昭忠祠"。光绪二十七年（1901年）李鸿章死后，遂奉诏改淮军公所为李鸿章祠堂。

淮 军公所的建筑有何特点？

淮军公所建筑规模宏大，布局多样，占地约1.7万平方米，东西115米，南北120米，有着典型的江淮建筑风格。

建筑布局分为三个部分，东部为房舍，西北部为操场，西南部为荷花塘。南、北、西三个大门构成通道。大操场和荷花塘已不存在，东部的建筑基本保存完好。东部的建筑由南北两面三组院落组成。北部院落与北门相接，由四个北方式的四合院组成，屋矮院小，青砖灰瓦，显现出安谧祥和的居住气氛，是淮军公所的辅助用房。南部院落与南门相接，是淮军公所的正房，由四个南方特色的院落组成，东为南北两进院，两院中间是祭场，西为两个跨院。北院为主要大院，正厅是当时的祭祀用房。北院与祭场之中原以活动隔扇隔开，打开隔扇，坐在正厅就可以看祭场内的演出；祭场为二层戏楼，面积900多平方米，高14米多，戏楼内部均用木构，楼梯上下，回廊交通。柱、枋、栏、棱均饰以精美的木雕和彩画，色彩艳丽，雍容豪华。这四个院具有明显的江淮流域的建筑特征。主体建筑两侧都是硬山马头墙，高低错落，清秀挺拔；房屋高大，轩敞明亮；房基和柱础都很高，用以防潮，体现了南方水乡的建筑特点。

这组院落与北部古拙朴实的四合院相比，不但规模宏大，而且斑斓多彩。主体建筑的檐枋、栏额、支梁、门楣上做了大量木雕彩画，有的是精细的透雕，玲珑剔透。屋脊上、门楣里都有砖雕装饰，山川、花鸟、人物故事俱皆入画，耐人寻味；外墙檐下，都绘有水墨画，内容为南方的竹林草木、小桥流水、花树庭院，妙趣横生。

保 定的光园是谁所建？

光园，位于保定市裕华路中段，该地原为清直隶按察使司狱署。1918年，曹锟被北京政府任命为川、粤、湘、赣四省经略使，指令其驻军保定，1918年8月，曹锟由天津移驻保定，将原直隶按察使司狱署改建后作为居住、接待宾客、举行集会、宴请宾客及休闲的场所，因其慕戚继光之英名，遂将其命名为光园。

当年，这里作为直系军阀的大本营，曹锟、吴佩孚等人曾在此策划了直皖、直奉战争。曹锟还在此策划了贿选总统的闹剧，直至他就任北京政府大总统后，直系军阀的大本营才从保定迁往北京。此外，奉系军阀张作霖、张学良父子，京津卫戍总司令阎锡山，国民党保定行营主任钱大钧及蒋介石等重要人物，也都曾在此园寓居过。目前，光园仅存原来建筑20余间，西式房屋两排，保存基本完整，是河北省文物保护单位。

保 定市区最高大的古代建筑是什么？

大慈阁，位于保定市北大街南端，又名大悲阁，是全市最高大的古代建筑。其始建年代，据《保定府志》载，宋淳祐十年（1250年）大慈阁为蒙古河北东西路都元帅张柔所建。现在的大慈阁是清代乾隆年间被焚后多次重修的建筑，占地面积约1400平方米。

大慈阁是一组壮观的寺庙建筑群体，因其主体建筑称大慈阁而得名。大慈阁坐北向南，单檐歇山顶的山门，门楣书"真觉禅寺"，门前置石狮一对。穿过山门，东西有钟鼓二楼对称而立，迎面是主体建筑——大慈阁，阁建于高5.4米的石台基上，歇山布瓦，重檐三层。阁前是 22 级台阶，拾级而上，石基玉石栏杆，周作望柱，移目阁内，若明若暗中，一尊佛像，妙相庄严，这是一尊千手千眼观音，42 条手臂，分别执有净瓶、宝剑、禅杖、菱镜、拂尘、钢杵等法器，慈眉善目，神态安详。一楼东西两侧的壁画为十八罗汉画像及经变故事，因年代较久，已残破，但色彩鲜艳，清晰可辨，是阁内遗存的艺术精品。阁内有楼梯可通二、三层。大慈阁通高 31 米，登上第三层，凭窗极目，西望郎山，隐隐诸峰尽收眼底；俯视古城，市井民宅，历历在目。雄伟壮观，数十里外可见，昔人诗有"燕市珠楼树梢看，祇园金阁碧云端"之句，列保定八景之一，称"市阁凌霄"。

为什么说育德中学是保定近现代革命的摇篮?

育德中学位于保定市新华路北侧，创办于 1907 年，是由孙中山领导的中国同盟会会员陈幼云创办。办学宗旨为传播革命思想，培育中国英才。辛亥革命中，育德中学成为保定一带革命的总指挥部，在这里领导参与了阻止清军南下的爆炸唐河大桥、黄河大桥的活动。协助成立了燕晋联军大都督府；派出革命党人到保定周围和东北各省发动革命等活动。"五四运动"中，育德中学师生首先成立了"保定学生联合会"，全校罢课，走上街头演讲，张贴标语，散发传单，揭露"巴黎和会"的黑幕及北洋军阀政府的卖国罪行。20 世纪 20 年代初，育德中学聘请邓中夏来校讲演，并成立"社会问题研究会"，秘密建立社会主义青年团，研究马克思主义。1922 年春，为了推动保定革命形势的发展，邓中夏派共产党员王锡疆回保定从事建党工作。1923 年春，保定第一个党支部——育德中学党支部建立，之后，积极发展先进分子入党，在此基础上，建立了中共保定市委。此外，育德中学还首创了"高等工艺留法预备班"。老一辈无产阶级革命家刘少奇、李富春、李维汉都在此就读。毛泽东、蔡和森等曾在保定会见该班学员。育德中学以其悠久的历史，光荣的革命传统和高质量的教学水平享誉全国。抗战前曾与天津南开中学并称为全国重点中学。育德中学是我国北方辛亥革命的发源地之一，曾为早期的中国共产党培育了大批领导干部，是保定党组织的最早诞生地。如今，育德中学已西迁，原址辟为"留法勤工俭学纪念馆"。

为 什么保定建有留法勤工俭学纪念馆？

保定市金台驿街 35 号，原育德中学旧址，建有"留法勤工俭学纪念馆"，门口匾额上有江泽民同志亲笔题写的馆名。留法勤工俭学，在中国共产党党史上占有突出的地位。它的首倡者是保定市高阳县人李石增，他曾在法国办公司，招收家乡的工人，并请蔡元培等为工人开办夜校。就读夜校的学员们提出"勤于工作，俭以求学"的主张，学校采纳建议积极为学员创造条件。这就是勤工俭学的由来。1917 年，蔡元培、吴玉章、李石增回国，在平、津、保、沪建立留法勤工俭学预备班，其中办班的有保定育德中学"留法高等工艺预备班"和高阳县布里村"留法工艺学校"。两校学生来自 17 个省市，毕业生中共有 200 多人去了法国。留法勤工俭学运动，为我们党和国家培养了大批德才兼备的领导干部和优秀的科技人才。蔡和森、赵世炎、周恩来、邓小平、李维汉、刘少奇、李富春、陈毅、何长工等老一辈革命家，都是通过留法勤工俭学走上革命道路的，育德中学功不可没，在我国现代史上留下了光辉的一页。因此，1983 年，中央批准在保定原育德中学旧址开辟纪念馆。该馆占地 2400 平方米，建筑面积 570 平方米，纪念馆是按育德中学原貌重建的四合院。内设五个展厅，展览以图片为主,辅以实物,共陈列有500多幅(件)珍贵的文物史料,再现了当时许多老革命家的生活和斗争情况。

为什么保定师范被称为"红二师"?

保定师范原为河北省立第二师范学校,是一所具有光荣历史的师范学校。1924年,学校建立了中国共产党组织,逐渐成为北方有名的革命堡垒,中共保属特委机关就设在这里。"九一八"事变以后,"二师"学生深入社会各阶层,积极宣传抗日,被国民党反动派视为眼中钉,他们造谣中伤,抓捕学生,勒令"二师"提前放假,并封闭了学校,重新招生,更改校名,还登报开除了许多进步学生。反动派的这一系列行径,激怒了"二师"学生。他们根据党组织的指示,开展了护校运动。1932年7月6日,敌人动用机枪、步枪进攻校园,护校学生手持木棍、大刀、红缨枪同敌人展开殊死搏斗,由于敌我力量悬殊,加之我方武器不好,共有13位学生在斗争中壮烈牺牲。新中国成立后,中共河北省委、省政府为了纪念"二师"殉难的烈士,在"二师"南操场开辟了烈士纪念园。园区占地5亩,主要建筑有烈士纪念碑、烈士群雕和假山喷泉。纪念碑方形台基的四角植四棵高大塔松,中间碑亭为四柱琉璃瓦飞檐亭,亭中央矗立着一丈多高的汉白玉纪念碑。碑正面刻有"保定第二师范学校七六殉难烈士纪念碑"15个大字,背面碑文记述了"七六学潮"经过和英雄事迹,两侧烈士的生平传略。碑亭西侧是烈士群雕花岗石像,雕塑形象逼真,气宇轩昂,园区南端喷泉池中有一座造型别致的假山。整个纪念园环境幽雅,庄严肃穆。保定人民把"二师学潮"引以为豪,至今仍称保定师范为"红二师"。

满 城汉墓具有什么样的形制和结构？

在满城县县城以西 1.5 公里有座南北走向的低山，这座山当地称为陵山，但不知山名来历。直到 1968 年 5 月，解放军某部在山上施工，偶然发现了震惊中外的中山王陵后，才知道陵山的确有陵。中山王陵为凿山为陵的大型崖墓，坐西朝东，进口处为墓道，墓道里边有左右耳道，左耳道安葬有陶质车马，右耳道置有许多陶酒缸。沿墓道再往里走是宽敞的墓室前堂，前堂往里走是后室。整个墓室全长 51.7 米，最宽处为 37.5 米，最高处为 6 米。墓室规模宏大，布局严整，是一座少见的地下宫殿。如此巨大的山洞，在没有火药的情况下是如何开凿的呢？据专家介绍，古人先用干柴烧以至膨胀，然后用冷水冷却，使岩石裂缝，击碎岩石。再开挖、清理，这样长年累月地施工开凿而成的。墓室前堂的后部停放着刘胜的灵柩，尸身只剩下几枚残齿，但举世闻名的金缕玉衣却十分完好。墓室出土文物 10633 件，精品 4000 余件。刘胜是汉景帝的儿子，汉武帝的哥哥，西汉中元五年（前 145 年），平定吴楚七国之乱后，封为中山国第一代中山王。考古学家郭沫若依据史料推测，附近还应有刘胜之妻的墓穴，经发掘，果然在刘胜墓北发现了刘胜之妻窦绾之墓，其规模、结构、布局与刘胜墓相同，耳道比刘胜墓还大。

金 缕玉衣是件什么样的珍贵文物？

满城汉墓出土的金缕玉衣是我国第一次发现的完整的玉衣。刘胜的玉衣形体肥大，全长 1.88 米，共用玉片 2498 片，金丝大约 1100 克，分为头、上衣、裤、手套和鞋五个部分。窦绾的玉衣

▲ 满城汉墓金缕玉衣

较小，全长 1.72 米，由2160 块玉片连缀而成，用金丝 600 克。玉片大多是长方形或方形，也有少数为三角形、梯形，玉片打磨都十分精细，最小的切缝仅为 0.3 毫米，小孔仅 1 毫米，整个制作水平十分精湛。据研究，当时制作这么一件玉衣，一个熟练的玉石工匠也要花费十几年时间。用玉衣作葬服，是西汉贵族中流行的习俗。据说，当时人们迷信人有三魂六魄，称之为九窍，人死后魂魄就会出窍而飞走，尸体也要烂掉，所以只要用玉将九窍堵住，魂魄出不来，尸身才会永存。这一习俗源于战国时期，贵族盛行九窍塞，把玉片穿成鱼鳞状放在尸身上，发展到汉代制作成了完整的玉衣。我国考古工作者已发现完整的和遭损坏的玉衣 20 余套。这些资料表明，西汉玉衣使用没有严格的规定。到了东汉就有了种种限定，而这种限定不是对用玉，而是限定编缀玉片的金属线材，有金缕、银缕、铜缕之分。据《后汉书·礼仪志下》记载，东汉皇帝死后穿金缕玉衣；诸侯王、列侯、始封贵人、公主使用银缕玉衣；大贵人、长公主用铜缕玉衣。但在实际使用中，往往有僭越现象。

除金缕玉衣外，满城汉墓还出土了哪些珍贵文物？

满城汉墓以出土文物多，品级高，做工精美而著称于世。两座汉墓共出土文物 10633 件。"长信宫灯""错金博山炉""铁铠甲""铜漏壶"等都是珍贵的国宝。铜质镏金的长信宫灯高 48 厘米，外观造型优美、结构科学合理。灯的主体是一跪坐执灯状的宫女，她的左手托着灯盘，右手高高举起，提着灯顶，宽大而下垂的袖口形成天然灯罩。灯盘可以转动，灯罩能够开合，用来调整灯的照明角度和亮度。最为科学的是，整个宫女为一空心体，点燃油灯后，油烟就会顺袖口状灯罩沿右臂吸入体内，附着在体腔内壁，以过滤油烟、净化空气。使用一段时间后，可以沿宫女的头、臂、灯罩等能够活动的部位拆下，来清洗油烟。宫灯巧妙的设计、精湛的工艺、科学的方法，真是令人叫绝。灯体上刻有"阳信家""长信尚浴"等字样，说明灯的原主人是阳信侯刘揭，刘揭被抄家后，这件宝物落入长信宫中，因此叫长信宫灯。错金博山炉是熏香用的炉，博山是传说中东海仙山，是当时人们向往的地方。该炉高 26 厘米，分炉座、炉盘、炉盖三部分，并分饰卷云、蛟龙、峰峦、虎豹、猎手等错金花纹，熏炉机关设计巧妙、纹饰充满生活气息和艺术美感，做工十分精湛。汉墓中还出土了迄今有准确年代可考的最早的计时仪器——铜漏壶及制作精良的铁铠甲、我国最早的医用金、银针等。

你 了解燕下都遗址吗？

战国时期燕国的都城原本在蓟，即现在的北京。为了加强边防进而统治中原争霸，在今易县城东 10 公里处，又营建了布局严整、规模宏大的"下都"。据史料记载和考古调查，燕下都主要是由燕昭王营造的，距今已有 2000 多年历史了。燕下都城大致成长方形，东西长 8 公里，南北宽 4 公里，中贯一条古河道，将城区分为河东、河西两部分。东城平面近似正方形，中间偏北设一"隔墙"横贯东西，又把东城分为"墙南""墙北"两部分。东城主要是宫殿区和作坊区，西城可能是军事区，现在仍保存有不少城垣，西城墙和门阙还赫然可见，城墙一般宽 10 米，最高处 7 米。

东城东北部的宫殿区，现存以武阳台、老姆台为主线的十座夯土建筑，高6～8米，主次分明。宫殿区的东、南、西三面弧形地带为手工作坊区。此外还有居民、墓葬区等遗址，墓葬区在东城西北角，分"虚粮冢"和"九女台"两部分，分别有13座和10座墓葬，前者封土高大，最高达15米，排列井然有序；后者封土较低，一般高出地面7米左右。燕下都遗址已发掘出土了3800多件文物，有铜器、骨器、陶器、铁器、金银饰品等，其中不少是文物精品。老姆台出土的铜质铺首（大门上的装饰品），刻有龙凤图案，首面长45.5厘米，宽36.8厘米，重22公斤，由此可推测当时宫殿规模的宏大。

燕太子丹送别荆轲是在什么地方？

"风萧萧兮易水寒，壮士一去兮不复还"，这慷慨激昂的壮歌已成为千古流传的名句。公元前227年，秦国已灭了韩、赵二国，又把矛头指向弱小的燕国，燕国危在旦夕，军事上难以抵制秦军队进攻，燕太子丹决定派壮士荆轲到秦都咸阳去刺杀秦王。做好充分准备后，太子丹把荆轲送出城外。现在，燕下都外城有一个燕子村，相传当年的太子丹就住在这里。燕子村南的中易水河边，就是当年燕太子丹送别荆轲的地方。今天，人们来到这里，览千古遗址，看易水东流，唱"风萧萧兮易水寒，壮士一去兮不复还"这千古绝句，以凭吊古代英雄。

清西陵建筑有哪些特点？

西陵北起奇峰岭，南到大雁桥，东临燕下都，西止紫荆关，周长100多公里，是清朝三处墓陵群之一。陵区共葬有4帝3后，共葬 76 人。整个陵区宏伟壮丽，古建筑富丽堂皇。西陵建筑均为坐北朝南，从前到后依次有石像生、大牌楼、大小石桥、龙凤门、小碑亭、神厨库、东西朝房、隆恩门、东西配殿、隆恩

▲ 清西陵

殿、琉璃门、二柱门、石五供、方城、宝城、明楼、宝顶、地宫等建筑。帝陵附近建有后陵寝和妃园寝。西陵完全依照宫廷建筑布局，隆恩殿即是皇帝当朝的金銮宝殿，殿后琉璃花门以内的明楼、方城、宝城、宝顶、地宫等即是皇帝的后宫。陵寝所有建筑都是以中轴线贯穿南北，主要建筑都是建在中轴线上。地宫在中轴线最北端，配殿建在中轴线两旁，均衡对称。陵寝布局与周围自然环境巧妙结合，浑然一体。每座陵都依山而建，山脉东西走向，陵寝建筑南北排列，使山脉成为陵寝的天然屏障。龙须沟一般也多在天然河道上砌成，以便"借景"。各陵建筑群沿中轴线从南往北都是先疏后密，隆恩门以内的建筑组合为最紧凑，主体建筑突出，层次分明。陵寝建筑讲究对比衬托和布局搭配，比如高大的明楼前设置低矮的石五供，横向的龙凤门面对纵向的石桥等。西陵的殿宇都是标准的宫殿建筑，从内部结构到外观造型及石木雕刻等都以宫殿为标准。

清 西陵牌坊有多少？

牌坊是一种门洞形式的纪念性建筑，在西陵，它是某组陵区

▲ 清西陵石牌坊

建筑开始的标志。泰陵的牌坊最多，共四座，均为石牌坊。第一座在泰陵南 1.5 公里两丘之间的平坦地带，面宽三间，四柱三门，门顶雕有火焰图案，象征逢凶化吉，皇族兴旺。泰陵大红门南，五孔桥北，还有三座大小相等的石牌坊，一座面南，两座各东西，与北面的大红门合围成一个四合院。石牌坊全部用青白石料雕成，梁柱卯榫对接严密，每座高 12 米多，宽 30 多米，均为五间六柱十一楼的样式，六柱下嵌有高 2 米的巨大夹杆石，柱身与夹杆石牢牢地衔接在由两块巨石雕刻的须弥座上，牌坊各部位都雕刻着各种纹饰，雕工精细，造型生动。牌楼中的坊心却是光滑石板。慕陵隆恩殿后的石牌坊，为汉白玉石料建筑，是三间四柱三楼的样式，正中一间阳刻"慕陵"二字，它是慕陵后寝的门户。崇陵也有牌坊一座，位于神道碑亭面，为五门六柱五横式，木石结构建筑。牌坊涂绘彩画，并装有雕花门板。西陵永福喇嘛庙前殿与中殿之间是座木石结构牌坊，为三间四柱三楼式，装饰也十分精美。另外，西陵中的怡贤亲王墓前有一座三间四柱三顶式牌坊，样子近似于泰陵大红门外的"火焰牌楼"。西陵共有八座牌坊，都是玲珑别致，精美绝伦的建筑精华。

清西陵的门有几种样式？

清西陵的门建筑形式多样，各陵又有共同的特点。大红门是整个西陵的门户，也是泰陵的门户，建筑规模宏大，气势非凡。门墙为砖石砌，油灰灌浆，为黄色琉璃瓦单檐庑殿顶式，红门面阔 34.8 米，进深 11.35 米，高 5.53 米，两个旁门略低窄，双开门扇上钉有横竖九行封泡铜圆帽钉。大红门两侧各有角门一座，连接着 21 公里的风水墙，角门的设立，使大红门更加庄严气派。龙凤门位于陵寝建筑的引导部分，是三门六柱建筑，门上覆彩色琉璃瓦，门间隔壁正面各嵌一条琉璃盘龙，背面嵌琉璃鸳鸯荷花，象征帝后共穴，万年好合。隆恩门是各陵主体建筑的开始，入隆恩门即可进各陵宫殿区。隆恩门面阔五间，进深两间，歇山式黄琉璃瓦盖顶，居中三间各装门扇一对，两侧两间砌砖墙，中门之上悬"隆恩殿"匾额。梁枋斗拱之处饰旋子花彩画，下涂朱红大漆，既富丽堂皇又威武森严。在隆恩殿后还有一座风格别具的琉璃花门，是陵寝前朝后寝的界限，因此门三路石级踏跺上有三个门洞，故又称"三座门"。门顶为黄琉璃瓦歇山式，每座山门面阔一间，进深两间，正反均镶嵌琉璃制缠枝莲花图案。另外，妃园寝、王爷陵的门均为彩色琉璃瓦盖顶歇山式，彩绘装饰与帝陵隆恩门相同。值得一提的还有永福寺喇嘛庙的山门，此门面阔三间，进深两间，为琉璃瓦顶歇山式，三门均砌砖石墙壁，石质弧形顶，上面浮雕缠枝莲花，石雕梅花式窗户，彩梁画柱，整体建筑近似一座宫殿。

为什么帝陵大门的门钉是八十一个？

西陵的总门户大红门，气势雄伟，门洞前有三对合扇的大板门，每扇高 4.5 米，宽 2.3 米，厚 0.16 米，重约 1.5 吨。走到大红门，最引人注目的是门板上的封泡铜圆帽钉，各扇门的门钉都是横竖九行，共 81 个。作为帝陵，这里的一石一木，都是有象征性、有讲究的，这81个大门钉也不例外。中国传统文化《易经》认为：“九”为阳数的极数，即单数最大的数；九常表示天子，称帝王为“九五”之尊。《易经》讲“九五，飞龙在天，利见大人”，龙又是传说中的神物，也用来附会帝王。因此，“九”成了帝王的专用数字。明代建北京城时，共设置九座城门；紫禁城的大小殿宇共九千九百九十九间；天安门城楼面阔九间，进深五间；清廷年节宴会，美味佳肴共九十九品；皇宫大型庆典节目要九九八十一个，等等。所以，皇宫紫禁城的大门、皇家园林、行宫、陵寝的大门都装有纵横各九的“九路钉”。

清 西陵的桥有多少？

来到西陵，你会看到众多的桥。据统计，西陵共有石桥49座，这些桥分布在各陵的神道上，是神道穿越马槽沟、龙须沟的通道。这些桥形式多样，美观大方，有拱桥、平桥；有单路桥、三路桥；有栏板桥、平面桥；拱桥中有三孔桥、五孔桥和七孔桥。帝陵的桥规模大、数量也多。仅泰陵中就有九座桥。大红门前的单路五孔桥，长87米，宽10.94米，拱高4.9米，桥栏为汉白玉雕成，荷叶净瓶图案，桃形望柱，造型优美，气势雄伟，称之为“西陵第一桥”。沿神道过大碑楼，有一单路七孔桥，长105.5米，宽度与高度和前面的五孔桥相同，巨大的规模、完美的形式，在古代桥梁史上也是屈指可数的。更有特色的是小碑亭南面的三路三孔桥，桥面为三路，中间由雕有荷叶净瓶的栏板隔开，三路宽窄一致，长度相等，总宽13米，长24米，雕工精细，造型美观，具有很高的艺术性。陵寝的每一座石桥除有连接建筑组合的作用外，还有调节布局层次的疏密、显示庄严肃穆的气氛的作用。后陵的桥数量少，规模也小，妃园寝与王爷陵的桥更少，且多为平桥，甚至有的无沟也无桥，这显示了陵寝内森严的封建等级制度。

为什么道光以后的帝陵都没建圣德神功碑楼？

泰陵和昌陵的神道各建有圣德神功碑楼，两陵的碑楼大小基本相等，样式相同，都是 26 米多高，重檐九脊歇山式，黄琉璃瓦覆顶。碑楼底部台基高 1.5 米，碑楼地面铺方砖（俗称"金砖"），地面中心置一块巨石台基，雕有寿山福海和鱼鳖虾蟹，石基之上有巨型赑屃石雕，背部驮有高达 13.2 米、宽 2.55 米、厚 0.6 米的大石碑（因赑屃状似海龟，民间俗称"王八驮碑"）。碑身是用满汉两种文字刻写的碑文，记述大清皇帝一生的功德业绩。道光前清朝诸帝陵寝均有大碑楼，道光后的帝陵就不再有这一建筑了，这是为什么呢？据说清廷规定：皇帝在位时凡有丢失国土的，死后便不准立圣德神功碑。清朝入关后，道光前诸帝都不曾丢失一寸国土，自道光帝开始，西方列强打开国门，强迫清政府签订了一系列不平等条约，割地赔款，丧权辱国，丢失上百万平方公里的土地，所以慕陵、定陵、惠陵、崇陵实在无颜再立圣德神功碑了。关于这件事，道光帝在建陵诏书中有所提及，说自己的功德不敢与列祖列宗相比，自然不敢建立圣德神功碑，但对国土沦丧却是只字未提，只是文过饰非地自谦了一番。

清西陵殿宇有哪些设施？

清西陵的殿宇包括帝、后、妃陵的神厨、神库、省牲厅、东西朝房、东西配殿、隆恩殿等。其中最主要的是隆恩殿，它又称享殿，是祭祀的主要场所。隆恩殿建筑在汉白玉须弥基座上，重檐九脊歇山式，顶覆黄色琉璃瓦，上檐悬匾书"隆恩殿"三个金字；殿面阔五间，进深三间，殿内设东西暖阁三间，中间为明间；西暖阁安置宝床，一切按妃嫔生前卧室布置，供奉其牌位；东暖阁为上下两层的佛楼，供奉金银佛像，明间设神龛仙楼，挂帷幔，铺衾枕，供奉帝后牌位。大殿正中置金漆盘龙宝座，各种供案等，天花板吊12盏满堂红灯，景象豪华至极。殿外月台设鼎式铜香炉一对，两侧有铜鹤铜鹿各一对，整个大殿外围有一圈汉白玉栏杆，龙凤望柱，荷叶净瓶栏板。隆恩殿每年举行五大祭，每月两小祭。隆恩殿前是东西配殿各一座，都是面阔五间，进深两间；后陵配殿为面阔三间，进深两间，东配殿中放置祝板，祝板每块一尺多长，上面的文字供祭祀仪式时捧读；西配殿为帝后忌辰时喇嘛诵经的地方。隆恩门两侧为东西朝房，房后建有烟囱，是备办祭品的茶膳房和饽饽房。帝后陵隆恩门前左侧庭院中主殿为神厨，神厨两侧各有神库一座，分别为制作供品和存放原料、供品的地方。另外，两陵总门户大红门内神道左侧庭院是更衣殿，供当朝皇帝谒陵时脱朝服换素服衣之用。殿后建有皇帝的御用厕所，极其奢华。

帝陵石像生有什么讲究？

西陵的泰、昌二陵大碑楼与龙凤门之间的神道两旁，设置了石人、石兽共五对，包括石狮、石象、石马和石雕文臣、武将各一对，这些石雕造型线条流畅，生动逼真，如文臣手捻朝珠，衣袖宽大，神态严肃，温文尔雅；武将手按钢刀，全身甲胄，气宇轩昂，威风凛凛。这些精湛的石雕艺术作品，称为石像生，又叫"翁仲"。其实，翁仲本是个人名，相传此人姓阮，是秦始皇的爱将，身材魁梧，智勇双全，曾奉命把守长城西端的临洮，多次大败匈奴，战功赫赫。阮翁仲死后，秦始皇深表哀悼，就让匠人铸了一尊翁仲的铜像，立在皇宫的门外。后来人们把陵墓前安置的石像生统称为"翁仲"。这说明，帝陵石像生可能起源于秦代的翁仲铜像。皇陵前的翁仲，除显示墓主人身份高贵之外，还有很重要的象征意义：狮子凶猛威武，吼声震天，为百兽之王，象征势力强大，所以石狮常摆放在官署衙门及豪门大户的门前，皇陵更不能少了；大象驯服，表示皇帝广有"顺民"，作为皇陵石像生背驮宝瓶的大象，预示"太平有象"的吉言；马善走，是古代征战的主要工具，象征皇帝坐骑骏马征服天下；文臣武将是朝中百官的代表，象征皇帝的忠心耿耿的文武百官。西陵仅泰、昌二陵设置石像生，以后各帝后陵寝建筑中石像生不再设置了。

帝陵月牙城为什么又叫"哑巴院"？

　　帝陵隆恩殿后琉璃花门以内即是后寝。后寝建筑主要有石五供、方城、明楼、月牙城、宝城、宝顶、地宫等，正对琉璃花门北面是巨石精雕而成的祭台，上面雕刻有香炉、花瓶、烛台三种五样供品，所以又叫"石五供"。石五供是一件极其精美的古代石雕艺术珍品。往北建明楼，明楼的月台上建有方城，从方城正中穿过拱券式门洞，就进入一个由宝城和明楼围成的月牙形小院，这就是"月牙城"。月牙城两侧有转向蹬道可上明楼。月牙城面积不大，但十分重要，进入地宫的秘密可全藏在这里。明楼下门洞正对着琉璃照壁，壁下便是地宫入口前的月牙影壁，即券脸，这里是地宫门户。建造地宫，自然要考虑严格保密，为了达到保密目的，清廷就从外地运来很多哑巴工匠，让他们白天休息，夜间施工，竣工后再把这些哑巴送往远方，利用他们不能讲话的生理缺陷，实现保守地宫机密。这样，月牙城又叫"哑巴院"了。

清 西陵雕刻的神异怪兽有哪些？

清西陵几乎所有的建筑物都有雕刻，雕刻分为石雕、木雕、砖雕等，整个陵区俨然是一座清代雕刻艺术的展览馆。作为封建最高统治者的陵寝，每件雕刻作品除具有实用价值、装饰作用外，还有鲜明的象征意义和政治意图。在众多雕饰中，龙凤类的神异动物最多，石牌坊、桥栏板、陛阶石、明柱、梁头、天花板等到处可见。雕刻中的龙和凤或睡或卧，或飞或游，形态各异，气象万千。龙、凤是我国古代传说中的灵异动物，是远古部落兼并后"图腾"的组合，是由许多动物的一部分组成的。这种图腾结合体，正是我国南北文化的融合，形成炎黄华夏的共同象征。后来龙凤又成了帝后的象征，是最高封建统治者们自命不凡的表现。除了龙凤外，陵区的碑额殿角多刻"螭首"，是传说中好望远的蛟龙；殿顶层脊多装饰"鸱吻"，传说鸱吻是一种身似鹞鹰的鱼，能喷浪成雨，用以防灾灭火。在有文字的石碑下雕"赑屃"（bìxì）基座，俗称"王八驮碑"，相传它力大善驮，又喜读文字。桥洞碹面和月台出水口雕饰"蚣蝮（即霸下）"，它是一种长角凸目、喜好玩水的鱼。"狻猊"（suānní）饰于香炉；大红门前蹲坐的两个巨大石兽，单角、似牛，是一对獬豸，传说它能区分善恶，忠诚直率。

泰 陵中的雍正帝真的是金头之尸吗？

泰陵是雍正（胤禛）的陵墓，是西陵中建筑最早、规模最大的一座。陵园位于永宁山主峰下，始建于雍正八年（1730年）。乾隆二年（1737年）三月，雍正皇帝和孝敬宪皇后、敦肃皇贵妃合葬于地宫。泰陵东侧另建有乾隆生母孝圣宪皇后的泰东陵，附近还有泰妃园寝，葬有 21 个妃子。雍正帝之死是一桩历史悬案。正史记载：雍正帝暴崩于圆明园，病危中召见王公大臣，传旨宝亲王为皇太子。民间传说吕留良之后，侠女吕四娘为报父仇，入宫行刺雍正，然后夺头而走，使雍正帝死于非命。吕留良是浙江石门县儒生，著书立说，主张反清复明，案发后，雍正帝大开杀戒，把吕氏家族几乎斩尽杀绝，株连被杀者就有 100 多人，仅逃吕留良一个 14 岁的孙女吕四娘。后来她逃往深山，拜一道士为师，强身学艺、卧薪尝胆，决心为全家报仇。长大后她嫁到京城一户姓李的人家，伺机行事。一天深夜，吕四娘提回一个血淋淋的人头，说是雍正帝的头颅，事后，她就隐遁江湖了。第二天，紫禁城内便传出皇帝暴崩的消息。民间又传说雍正无头，无法完尸，只好铸了个金头下葬。雍正到底是因病身亡，还是被人取走了脑袋，说法不一，而清廷对这件事情又严格保密，使后人无法澄清。现在只能仍是历史悬案，唯有将来打开泰陵地宫才能真相大白。

为什么嘉庆年间国势渐衰而昌陵却修造奢华？

　　昌陵是嘉庆及后妃的陵寝。嘉庆是乾隆之子，乾隆六十年（1795 年）将帝位传给他。嘉庆帝在位 25 年间，是清王朝由盛转衰的过渡时期。首先他做了 4 年的"儿皇帝"，因为当时太上皇乾隆虽然名义上让位于他，但对权力却丝毫不放，事必躬亲，嘉庆只好俯首帖耳，百依百顺，自己不敢有任何决断。乾隆末年，国势渐衰，相继发生了苗民起义和白莲教起义。起义尚未平息，嘉庆八年（1803 年）闰二月二十日，在紫禁城顺贞门前，又发生了一起持刀行刺事件，刺客陈德差点让乘轿而行的嘉庆帝成了刀下鬼。嘉庆十八年（1813 年）秋，林清领导的农民起义军竟然打进皇宫，与封建王朝的最高统治集团展开了一场你死我活的血战，这些事件都说明清王朝已开始衰败了。一般规律，国力不强，财力有限，帝陵建造规模不会大，但葬有嘉庆帝的昌陵仍极其奢华，同雍正帝的泰陵不相上下，甚至有些建筑有过之而无不及。如隆恩殿地面，唯有昌陵没用"金砖"，而是用更为贵重的天然花斑石墁地，黄底紫花，光滑耀眼；殿内东暖阁佛楼分上下两层，摆设与布置也都比泰陵更为精致华美；地宫至今虽未打开过，但据史料记载：结构比其他帝陵更为宏大，雕刻也更为精细。按理说，一代帝陵应依据国力而建造，昌陵不应超过泰陵，但修建昌陵开始是遵照一贯奢靡的乾隆旨意而建造的，后来嘉庆又得了和珅的"浮财"，因而陵寝建造并未受到影响。

为什么慕陵三座楠木殿雕有数以千计的龙头？

　　清西陵慕陵是道光帝及后妃的陵寝，位于昌陵西面的龙泉峪，建于道光十二年（1832 年），历时 5 年。道光是嘉庆第二子，曾被封为智亲王，道光元年（1821 年）即皇帝位，在位 30 年。慕陵最引人注目的建筑就是三座楠木殿。三殿所有木料均为清一色珍贵的金丝楠木，天花板装饰别具一格，不施普通彩绘，而是饰以数千条雕龙。整个天花板，采用高浮雕和透雕手法，刻出向下俯视的龙头。粗略统计，仅隆恩殿内就有大小龙头 1000 多个，有的翻腾于波涛之间，有的凌驾在云雾之上，形态各异，栩栩如生。大殿内充满楠木特有的天然香味，犹如龙口所吐。形成群龙聚会，龙口喷香的壮观景象。道光帝陵原本建在东陵，历时 7 年建成，发现地宫浸水，道光帝极为不满意，借口"群龙钻穴，龙口吐水"为不祥，所以下令全部拆除，改建到西陵，并命工匠在殿内用楠木雕出许多神龙，布满天花藻井，这样就把龙请到屋顶，在天上争水，不会往地宫吐水了。殊不知，他这一拆一迁，竟耗资几百万两白银。

光 绪帝的崇陵是如何勘定建造的？

按清代的规制，皇帝登基即开始建造陵墓。光绪帝于光绪元年（1875 年）不足 4 岁时即承嗣帝位，到光绪三十四（1908 年）去世，在位 34 年，照理说早该将身后的陵寝修造完好了。可是由于当时慈禧专权，光绪帝只是个傀儡皇帝，慈禧从未提过给光绪建陵的事，文武大臣自然非常知趣儿，也无人提修陵之事，只是在光绪十三年（1887 年）清明节时，才选定了西陵界内的一块陵址，但从未开工兴建。直到宣统元年（1909 年），光绪之弟，宣统帝生父摄政王载沣才派溥伦、陈壁二人为已故的光绪帝勘定了万年吉地，着手在西陵界内施工建陵。陵址最后选定在梁各庄行宫西北一片三面环山，北阴朝阳的平坦谷地。这片土地原名魏家沟，又叫绝龙峪，前者名字太土气，后者又不吉祥。大臣们商议后，先更名为"九龙峪"，后来又考虑到光绪为清朝入关后的第九帝，皇帝即"真龙天子"，"九"为极数，"九龙"含绝后之意，还是不好。反复斟酌后，定名为"金龙峪"，陵址初定。下一步就是"点穴"，方法是根据"二十四山相"，用罗盘测定一块祥瑞土地，做出标志。接着就"破土"，即在点定的穴位上挖出一个磨盘状圆坑，这就是"金井"，等陵寝建好后，皇帝的梓宫就安置在"金井"之上。在挖好的圆坑上盖一口木箱式井盖，此后就永远不让"金井"见到日光、月光和星光了，并派专人看管、清扫，等待开工。这样，自宣统元年开始，直到民国四年（1915 年），历时 6 年，清西陵第四座规模宏大的帝陵——崇陵建成竣工了。

打 开崇陵地宫破解了什么历史疑案？

　　光绪帝和慈禧太后素来政见不和。特别是戊戌变法期间，"帝党""后党"对峙激烈，最终"帝党"失败，光绪被软禁瀛台，慈禧再次临朝"训政"，直至两人去世。光绪三十四年（1908年）十月十一日，38岁的光绪帝猝死瀛台，第二天，他的母后兼政敌慈禧太后也病死在南海仪鸾殿内。二人在24小时内相继去世，朝野哗然。慈禧太后生前专横跋扈，顽固保守；光绪帝则遭遇坎坷，政见开明，所以人们大都同情光绪帝。许多人怀疑皇帝是被谋害死的。一时传言四起，有人说被刀斧砍死，有的说被下药毒死，众说纷纭。从表象来看，这种怀疑确实不无道理，但又没有实据，使光绪之死成为晚清历史上的一大疑案。1938年，一股不明身份的军队从崇陵月牙城掘开地宫，盗走大量金银财宝。1980年，经国务院有关部门批准，清西陵文物保管所对崇陵地宫进行全面清理，发现光绪帝梓宫被打开，尸身已被拽下宝床，骨骼各关节连接尚完好，经检验，无刀斧外伤痕迹，经对头发、颈椎化验，并未发现中毒致死的证据。处理完毕后，将光绪尸骨装入塑料袋密封后放入特别的楠木小棺，又复葬进原来的棺椁里。这一切说明：光绪帝并未像传言的那样被利器所杀或中毒而死，确实是病死的，至于死亡时间与慈禧仅一日之差，也该是一种罕见的巧合吧。

崇 陵地宫中清理出哪些随葬品？

　　1938年秋，崇陵被盗。42年后，1980年，西陵文物管理所奉命清理被盗后的崇陵地宫，发现盗贼用斧头把光绪帝梓宫砍开一个直径约一米的洞，光绪尸体被拖出棺外，盗走了棺内随葬物品，隆裕皇后梓宫顶盖撬开，大部分随葬物品也被盗走。但经全面细致地清理，仍发现了不少葬品。光绪帝左手内还握有翠环一对，雕刻着鸳鸯荷花的椭圆形白玉石一块。梓宫中有 13 层围锦，其中 11 层为用金粉写有梵文经咒的陀罗尼缎，并织有"杭州织造臣舒麟"字样，颜色有蓝、紫、红三种；另外两层，一为织有升龙、彩云、寿山、福海图案，一为明黄底行绣绿色团花图案。梓宫下金井内随葬品未被盗贼发现，保存完好，有保定产子母铁球一对；银壳怀表三块，标有苏州码；金壳怀表一块；金壳珐琅表一块，镶有米珠 178 颗，图案为五彩缠枝莲花和繁茂的绿叶连在一起，三只彩凤展翅腾空及群蝶戏于花丛，此表异常精美。五块怀表均标有"亨德利"字样。另有玉石别子、青石手球、白玉立人、翠雕"八宝"等 250 多件工艺葬品。隆裕皇后棺内仅有三层围锦，头饰被全部窃走，头发乱成一团，右胯下留锦囊一个，装有一挂朝珠，十八颗陈香子，左手无名指戴有一枚钻戒。地宫内葬品仅此而已，绝大部分金银珠玉等精美手工艺品，还有高级裘皮丝缎服装等都被盗贼洗劫一空。

崇 陵松柏是谁栽的？

　　清政府对陵区植树十分重视，每年都拨专款绿化，并制定了一套完整的奖惩制度，对私砍陵区树木的人惩罚十分严酷，甚至斩首。所以到清末，西陵已是松柏弥山漫谷，满目苍翠。千姿百态的古松已成为西陵特有的景观。崇陵建成于民国，当时清政府已不复存在，虽然袁世凯为大总统的民国政府拨款完成了崇陵工程，但并无栽树的计划。现在崇陵陵区宝塔形的罗汉松，苍翠挺拔的白皮松等，把周围的山峦谷地点染成了"翠海"。那么，这么多的树是谁栽的呢？他就是清朝的遗老梁鼎芬。他是广东番禺人，光绪时的进士，历任地方官员，后给张之洞当幕僚、办书院、办报馆，参与过张勋复辟。崇陵建成后，梁鼎芬认为陵园无树，影响风水，又不美观，便一再提议补栽，终不被采纳。后来，他竟然想出妙法，到北京买回几百只陶瓷酒瓶，冬天，他把所有酒瓶装满崇陵宝城上的雪，封口后贴上"红标签"，上写"崇陵雪水"，又运回北京的寓所。他写了一份公启，说明崇陵应栽树的原因，随后亲率随从拉车到亲贵和遗臣家送水拜访，宣传其栽树的主张，动员大家捐款买树苗。功夫不负有心人，梁鼎芬终于筹到一笔钱，在崇陵周围遍植青松绿柏，陵内也栽满了白皮松，并在明楼前栽种了十八棵罗汉松，寓意十八罗汉共守帝陵。梁鼎芬终于完成了自己的夙愿，为西陵绿化做出了贡献，并给西陵留下了一段佳话。

珍妃入葬西陵前后发生了哪些事？

崇妃园寝建于崇陵东 500 米处，单檐歇山式琉璃瓦顶的隆恩殿后，东西并列两座长方形月台，其上是两座丈二宝顶，这就是珍瑾二妃的寝园。珍瑾二妃原系亲姐妹，于光绪十四年（1888年）十月同时进宫。珍妃开朗豪爽，不畏邪恶，清秀端庄，天生丽质，深受光绪帝宠爱，而慈禧却非常不喜欢她，经常对她滥施淫威，动不动就"掌嘴""廷杖"等。戊戌变法时，珍妃通晓大义，支持维新。变法失败后，光绪帝被囚禁在瀛台，珍妃也被当众受辱挨打，并贬入冷宫。此后两年中，她衣食恶劣，虮蚤满身，蓬头垢面，生活十分凄惨。到 1900 年八国联军入侵北京，慈禧要挟光绪帝仓皇西逃，临行前，将珍妃从囚所提到宁寿宫，逼她投井自尽，又命太监崔玉贵、王德环将她推入院中的八角琉璃井内，年仅 25 岁的珍妃就这样被惨害了。第二年，慈禧命珍妃家人将尸体捞出，草葬在京西田村，1915 年才以贵妃身份葬入西陵崇妃园寝。1938 年，西陵附近华北村的鄂士臣纠集一伙人，密谋盗陵取宝，首先盯上了珍妃墓。他们用枪挟迫守陵老人不准声张，连续挖了三个夜晚，到第三夜用火药炸开地宫，盗走珍宝，分赃而去。这就是著名的"夜盗珍妃墓"。看来珍妃这位近代史上的女名人确实是"生前身后磨难多"啊！

顺平伊祁山周围有哪些尧帝遗址？

　　尧帝，上古五帝之一。史料记载，姓伊祁，名放勋，尧为谥号，传说他是上古陶唐部落长，炎黄联盟的首领。有证据表明，尧的故里在顺平县。现在顺平一带有许多关于尧的民间传说和遗迹，对尧的祭祀活动也从未间断过。县城正西 10 公里处有伊祁山，山上有一天然山洞叫尧母洞，相传尧就出生在这个山洞。因尧居伊祁山，后将伊祁作为姓氏。《史记》中记述：尧为帝喾之子，其生母名庆都，是帝喾的次妃。现伊祁山有太子庵（尧为帝喾太子）、太子殿、太子塔遗址，供人们凭吊。伊祁山北 2 公里有五龙泉，水从五孔流出，相传尧用五指所挖。伊祁山西麓 1 公里有坛山，传说为尧祭天之台。伊祁山东 10 公里有庆都山，据传是尧母居住地。伊祁山东南 20 公里望都县城东北尚有尧母陵。传说尧受禅后，曾建尧城而居，今伊祁山东南 10 余公里处仍有尧城村名，并有规模宏大的尧帝庙遗址。考学家在这里发现有 5000 年历史的古文化遗址。史料载尧初曾受封于唐，即今顺平的邻县唐县，所以又有"唐尧"之说。尧后封其长子丹朱居曲逆城（顺平秦汉时曾叫曲逆），曲逆城旧址在今顺平县城东南 10 公里的大王村、子城村，村名即源于此。如今，伊祁山周围有万亩桃林，每年四月举办以"登伊祁朝圣，赏顺平桃花"为主题的顺平桃花节。

腰山王氏庄园是什么建筑？

坐落于顺平县城东 10 公里处的腰山王氏地主庄园，是华北地区现存最完整的清代地主庄园。庄园建于清初顺治年间，距今已有 300 多年的历史，因庄园的主人是汉族镶黄旗人王锡衮，故称王氏庄园。庄园占地 279 亩，原有 50 多套宅院，房屋 2000 多间，现存八个连为一体的套院，房层 120 余间。庄园的建筑风格为典型的汉族北方民居形式，全部为四合院，每个院落自成体系，各院之间又有回廊相连。所有布局协调，对称整齐。建筑蓝色和灰色为主调，各正门都有雕花栏板、垂莲、石狮、石质或木质抱鼓、窗棂、柱础等，码头石分别刻有各种吉祥图案，图意为福、禄、寿等。房舍木雕、石雕、砖雕古朴、精致、美观。现存房屋有当年主人用过的客厅、书房、卧室，还有家庙（祠堂）及奴仆住的下房等。王氏庄园是研究清代民风民俗的珍贵的实物资料，是我国北方民居建筑的极品。现庄园已被列为国家级重点保护单位，并对游人开放。庄园还成为影视拍摄景地，电影《大决战》《风云初记》，电视连续剧《天下粮仓》《青春之歌》等多部著名影视剧的许多场景在此拍摄。

为什么曲阳建有北岳庙？

曲阳县城内的北岳庙，是北魏宣武帝时期所建，至今已有 1500 年历史，原名为北岳安天王圣帝庙。据县志记载：南为神门，也就是县城的西南门，西门就是县城的西门。进神门后，庙宇建筑依次有牌坊、朝献门、御香亭、凌霄门、三山门、钟楼、鼓楼、飞石殿、德宁殿、后宅门等，所有建筑排列有序，宏伟壮观。北岳庙南北总长 540 多米，东西宽 130 多米，总面积 17 万余平方米，建筑面积超过 5.4 万多平方米。德宁殿现在是庙内主建筑，保护基本完好；飞石殿仅存遗址，清宣统年间被毁，御香亭，明代所建，为平面八角形建筑，各面建有券门，三檐布瓦、琉璃脊，内外八根檐柱。整个建筑玲珑俊俏，结构紧凑，御香亭建国后重修。北岳庙珍藏历代碑石多通，其中不少为书法艺术珍品，最早的是北齐武平四年（公元 573 年）侍中散骑常侍定州刺史司邹珍碑。之后，唐、宋、元、明、清各代均有碑刻，总共 137 通。为什么曲阳县建有如此规模宏大的北岳庙呢？原来这里自北魏以来就是各代皇帝祭祀北岳的地方。我国自古就有五岳之说，即东岳泰山、西岳华山、北岳恒山、南岳衡山、中岳嵩山，每岳之王各有祭祀之所，历代沿袭成制。直到清顺治十七年（1660 年）始改祭于山西浑源。

"曲阳鬼，赵州水"之说是怎么回事？

我国古代壁画多保存于庙宇、佛寺、古墓中，它是我国古代文化的一笔宝贵财富。其中曲阳北岳庙德宁殿壁画，就堪称我国美术史上罕见的杰作。德宇殿重建于元代至元七年（1270 年），是我国现存元代最大的木结构建筑物，当地部分群众把此殿称为"窦王殿"，因隋末农民起义军领袖窦建德曾率军进驻于此，起义军纪律严明，深得人心而得名。德宁殿是由大殿正面高悬"德宁之殿"匾额而名，大殿建筑宏伟，面阔九间，进深六间，重檐庑殿式，琉璃瓦脊，青瓦顶，总高 30 米。高大殿宇东西两壁绘有巨幅《天宫图》。壁画高 7.5 米，长 17.5 米，东墙壁画为"龙兴雨施"，西墙壁画为"万国显宁"，如此巨幅壁画在我国实属罕见。壁画是元人仿唐代画家吴道子的技法所绘，线条洒脱流利，敷色浓淡相宜，衣带非凡，长袍曳地，玉袂飘举。最突出的是西壁最高处所绘的"飞天之神"，形象狰狞，怒目圆睁，虬须连鬓，毛根出肉，肌腱突出，荷戟巡天，气势逼人。传说"飞天之神"（俗称恶鬼）与赵县原柏林寺大殿壁画上的水，皆出自唐代大画家吴道子之手，十分著名，故有"曲阳鬼，赵州水"之美誉，所传虽有失准确，但壁画悠久的历史，精湛的画艺，是我国壁画艺术中不多见的杰作。

你知道曲阳聚龙洞名称的由来吗？

聚龙洞位于曲阳县灵山镇东北2公里处的莲花山脚下。经专家考证，聚龙洞一带是典型的北方喀斯特地貌，属上亿年来地壳变迁形成的裂隙式天然溶洞群。该洞洞体酷似一条长龙，总长2800米，洞内景观也多为龙状，故取名聚龙洞。聚龙洞分为猿人古洞、聚龙大殿和地下迷宫三部分。

猿人古洞，距今3万多年，长数百米，洞内古猿人生活留下的灰烬沉积，长12米，厚3米，深2米，全国罕见。洞壁深处有26万年前绝迹的古动物化石堆积物，是河北省首次发现的，在考古学上具有重要意义。洞壁上方有北宋文豪苏轼墨宝真迹——"蓬莱"二字。

聚龙大殿，百龙争雄，气势恢宏，景观奇特，犹如一个童话般的世界。

地下迷宫，曲径回廊，神秘莫测。洞内景观以神、奇、妙为特色，天然形成云溪花径、定海神针、小三峡、金山银谷等百余处景点。经国家旅游专家考察论证，洞内石纸、鹅管、石峡谷、石毛等人文遗迹，国内罕见。

你 知道中国北方最大的瀑布群在哪里吗？

在保定阜平县城西南 30 多公里处的百草坨东侧，分布着九个大瀑布，一座天然形成的桥梁，被专家鉴定为中国北方最大的瀑布群和由变质岩形成的中国最大的天生桥。

瀑布群集中在与百草坨相连的一条沟谷中，最高的瑶台瀑布落差 112.5 米。天生桥是由瀑流沿山谷裂隙冲蚀、崩塌形成的，长 27 米，宽 13 米，高 13 米，与流量最大、落差最高的瑶台山银河瀑布组合，形成了一个天然地质奇观。丰水期飞流直下，如天马奔腾，惊天动地；枯水期清流潺潺，声韵清脆，宛如轻音乐协奏曲。冬季瀑布水凝，生成千千万万、大大小小、姿态各异的冰柱，犹如鬼斧神工造化的玉雕。

你 了解"中华第一塔"吗？

开元寺塔位于定州城南门内东侧，这里原有开元寺，现仅存一塔，塔以寺得名。定州塔高 84.2 米，共 11 层，是我国现在最高的砖砌古塔，有"中华第一塔"的美誉。高大的塔基上，座基外围长 128 米，呈八角形，四面辟券门，另四面设假窗，雕几何形窗棂，最上面两层八面都是券门，外观雄伟秀丽，威武壮观。塔内的八角回廊铺有砖阶，直达顶层。回廊顶部都装饰有雕花砖、彩绘天花以及拱式券顶；回廊两侧有壁龛，或绘壁画，或置塑像，砖壁上还嵌有许多珍贵碑刻。这座雄伟而精美的大塔建于宋代，当时开元寺僧会能往天竺（印度）取经，得佛舍利子而归，宋真宗闻此异常高兴，于咸平四年（1001 年）下诏建塔存放佛舍利，到宋仁宗至和二年（1055 年），历时 50 多年才完成这一浩大惊人的工程，至今当地仍流传着"砍尽嘉山（在曲阳县）木，修成定县塔"的传说。建造定州高塔，还有另一个重要作用，定州所处的地理位置十分重要，北与契丹相邻，是边防重地，当时经常有战事发生，宋朝可登上此塔瞭望北国敌情，所以又叫"瞭望塔"。现在，定州塔已成为国家重点文物保护单位。游人登上塔顶眺望，平原河流，城市乡村，远山美景，尽收眼底。

河北省保存最完整的文庙古建筑群在哪里？

定州文庙，位于定州市城区中部，始建于唐大中二年（848年），是供奉孔子的场所，河北省保存最完整的文庙古建筑群，河北省重点文物保护单位。

定州文庙占地面积 15685 平方米。其建筑布局，北三院各为中轴式群体建筑，南院为四合院式。现存主体建筑，中院为大成殿，主供奉孔子及四配十二哲，东西两庑主供奉与祭祀七十二贤。前院为戟门，昔日曾列戟二十四支，以示威严。紧靠戟门为官厅，前院东庑为名宦祠，西庑为参贤祠。正门为棂星门。东院北侧为崇圣祠，取"崇敬圣贤"之义，原为孔子家庙，别称"五代祠"，主祭孔子的五世祖先；南侧为文昌阁，又称魁星阁，取"魁主文章"之义，为学子文人走向仕途祭拜"文运之神"的场所。西院北侧为明伦堂，取"阐明伦理"之义，为主管教化的场所。中部为仪门，南侧为大门。

文庙建筑气势恢宏，院内苍柏林立，花草相依，环境幽雅。著名的"东坡双槐"，传说是宋代大文豪苏东坡在定州做官时亲手植下的，现在仍然葱郁古朴。

我国保存至今唯一的清代科举考场在哪里？

定州贡院，又称考棚，位于定州市草场胡同，是我国保存至今的唯一一座清代科举考场。始建于清乾隆三年（1738年），道光十三年（1833年）重修，从建成到清朝灭亡，一直是定州及附近地方学子考取秀才和贡生的场所。

定州贡院平面布局呈中轴对称式，占地20000多平方米，主要建筑魁星阁作为前庑与号舍连为一体。魁星阁明间九檩，庑顶三坡九脊，全貌为7个攒尖顶呈"品"字形排列，寓意北斗七星。号舍计63间，为考生席舍之地，中间有正厅，作为正式考场，可容纳百人，形状像戏棚，所以俗称为考棚。院内还有作为监考人员活动场所的大堂，观看武贡生比武的看台、演武厅，考官住宿的居室以及后楼等建筑，布局有张有弛，严谨完备，是在中国延续千余年的封建科举制度的生动反映。

定兴为什么建有义慈惠石柱？

定兴城西10公里有个石柱村，这里建有一个北齐时期的石柱，至今已有1400多年的历史，石柱上刻有"标异乡义慈惠石柱颂"九个大字和长达3000多字的颂文。石柱由柱基、柱身组成，柱顶罩石屋，通高7米，柱身由两段浅棕色石灰石对接而成，形成为不等边的八角形，柱身由下往上逐渐收缩，"颂文"和题名等通刻在柱身各面。整个石柱造型奇特，雕工粗壮有力，是南北朝时期的艺术珍品。石屋建于石柱顶上，面阔三间、进深两间，单檐四阿顶，屋顶、檐、梁、柱等处雕有佛像、莲瓣、圆环、古钱、花果等精美图案，属南北朝时期的建筑风格。石柱"颂文"内容反映了北魏孝昌年间（525～527年）的一次大规模农民起义，起义军领袖是杜洛周、葛荣等，义军声势浩大，攻占了许多州郡，使北魏皇帝大为震惊，亲率官兵镇压，才最后平息。定兴县当时属幽州、瀛州之界，是农民起义军活动的中心，也是起义军和官兵交锋的战场。起义平息后，人们将遍野尸骨集中埋葬，并在上面立了一根木柱做标志。30多年后，北齐取代了北魏，新的统治者为了强化统治，震慑人民，皇帝下旨将木柱改为石柱，并刻上为镇压农民起义的统治者歌功颂德的"颂文"，这就是今天的义慈惠石柱。现在石柱已被列为国家重点文物保护单位。

紫 荆关、倒马关是什么时期的关隘？

太行山中的一些山口，自古就是通往山西的交通要道。北宋时期，这里是宋、辽边界，建有许多古代关隘。其中易县的紫荆关、唐县的倒马关及北京的居庸关合称为著名的宋代内三关。紫荆关位于易县城西40公里的紫荆岭上，是内长城的重要关口，这里崖壁峻峭，状如列屏，山势险要，谷口狭窄，有"一夫当关，万夫莫开"之险。紫荆关，宋时名为金陂关，后因山多长紫荆树而更名紫荆关。关城原有五座门，券顶上额分别嵌有"畿南第一雄关""阳和门""紫塞金城""表里山河""河山带砺""紫荆关"等巨幅石匾，关城随山就势而建，如巨蟒盘卧，十分雄伟。盛夏，雄关内外，漫山遍野荆花盛开，芬芳四溢，长城景色，雄伟秀丽。紫荆关西南70公里的唐县北部，有著名的倒马关，两山对峙，唐河切开一隙峡谷，穿山而过，成为古代交通要道。倒马关也是兵家必争之地，相传当年抗辽将领杨六郎至此马失足而倒从此得名。倒马关城西3公里马圈山上有杨延昭碑。宋真宗时，杨延昭为保州缘边都巡检使，率军抗辽，多次运用灵活的战术战胜辽军，因功授莫州刺史，后再立战功，升保州防御使等，明人为纪念他镇守三关有功建碑铭志。

三 国刘、关、张三结义的"桃园"在哪里？

中国人历来崇尚义气，也最佩服讲义气的人，在保定这块土地上，义举之士历来闻名中外。早在两千多年前就有荆轲为燕太子丹刺秦王的义举。另一备受人推崇的义举就是东汉末年的刘、关、张桃园三结义。刘备，字玄德，涿郡（今涿州市）人，著名的政治家，三国时蜀汉政权的创立者，是中山靖王刘胜之后，少时孤贫，靠贩鞋织席为生；张飞，字翼德，三国时名将，也是涿郡人，初以杀猪卖酒为生；关羽，字云长，河东解（今山西临猗）人，三国时名将。东汉末年黄巾起义后，关羽来到涿郡，正好遇到刘备和张飞（也是涿郡人），三人都胸怀大志，喜好结交豪侠，他们一起饮酒，话谈得非常投机。时至傍晚，张飞将刘关二人领至自己家中。第二天，三人在张飞家桃花盛开的园子里结拜为异姓兄弟。从此，张飞卖掉家产，招兵买马、打造武器，开始起兵创业。在以后几十年的征战中，三人生死相依，患难与共，成为人们讲义气的楷模，这就是著名的"桃园三结义"。现在张飞故里有忠义店、张飞井、张飞庙、万亩桃园等遗址景点，为后人研究、领略三国文化留下了宝贵财富。

中 国规模最大的影视拍摄基地在哪里？

中央电视台涿州拍摄基地始建于 1990 年 12 月，位于北京南60 公里的河北省涿州市，是中国规模最大的一处为影视拍摄提供场景和制作服务的场所，又是一处突出影视特色的新兴人文景点。

总占地面积 146.5 万平方米，分为外景区、内景区、传统民居景区以及工作生活区等。

外景区——有为拍摄大型历史剧《唐明皇》而建造的唐代景区，占地 10 万平方米，主要景点有：长安城楼、汴梁城楼、洛阳城楼、御花园以及王府院、唐代城池、驿站、集贸市场、客店、铺面、军营军寨、民间住宅等。为拍摄大型历史剧《三国演义》而建造的汉代景区占地 33 万平方米。主要景点有：2.1 公里长的汉代城池，魏、蜀、吴三国街景，许昌城楼、徐州城楼、荆州城楼、建邺城楼和成都城楼以及汉王宫、太子宫、宰相府、知府院等。宏伟壮观的铜雀台景点，建筑面积 13248 平方米，高 26 米，集亭、台、楼、阁、廊、桥、院、阙于一体，是世界建筑风格的一大独特景点。

内景区——是 2 个各为 1200 平方米的摄影棚，棚内可建景，有化妆室、候播大厅、监控机房。棚外有大型道具制作车间。1997 年在铜雀台下建起了仿清代的景点乾清宫、养心殿、东暖阁、西暖阁、军机处等。

传统民居区——有仿清四合院建筑的桃园招待所及仿明四合院建筑的竹园招待所。有仿唐楼式风格的梨园多功能厅和现代风格的梅园。

涿州有哪些旅游资源和设施？

涿州，位于保定最北端，距北京 60 公里，俗称"京涿州"，被称为"燕京钥匙"。涿州是一个历史悠久的古城，秦代即以郡建制，西汉正式叫涿郡，后称"范阳"，唐时改为涿州，延续至今。这里有高官庄、半壁店汉代古墓和史邱庄明代古墓；有建于辽代的智度塔；涿州还是刘备、张飞、郦道元、赵匡胤等历史名人的故乡，至今还保留着他们的古踪旧居。如今涿州在旅游业上投入大量资金，开发10余处景点，其中有被誉为"东方好莱坞"的中央电视台外景拍摄基地——涿州影视城。有投资逾1亿元人民币建起的两个高尔夫球场；还重点实施了三国名人及历史景观的修复工程，修了张飞庙等景点。在城内建设了完善的旅游服务设施。有高级饭店，中、低档饭店及具有民族风格的四合院旅店。现代化的活动汽车房、餐厅、酒吧等休闲娱乐场所。

涞源为什么有"凉城"之称？

涞源地处盆地之中，周围有太行山、恒山、燕山环绕。由于地面抬升，层峦叠嶂，形成了凉爽清新的自然气候。涞源暑期日均气温21.7℃，超过35℃的酷暑天气年均只有0.1天，超过30℃高温天气年均只有6.9天，加之湿度适中，每当平原地区酷暑难耐的时节，这里却是"日披衫，夜拥棉，凉风吹面乐悠然"的景象，被誉为入伏不见伏的"天然大空调"。"凉城"也因此得名。涞源山清水秀，风光旖旎，是您观光游览的好去处。

白石山的石头真是白的吗？

白石山风景区，又称白石山国家地质公园，位于涞源县城南15公里处，因山上多白色大理石而得名，又因其风光酷似安徽黄山而被人们称为"小黄山"。

白石山体现着雄、奇、险、峻的山岳景观。山体高大，有"三顶、六台、九谷、八十一峰"，主脊线长7000余米，最高峰海拔2096米，奇峰林立，绝壁横陈，险壑纵布，到处直上直下如刀削斧劈，少曲线，多棱角。尤其是峰林地貌带，高差大，密度大，是我国唯一的大理岩峰林景观。

白石山植物种类繁多，植被茂密，森林面积2.8万亩，有鬼箭锦鸡等国家二级保护植物。有大面积观赏价值极高的纯红桦林。国家一级保护动物华北豹及大量的山羊、獾、狍、锦鸡、山兔等在这里出没。山北麓的全国重点文物保护单位白石山长城，是长城中保存最好的一段之一，毛石砌筑的墙体显现着岁月的沧桑。

涞源阁院寺在建筑上有何特点？

位于涞源县城西北隅的阁院寺，是辽代寺庙建筑的一个可贵实例。辽代提倡继承唐代文化，聘用汉族工匠，使建筑技术和艺术在北方地区仍沿袭着唐代的风格。阁院寺现存建筑有天王殿、文殊殿和藏经阁，坐落在一条南北中轴线上，中轴线两侧还有东西配殿和其他附属建筑。主殿文殊殿，平面近方形，面阔进深各3间，前有高大的月台，其大木结构、斗拱的配置采用了减柱造和偷心造，为典型的辽代早期风格。更为难得的是，在文殊殿四壁保留有珍贵的辽代壁画，从暴露部分看，是一幅贯通整个墙壁的大尺度壁画。其线条流畅生动，采用了沥粉贴金手法，具有浓郁的唐代画技之遗风，因被泥土覆盖而得以保存下来，该殿檐下外檐画有青绿彩画，使用了少量金色，这在辽代建筑实例中也是首次见到。

野三坡地名是怎么来的？

涞源县的野三坡是国家级风景名胜区，它距北京仅百里之遥，山川秀丽，野趣横生，交通方面，服务设施齐全，是休闲旅游的好地方。野三坡地势由南向北逐渐增高，气候也随地势变化而不同，所以习惯分为上、中、下三坡。"三坡"由此而来，至于"野"字，那可就有讲究了。据传，明初燕王来到三坡地界，下马休息时，发现一只松鼠在面向自己捧吃松果，燕王以为山间的野生动物都臣服朝拜自己，他想"看来真是有天相助，要当皇帝了"，十分高兴。于是燕王下令免除三坡地区的赋税。到清兵入关，清朝官府又恢复了三坡的赋税，三坡人民起来反抗，官府又下令剥夺当地百姓参加科举的权利，于是三坡人民更加不满，多次组织反抗斗争。消息传入朝廷，康熙气愤地说："三坡僻野，莽夫刁民！"此后，人们就叫起了野三坡。其实，三坡风景的妙处，也就在这个"野"字上，景点多是野山、野水、野花、野草等纯朴野景，正是这"野"的特色吸引了越来越多的游人，特别是久居闹市的城里人更是视"野"为宝，备加垂爱。这样说来，康熙皇帝也该是为野三坡风景区广告宣传的第一人了。

野三坡主要有哪些景区和游乐项目？

野三坡现有7个景区，它们各有特点。百里峡风景游览区以深山峡谷内的多处景点而闻名；拒马河避暑疗养游乐区，有美丽的传说、众多的景点，近年还建立了数处少数民族村寨，可去领略一下民族风情；白草畔原始森林保护区内，有珍贵的鸟兽、罕见的花草、丰富的山泉和奇特的石林；佛洞塔奇泉怪洞浏览区，山峰似塔，峰下有洞，洞中有佛，河北八怪泉之一的鱼谷洞泉也在这里；龙门峡长城文物保护区里的古城堡、古石刻、古长城，均为重点文物；金华山寻奇狩猎游乐区，有无边无际的林海，时断时续的瀑布，栩栩如生的古寺壁画；三皇山旅游区内，遍布名人古墓、古庵，风光旖旎，引人入胜。七个景区、百余景点，山石草木、鸟兽鱼虫、峰洞泉瀑、寺庵城堡等天然野趣和古迹文物，构成一个包罗万象的游乐整体。在这里，你可以品尝野味：遍地的野菜野果，满坡的野兔山鸡，河里还有鱼虾，都是纯绿色天然食品。游客可以留宿野舍，农家土坯火炕温暖舒适，民族风格的各式客房干净别致，可以享受野趣儿：天然河道浴场、滑沙场、竹笼、骑马、毛驴车任你选择，可以听听野史奇闻，也可以买些土特产品。让身体和精神享受一次脱胎换骨的新鲜，留下美好的回忆。

野 三坡鱼谷洞泉真能往外喷鱼吗？

　　野三坡鱼谷洞泉位于佛洞塔景区，这里景色奇特。佛洞塔并不是一塔，而是一座形状酷似塔的山峰。塔是佛教的圣物，这里也真与佛有缘，峰顶在辽金以来就建有大规模的寺庙，只是近年毁于战乱。但峰下的山洞却真的有佛塑，是名副其实的"佛洞"。佛洞塔山麓有一个鱼谷洞，洞内石钟乳发育良好，钟乳石有的像人，有的像马，还有各样石幔雕像，千奇百怪，惟妙惟肖。奇景出怪事，鱼谷洞不远处就是被列为河北省"八怪泉"之一的鱼谷洞泉，这个怪泉名不虚传，平时喷的是水，而每年农历谷雨节前后，都会往外喷鱼，多时可达两千多条，因此，鱼谷洞泉也被列为世界奇闻。据行家分析，这口泉眼，可能与附近的河道有一个较宽大的通道，冬季里，一些怕冷的鱼游进通道避寒，到了谷雨节前后，"春江水暖"，通道内避寒的鱼也要游出来活动，其中一部分回头由通道的进口重新游到河里，另一部分可能"忘记了回头"，而顺着通道一直往前游到泉眼的出口，最终从泉口被喷出来。这里也便成了喷鱼怪泉了。

野 三坡百里峡深山幽谷为什么诱人？

电视剧《三国演义》"空城计"等场景，那森严的壁垒，雄险的关城；"华容道""落凤坡"中刀劈斧削般的悬崖深谷，密密麻麻的树丛草莽等外景地，你知道是在哪里拍摄的吗？那就是野三坡百里峡。它由蝎子沟、海棠峪、十悬峡合成，形如鹿角，总长50余公里。蝎子沟长12.5公里，因长满大面积蝎子草而得名，这种草能跟蝎子一样把人蜇得很疼。沟谷内有龙潭映月、铁索崖等著名景点。十悬崖全长22.5公里，进入峡谷不远就是抻牛湖景点，据说这里碧波荡漾的石潭中有一条鲇鱼精，它用两条长须将一头为害乡里的野牛怪拉下潭水，活活淹死，救了一方百姓，因此叫抻牛湖。峡谷深处还有"母子峰""不见天"等景点。最值得一游的是海棠峪。它有15公里长，峡谷两侧如壁，高达二三百米，宽度不过10米，最窄处仅容一个人通过，这种峡谷在地理学上称为"嶂谷"。因为这里遍生野海棠，花开时节，满山如锦，四野飘香，所以叫海棠峪。百里峡三大"绝景"——"老虎嘴""一线天""天生桥"都在这里。"老虎嘴"是一处状如老虎血盆大口的山体，虎口中有一潭积水，雨季会下泻成瀑布，雄奇而险峻。到了"一线天"，峡谷在这里收成一条地缝，谷底每天只有几分钟能见到太阳。"天生桥"更是人间奇观，它凌空飞架，连接两山，跨度有10多米，下面桥孔有6米，真可谓鬼斧神工，天设地造！但据科学考证，它是由溶洞演化而成的。

野 三坡白草畔为什么有独特的高山景区？

百里峡以幽深的峡谷而称奇，白草畔是以独特的高山景色而闻名。白草畔是野三坡的制高点，主峰海拔近 2000 米，是京西四大高峰之一。这里至今还保存有 1 万多亩的原始森林，这在人口稠密，经济繁荣的京西乃至整个华北极为少见。景区动植物就有 15 种之多。白草畔因为草木繁茂，植物品种多，一年中除冬季外，三季山花烂漫，色彩斑斓，香气四溢，成为名副其实的天然大花园。景区内山泉丰富，沟谷间到处都是淙淙的泉水，潺潺的溪流。景区"蚂蚁岭"可观色如紫铜，通体暗红的蚂蚁，罕见的蚁巢令人惊叹；还有仅凭两个极小的支点矗立于悬崖之上，五米见方，几十吨重的"风动石"，人立在上面，会觉随风摇动，惊心动魄，给游人带来奇特或惊险刺激。而白草畔最具特色的景色还要算"六月冰川"和"二林竞秀"。所谓"六月冰川"，是说每年 6 月份，山下已暖意融融，鸟语花香，而峰巅之上，仍有长达百米的冰川。这一奇观，真令游客叫绝。"二林竞秀"指白草畔一片红色安心岩石柱危耸突起，蔚然成林，造型奇特，引人遐思，大面积原始森林遮天蔽日，禽兽出没，清幽而神秘，原始森林和安心岩石林生于一处，共同构成雄、奇、险、怪的景观。"二林竞秀"是百草畔风光的精华所在。

野三坡龙门峡景区为何被誉为"历史文化长廊"？

龙门峡景区群峰竞秀，断崖绝壁高耸入云，谷中清泉溪流激浪奔腾，景色尤为壮观。有大龙门城堡、摩崖石刻、蔡树庵长城三处河北省重点文物保护单位。

大龙门城堡是明长城"内边"上的重要关隘，被誉为"疆域咽喉"，此地三峰鼎立，形势如门，原是京都通往塞外的交通要道和兵家必争之地。城堡围长约 2 公里，有东西两门，城北隔河相望，建有炮台三处，构成了一个完美的古代关隘防御体系。

蔡树庵长城蜿蜒于崇山峻岭之脊，全长约2公里。多以筑墙为主，形成一道人工筑成的防御屏障，此段长城建有敌楼六座，造型美观，结构精巧，建筑各异，是明代中叶以后建成的。一般高达12～13米。多数为一楼二门，辟有十个箭窗，分上、中、下三层。伫立楼顶，极目远望，塞北起伏奔腾的群山，剪子梁上的积雪尽收眼底，令人顿增豪迈之感。

龙门峡摩崖石刻，金、明、清各代都把此地视为军事要塞，重兵把守。峡谷两侧峭壁上的题词、题字就是当时驻守关隘的将军留下的真迹。纵览全峡刻字多达20余处，内容分两类：一为描述关山险要雄伟以振军威；另一类则是描述山河壮丽俊秀，以激发将士爱国热情。这是华北地区规模最大的摩崖石刻群，被誉为"历史文化长廊"。

白洋淀为什么被誉为"华北明珠"？

白洋淀位于保定市东北安新县境内，距北京120公里，是华北地区最大的淡水湖泊。它有大大小小143个淀泊，相传是当年嫦娥飘离月宫，不慎将随身宝镜掉落人间，摔成了143块化成的。这只是美丽的传说，其实它是一片平原洼地，聚上游九河而成的水泊。这片湖泊并不是一片汪洋，而是由3700多条濠沟、12万亩芦苇分成了143个大小不同，形状各异的淀泊。水面间点

▲ 白洋淀水情

117

缀着片片汀洲，洲岛上的村庄星罗棋布，园田交错。白洋淀濠沟淀泊如水上迷宫，各种船舶来往穿梭。夏季，水面生满菱藕，荷叶田田，红莲片片，水边河岸遍地芦苇，迎风飘摇。冀中平原是一块水资源十分匮乏的地区，白洋淀却是如此独特的泽园风光，这在缺水的华北，当然备受垂青。另外，白洋淀物产丰富，以芦苇为原料的各种编织品远近闻名，莲藕菱角也是北方人民的稀罕物儿，鱼虾河蟹更是肉嫩味美，被北方人民视为名贵食品，市场畅销。近年来，水乡旅游事业蓬勃发展，交通、通信、旅馆、饭店、游船、景点等各种旅游设施相继完善，旅游经济成为白洋淀的一大亮点。1992 年 9 月 18 日，江泽民同志来淀视察，欣然留下"华北明珠白洋淀"的墨宝。从此，"华北明珠"成了白洋淀的代名词。

白洋淀有哪些主要旅游景点？

北方水乡白洋淀风景秀丽、气候宜人，是天然的风景区。春天，淀水清澈、烟波浩渺，苇芽青翠，生机勃勃；夏天，水鸟翩翩，秀苇摇曳、莲叶接天，荷花映日；秋天，芦花纷飞，稻谷飘香，鸭鹅成群，渔舟泛湖；冬天，地冻冰封，一片碧玉，冰床急驰，如飞燕穿梭。一年四季，水光天色美不胜收。近年来，淀区又开发了许多旅游景点，供游人欣赏。鸳鸯岛是白洋淀中最大的一个景点，岛上建有水泊梁山宫，可供参观；还可乘坐观览车，在高空鸟瞰大淀的迷人风姿，可驾驶冲锋舟翱翔水面，尽情展示青春的活力，或坐水上单轨车娱乐游玩，也可驻足特产小摊，选购些鸡头米、莲子芯，饿了、累了能为您提供就餐、住宿等各种服务。九龙潭游览区建有 1500 米的木质走廊，徜徉于走廊，可尽情观赏小岛上莽莽芦苇荡和淀泊里叠叠菏花丛。圣水玉景点塑有几尊大佛，还有手持滴水瓶的观音菩萨，所滴"圣水"可"包治百病"。后院还建了一个小兵张嘎宫，展示了淀区人民在抗战中英勇不屈的精神和战斗生活场景。荷花淀是白洋淀又一壮观景区，碧水蓝天间，艳丽多姿的荷花竞相开放，硕大的荷叶，肥美的莲蓬一望无边，真不愧十里的荷香，人间仙境啊！乘船游览的姑娘们，见此美景，都不禁要唱起动听的歌曲，宛如天上的荷花仙子，飘临人间。

白洋淀中烧车淀、捞王淀是怎么得名的？

白洋淀众多的淀泊和岛屿各有各的名字，大多是根据它们的形状和出产取名，但也有不少地名蕴含着一个个历史传说或神话故事。烧车淀，是说宋代的杨六郎任安州（安新县）团练使，镇守白洋淀北边的雄关，当时白洋淀通往雄关有一条很窄的土路，只能容一辆单车通过，人称宋堤。一年北国韩昌率辽大兵南犯，宋兵退守白沟河对峙。一日，杨六郎想出破敌妙计，他命宋兵埋伏在宋堤两旁的芦苇荡，自己与韩昌大战，假装败退，将敌兵的人马粮车引入宋堤，未等韩昌反应过来，芦苇荡射出无数火箭，由于路窄，敌军车马不能掉头，大火将北国粮草战车烧了个精光，宋兵大胜，从此这里取名烧车淀。捞王淀传说更为离奇。清代，皇帝在白洋淀修筑行宫，常来淀区狩猎。一次，一个叫李登龙的后生正在打鱼，见一艘装饰华丽的龙船缓缓驶来，船上丝竹悠扬，歌女们载歌载舞。突然淀中起了大旋风，淀水浪涛翻滚，龙船被打沉，李登龙跳入水中，救上来一个身穿宽大龙袍的人。他联想到刚才龙船上的情境，心里明白这人一定是乾隆帝，就把皇帝领入家中，给他换上干衣服，又做了一顿玉米面饼子熬小鱼，皇帝吃得很香。吃饱后乾隆问李登龙："真好吃！这叫什么饭？朕从未吃过。"李登龙说："半蒸半煮（锅上边贴饼子，下边熬鱼）。"从此"半蒸半煮"成了御膳，"捞王淀"这个名字也叫起来了。另外，白洋淀的鸳鸯岛、九龙潭等也都蕴含着一个个美丽的故事，你不妨到淀上来听一听。

白 洋淀有哪些奇鸟怪鱼？

北方水乡白洋淀，以其独特的地理环境，成为许多水鸟和鱼类的栖息繁衍之地。这里野鸭大雁等水鸟成群，鱼类有 16 科 54 种。奇鸟怪鱼的故事也多。呱呱鸟和咕咕鸟就是一对互相依存的怪鸟。呱呱鸟是淀中数量最多的一种鸟，因为一天到晚总是呱呱叫而得名，它平时栖息在芦苇丛中，产卵时就用三四根芦苇搭一个再简单不过的小窝，铺上些水草，把卵产下就飞走不管了，一点也不爱惜后代。说来也巧，淀里还有一种咕咕鸟，它比呱呱鸟还拙笨，根本就不会搭窝，别的鸟巢又不让它占用，它就只好占用呱呱鸟产蛋后遗弃的鸟窝，把自己的卵跟呱呱鸟的卵产在一起，并负责孵化哺育两种幼鸟。因此所有的呱呱鸟都是咕咕鸟养大的弃婴，这真是相互依存互通有无啊。白洋淀还有一种数量很多的鱼叫鲂鱼，这种鱼好奇心强，喜欢颜色。渔民就根据这个习性发明了一种特殊的捕鱼方法——下花篮。淀里边常见到一排排相隔数米的竹竿插在水中，这就是专门为捕捉鲂鱼而下的花篮。花篮用苇楣子编成，底部有一个外大里小的圆孔叫"须"。编好后再进行一番装饰，然后放上鱼饵，挂在竹竿上，下到水中。远远望去，一排排精美的花篮就像一座座华灯初上的宫殿，好奇的鲂鱼游过来，怎么也忍耐不住这宫殿和鱼饵的诱惑，就沿着须孔钻进花篮，不明不白的成了人们桌上的美食。

我 国目前种植面积最大、品种最多的生态荷园在哪里？

白洋淀荷花大观园占地 2000 亩，其中水域面积 1560 亩，园内荟萃中外荷花 316 种，是目前我国荷花种植面积最大、荷花品种最多的生态旅游景区。

园内有五区（迎宾区、服务区、餐饮区、观景区、采莲区）、四园（精品荷园、垂钓园、静心园、农家乐园）、三港（泊船港、观鱼港、休闲港）、二滩（沙滩浴场、休闲滩）、一山（观景山）、一馆（孙犁文学馆）。

荷花大观园中有来自洞庭湖、微山湖、西湖等名胜地及全国各地花期、花容、花色各异的野生莲和来自美国的黄莲、日本的大贺莲、中美合育的友谊牡丹莲、能负重数十斤的南美王莲等世界珍品。

狼 牙山五勇士纪念塔是谁题写的塔名？

狼牙山位于易县城西南 45 公里处，山势起伏，主峰海拔 1700 米，远远望去，座座主峰，挺拔陡峭，直插云霄，犹如长短不齐的一排狼牙，故名狼牙山。1941 年，日寇大举扫荡晋察冀边区，山地指挥官高见率领号称"山地精锐"的 3000 名日伪军，在飞机大炮的掩护下，向河北易县狼牙山地区大举进犯。八路军驻狼牙山主力部队转移到外线作战，只留下一个连牵制敌军。完成任务后，连队大部分人要撤出战斗，六班长马宝玉主动请战掩护，带领本班葛振林、宋学义和胡德林、胡福才叔侄五人与敌在狼牙山周旋，把敌人引向棋盘坨。敌人误认为是八路军主力，动用五六百名日伪军，并配备山炮、机枪蜂拥而来，五勇士居高临下，以一敌百，击退敌人四次冲锋，击毙 50 多名日伪军，直至打完最后一颗子弹。激战 5 小时后，五勇士退到悬崖峭壁旁，这时已被敌人三面包围，五勇士毫无畏惧，坚贞不屈，最后他们把枪支摔坏，毅然跳下万丈深崖。马宝玉、胡德林、胡福才三同志当即壮烈牺牲，葛振林、宋学义被崖边树丛挂住，受伤昏迷，后被我方游击队救起。为纪念五勇士的壮举，1942 年春，在狼牙山主峰棋盘坨建起一座纪念塔。1958 年又重建。塔身正面有聂荣臻元帅的亲笔手书"狼牙山五勇士纪念塔"九个红色大字，塔门上镶嵌杨成武将军署名的三烈士碑文刻石，塔的左右各修筑五角亭一座。站在塔下，遥想烈士们壮烈牺牲的英姿，不禁肃然起敬……

你 知道电影《地道战》取材于什么地方吗？

冉庄地道战遗址位于保定市清苑县冉庄。冉庄的地道及其工事，是在与敌人的斗争中创造和逐步完善起来的。

冉庄地道以十字街为中心，有东西南北主要干线 4 条，长 4.5 里；南北支线 13 条，东西支线 11 条。还有西通东孙庄，东北通姜庄的连村地道；有向东南通隋家坟和河坡的村外地道。全长约 15 公里，形成了村村相通，四通八达，能进能退，能攻能守的地道网。地道一般宽 0.7 ~ 0.8 米，高 1 ~ 1.5 米，上距地面 2 米多。地道结构复杂，内部建有储粮室、厨房、厕所和战斗人员休息室，设有照明灯和路标。地道的出入口都是从实战、实用和隐蔽的原则出发，经过精心选址和设计后修建的，伪装得与原建筑物一模一样，使敌人很难发现。为了充分发挥地道的优势，还在村里各要道口的房顶上修建了高房工事，在地面修建了地平堡，把地道与地面工事有机地结合起来。此外，还根据不同的地形地物，修筑了工事和枪眼。所有这些工事都和地道相通，既能瞭望，又能射击。这样，地道和地面相配合，各种火力相交叉，构成了密集的火力网，充分发挥地道的威力，痛歼来犯之敌。

抗日战争和解放战争时期，冉庄的民兵和群众曾经利用这种神秘莫测的地道与日伪军、国民党军队进行地道战 17 次，同时进行伏击、追击战 55 次，配合地方武装出村作战 85 次。其中 5 次规模较大的地道战，就歼击敌人 163 人。几乎每一个工事、每一个枪眼都留下了其歼敌的记录。电影《地道战》就取材于此。

安国县为什么有"药都"之称？

安国古称祁州，自古有种药、制药传统，是中国历史上著名的药材集散地。城内建有药王庙，庙内设马殿、药王亭、大殿和后殿等建筑，最著名的是门前的一对铁旗杆，高 27 米，是药都安国的标志性建筑。现在，安国仍有"天下第一药市"之称。现代化药材市场占地 27 公顷，建筑面积 15 万余平方米，汇集了全国各地中药材 1500 多种。药市平均日流量达万人以上，年成交额 15 亿元人民币。安国中药材的种植面积 7 万亩以上，许多品种的产量一直居全国之首。安国市药材种植实验场，被誉为药材"百花园"，培养着中药材 400 多种。园内万紫千红，药香四溢，药材加工遍布城乡，加工企业达 1000 多家，经销人员逾万人，形成了生产、加工、销售一条龙的高效产业。近年来，安国市除精制一系列传统中成药之外，还研发了多种药物新品种，如药膳、药酒、药枕等各种保健品，产品备受国内外朋友的欢迎。饭店里膳食品种，也颇有特色，有黄芪焖鸡、糖醋山药鱼、虫草扒肘子、薏米八宝甜饭等，除美味无比外，还有清热、润肺、滋阴、养肝等保健作用，成为远近闻名的安国系列药膳。这一切都说明，安国市是当今名副其实的东方药都。

安 国药王庙里供奉的药王是谁？

安国药王庙，始建于东汉建武年间（25～56 年），北宋又拓
址新建。庙中祭祀人物为汉武帝刘秀部下二十八宿将之一的邳彤。
他为政清廉，精于医理，经常行医于民间，深得百姓拥戴，死后
葬于安国南关。相传邳彤在宋朝"显灵"，为宋秦王治愈了顽疾，
故为他立了这座庙。庙门额上"药王庙"几个大字是清朝大学士
刘墉题写的。整座建筑占地 25 亩，分四进院落和两个跨院一个广
场，共 17 座单体建筑。庙前有两根铁铸造旗杆，庙内有药王墓、
十大名医像、药王正殿、寝殿等，为我国现存最大的纪念古代医
圣的古建筑群。

你 知道最早算出精密圆周率的是谁吗？

祖冲之（429～500 年），范阳遒（今河北涞水）人。是中国
也是世界上最早算出精密圆周率的科学家。他精确计算出圆周率 π
的真值在 3.1415926 和 3.1415927 之间，π 的约率为 22/7，π 的
密率为 355/113。密率值要比欧洲早 1000 多年。为纪念他的杰出
贡献，有人建议把圆周率 π 的密率 355/113 称为"祖率"。在天文
历法方面，祖冲之的主要成就是在他编制的大明历中，将"岁差"
应用到历法计算中，修改了置闰法，提高了大明历的精确性。为
了纪念祖冲之在科学上的卓越贡献，南京紫金山天文台已把该台
发现的一颗小行星命名为"祖冲之"，在月球背面也有了以祖冲之
命名的环形山。他的祖居地河北省涞水县将一所学校命名为祖冲
之学校，表示纪念。

中国最早的地理学家是谁？

一个古代做官的人，到各地游历时，用心考察各地山川河流，写出了一部流芳百世的书——《水经注》，成为中国古代著名的地理学家。这个人就是南北朝北魏时期的郦道元。

郦道元（约470~527年）字善长，北魏范阳郡涿县（今涿州市）人。他发现我国第一部记述河道水系的专著《水经》，对大小河流的来龙去脉缺乏准确记载，因此决心亲自给《水经》作注。

为了写《水经注》，他阅读有关书籍达400多种，查阅了所有地图，研究了大量文物资料，还亲自到实地考察，核实书上的记载。那时候，交通不便，路途险峻，但他不畏艰难，跋山涉水，考察各地的山水草木和岩洞、土质等，最终撰成《水经注》。

此书名为注释《水经》，实则以《水经》为纲，作了20倍于原书的补充和发展，自成巨著。书中记载大小水道1252条，一一穷原竟委，详细记述了所经地区山陵、原隰、城邑、关津的地理情况、建置沿革和有关历史事件、人物，甚至神话传说等，为中国现存第一部以记水道为主的综合性地理巨著。其学术价值已远远超过地理学、水利学范围，历史学、考古学、民族学、语言学、农学、军事学等，都可以从其中得到丰富的研究内容。对《水经注》的研究，至明清两代已形成专门学科"郦学"。至近现代，"郦学"发展到新阶段，受到国际地理联合会的重视。该会认为郦道元《水经注》是世界地理学的先导。如今，郦道元的故乡河北涿州市郦亭建有"郦道元纪念馆"。

为什么称张寒晖为人民艺术家？

"我的家在东北松花江上，那里有森林煤矿，还有那满山遍野的大豆高粱……"抗日战争时期，这首流行全国的革命历史歌曲，曾激励人们同日本侵略者进行斗争。今天，我们唱起它仍然感到心潮澎湃。如此打动人心的歌曲，它的词曲作者就是被称作"人民艺术家"的革命先烈张寒晖。

张寒晖（1902～1946年），河北省定州西建阳村人。1925年在北平人艺剧专学习时加入中国共产党。1935年9月，他来到西安二中教书。此时，日本帝国主义侵占我东三省，张学良领导的东北军被迫撤到西安。张寒晖在西安将近6年，先后在东北军政治部做游艺股长，并主持了一年剧团工作，还在黎明补习学校、民兴中学、东北竞存中学教过书。他邀集进步人士编辑出版《老百姓报》，大力宣传抗日，他的文章语言通俗易懂，博得人们的赞赏。张寒晖熟悉东北军将士的情绪，就在这时，他以强烈的爱国热情创作了著名歌曲《松花江上》。歌曲一问世，迅速传遍全国，极大地唤起了东北军和全国人民的抗日斗志。

1941年8月，张寒晖奉命奔赴延安。历任陕甘宁边区文化协会秘书长、戏曲委员会委员。他配合抗日斗争，创作了许多类型的曲子戏、秧歌舞、歌曲等，如《争取俘虏》《从心里看人》《游击乐》《去当兵》《军民大生产》等。他忘我工作，积劳成疾，于1946年3月11日在延安不幸逝世，年仅44岁。

张寒晖是杰出的革命文艺战士，他认为文艺来自群众，也属于群众。关于《松花江上》这首歌的创作，他曾对人说："我是把北方妇女在坟头哭丈夫、哭儿子的那种哭声，变成《松花江上》的曲调了。"正因为如此，张寒晖的文艺作品才受到人民欢迎。称张寒晖为"人民艺术家",的确名副其实。

盖叫天的名字由何而来？

著名京剧表演艺术家盖叫天（1888～1971年），本名张英杰，号燕南，河北省高阳县西延村人。他出身贫苦，兄弟五人，三人学艺。8岁那年，他同四哥一起进了天津的隆庆和科班，开始学艺。他人小心灵，一般人要6年以上才能出科班，他进班半年，就学会了拿顶、耍棍，被一位齐老先生看中，破格开蒙教了几出戏，并给他起了个艺名叫"金豆子"。他10岁开始登台。13岁那年，他在杭州演文戏，觉得"金豆子"艺名不太合适，想另外起个艺名。当时有个出名的演员谭鑫培艺名叫"小叫天"，他说，我就叫"小小叫天"吧。不料，有人瞧不起他，冷笑说："哼，你也配叫这名儿！"他一听火了，说："我还要自成一家，盖过叫天呢！"于是，便得了"盖叫天"这个名字。14岁那年在上海，他第一次用"盖叫天"的艺名演出，由于演出精彩，受到欢迎，"盖叫天"的名字因此也就传开了。

新中国成立后，盖叫天获得了新的艺术生命。1950年12月5日，毛泽东在怀仁堂观看了他演的《一箭仇》，不停地热情鼓掌。1952年第一次全国戏曲会演，盖叫天荣获国家颁发的荣誉奖状。1954年，上海电影制片厂为他拍摄了《盖叫天舞台艺术》。1956年，文化部和中国戏剧家协会特地为他舞台生活60年举行纪念会。十年动乱中，盖叫天受"四人帮"打击迫害，身心受到严重摧残。1971年1月15日含恨去世，终年83岁。

白沟箱包市场为什么驰名全国？

　　白沟原仅是高碑店市的一个小镇，但这里地处京、津、保三角地带的核心，交通便利，自古市场发达，商贾云集。近年来，白沟镇箱包加工业大规模兴起，已成为著名的中国箱包加工、销售集散地。镇上成立了箱包研究所，开发出了自己的品牌产品，并建有规模宏大的箱包交易城，让客户入住经营。白沟周边从事箱包生产经营的企业达 1 万多家，遍及 18 个乡镇，180 多个村庄，近 20000 户，其中有投资上千万元，年产值超过亿元的大企业集团。这些企业引进国外箱包加工及原料生产先进设备，提高了生产效率和产品质量，生产出上百个品种的名牌箱包、坤包、公文包等。部分名牌箱包多次在各类交易会、博览会上获得金奖，涌现出十几个著名品牌。箱包业产值和总收入达 10 亿元，利税超过亿元。同时，箱包业带动了许多相关产业的兴旺，首先是皮革、拉链等原料配件产业蓬勃兴起。百货批发业、服装批发业、小商品批发业、绒毛玩具制造销售业、旅游餐饮业等相继兴起。如今的白沟，楼房林立，商户密集，车流如织，到处是一片兴旺景象。来自全国各地操着"南腔北调"的客商，云集白沟，为当地经济增添了活力。如今白沟蒸蒸日上，兴旺繁华，呈现大都市景象。

你知道全国最大皮毛集散地留史镇吗？

　　留史是河北蠡县的一个小镇，它地处冀中腹地，既远离城市和铁路，又缺乏水运和公路交通之便，可它却凭借传统的皮毛经营闻名全国，一年四季来自全国各地的客商络绎不绝。留史皮毛业兴起于清末光绪年间，至今已有百余年的历史了。本镇是由皮毛贩运开始，逐渐发展成集收购、加工、销售于一体的皮毛集散地。新中国成立前，这里的皮毛业分为皮店行、皮车行、加工行三大行当，加工行内又分鞭头行、鞭梢行、裘皮行三大行业。后来，又增添了梳鬃业。各行业购销两旺，驰名全国，而且连通国际市场。俄、德、法商喜好采购熟制的狗皮，犹太商人看好黄鼠狼皮，加拿大商人青睐肚羔皮。就是在抗日战争时期，这里的皮毛市场仍比较兴旺。改革开放后，留史皮毛又有了长足发展，各省市皮毛制品厂家相继在留史设立收购站，市场逐年扩大，除港台地区外，国内各省市的皮毛产品留史市场都能见到。留史皮毛产品有 130 多个品种，占全国有价值皮毛大类的 80% 以上，全国畜产品交易会也在这里成功举办。如今的留史，皮毛专业市场占地 300 多亩，每 10 天有 8 个大集，日成交额近百万元，镇内皮毛商店林立，客商云集，已成为全国最大的皮毛集散地。

为什么徐水美酒名扬四海？

中国酒文化源远流长，"杜康美酒刘伶醉"就是酒文化的一段美谈。相传晋人刘伶陪客人畅饮遂城（今徐水）美酒，大醉多日不省人事，人们都以为他已醉死，要埋葬他，但造酒人不许，说是 3 年后他才能苏醒，然后还要向他讨还酒钱呢！果然，刘伶在 3 年后的一天醒了过来，口里还在喊"好酒！好酒！"传说也许夸张了些，但刘伶所写的《酒德颂》里的确对徐水美酒大加赞美。至今，徐水还有当年的酒德亭遗址，后人也把徐水所酿美酒命名为"刘伶醉"。刘伶醉已有 1700 多年的历史了，它采用太行山下瀑河的甘泉井水酿制，这种井水清澈绵软，宜于造酒，再加上选用优质高粱、小麦、豌豆等为原料，以传统精细的工艺，经陈年老窖酿制，使酒色透明，绵甘醇和，芳香浓郁，回味绵长。刘伶醉一

度远销日本、新加坡、马来西亚、西欧各国。现在，以刘伶醉为
"基酒"，辅以人参、黄芪、当归等名贵药材，科学酿制成了一种
低度清香酒，取名"贵妃醉"，酒质清澈透明，浓郁芳香，有开胃
健脾，滋肾养心的保健作用。加在刘伶醉"基酒"中配以祖传中
药秘方，精酿陈贮而成的"九九还童酒"等系列滋补保健酒，深
受东南亚各国消费者热烈欢迎。

你 品尝过保定马家老鸡铺的清真卤煮鸡吗？

　　保定市马家老鸡铺的清真卤煮鸡，以地方传统风味闻名省内
外。鸡铺开办于清末，已有 100 多年的历史。马家老鸡铺在上百
年的熟鸡加工中，总结出一整套精细而独特的制作方法。首先挑
选膘肥体壮的活鸡，宰杀后用六七十摄氏度的温水烫毛，然后在
鸡臀开一小口，掏出内脏洗净，将两脚盘入腔内，再将一翅插入
口腔，另一翅别在背后，鸡体成琵琶形；接着把百年老汤烧开，
按个头大小分层放入锅内，投放传统辅料，待汤再开锅后放入陈
年老酱，先用急火煮，再用细火焖，随时翻锅，把握均匀火候，
雏鸡煮 1 小时即可，鸡龄增 1 年多煮 1 小时，直到鸡的外皮呈酱红
色，鸡肉细软而不柴为止。马家老鸡铺的清真卤煮鸡以鲜、净、
便宜、滋补四大特点著称。他们加工的鸡都是鲜宰、鲜煮、鲜卖，
从不加工病、老、残鸡。制作时实行专人、专锅、专用辅料，严
格专人卫生检查，保证卫生要求和品牌质量；销售价格便宜，保
本微利。卤煮鸡以专门配用的辅料制作，老汤中含有名贵滋补药
品，常吃这种鸡能健胃、理脾、化食，是滋补上品。马家老鸡铺
加工出来的熟鸡，外观丰满鲜艳，入口软嫩鲜香，冷热皆宜，是
保定著名的风味食品之一。

你 知道"白运章包子"的来历吗？

保定市中心的裕华路古莲花池对面，有一家著名的望湖春酒店，这里经营着一种闻名全国的地方风味——"白运章包子"。白运章，包子铺的东家，出生于 1886 年，回族人，祖居保定清真寺街，他自幼习武，靠卖艺为生。1924 年，他同徒弟吴幼林开了一家包子铺，先是让徒弟照应买卖，自己一边卖艺，一边为包子铺做广告宣传，几年后，包子铺有了进一步发展，他才弃武从商专心经营起包子来。1928 年，白运章包子铺达到鼎盛时期，虽然坎坷但一直经久不衰。白运章一生无后，1944 年去世，包子铺由他的徒弟，也是过继给他的干儿子吴幼林接管。日本投降后，白运章妻子白王氏仍沿用"白运章"字号经营包子铺。新中国成立之初，铺子几经易名，直到 1957 年，又恢复为"白运章"字号，一直沿用至今。白运章包子选料精，配料全，制作方法严格细致，皮薄、边窄、馅大，出笼包子皮馅油水相融，用筷子夹起绝不会张嘴流汤，拿起来如铃铛，馅丸在里面颤动，吃起来酥、软、喷香，顺口流油而不觉肥腻。因此，保定"白运章包子铺"虽历经几十年，仍以它独特的风味，驰名遐迩。

你 品尝过白洋淀松花蛋吗？

白洋淀松花蛋具有 100 多年的生产历史。据传，在清朝时期，当地就开设了很多作坊，加工松花、青果（咸鸭蛋），畅销京、津、保一带。白洋淀松花蛋以个大、风味独特和营养丰富而著称。剥去蛋壳，蛋体晶莹，呈茶褐色、半透明状，形似琥珀而富有弹性，表面有美丽的松枝花纹。切开蛋体，蛋黄为深绿色或五彩色，黏度适宜，浓而不滴，清香扑鼻，味美适口，食之不腻，容易消化。

白洋淀松花蛋是以本地产的鲜鸭蛋，经独特工艺加工制成的。白洋淀水域辽阔，气候温湿宜人，水生物繁多，是淀鸭优良的天然饲养场。鸭群生活在浅淀中，主食鱼、虾、虫、螺、蚌和水藻等新鲜食物，不仅产蛋多，个头大，而且营养丰富，为加工松花蛋提供了高质量的原料。由于白洋淀松花蛋风味独特，品质稳定，含铅量低，深受国内外消费者的好评。

你 知道保定"三宝"是什么吗？

"保定府，三宗宝：铁球、面酱、春不老"。这是一首广泛流行于保定及其附近地区的古老歌谣，几百年来可谓家喻户晓。

铁球又称健身球。保定健身球是闻名中外的传统名牌产品。它通体圆滑，明光净亮，球内有球，内装音板和钢簧，两个为一副，声音有高有低，俗称"一公一母"。将双球握在手中运转，发出一高一低的音响，优美动听。

保定面酱始产于清康熙十年（1671 年），距今已有 300 多年的历史，质量优良，久负盛名，是理想的烹饪调料。保定面酱味美而富有营养，含有蔗糖的甜味和香油的香味。保定面酱分为两种：一种为陈年老酱，一种为甜酱。陈年老酱做法是先将面用水和好，待其发酵后，上笼屉蒸熟，然后再用日光照射升温发酵，经过三个伏天才成为产品。大部分水分被蒸发以后，用勺子舀起来能拉成细丝，盛到罐内俯而不流，缸内面酱的表面像漂浮着一层黑色的油绸。甜面酱一般在农历三月十五日开始制作。加工时先用水和面，不经发酵即上笼屉蒸熟，再经伏天日晒加温发酵，秋冬即可食用。

春不老，亦名雪里蕻，在保定的栽培历史悠久，以其品质优良为人们所爱。该菜性喜寒凉，耐热性差，宜秋季栽种。保定生产的春不老，做腌菜、生食或炒菜均宜。腌制后，无论存放多久，既不生筋，也不长柴，无苦涩味道，颜色嫩绿新鲜，为冬春季节不可多得的蔬菜。据说庚子年间，慈禧太后为躲避八国联军连夜脱逃，在其回北京路过保定时，对春不老赞不绝口，亲自赐名"备瓮菜"。

保定槐茂酱菜为何又称"太平菜"？

保定酱菜始出现于清康熙十年（1671 年），已有 300 多年的历史。因其门口有一棵古槐，生长茂盛，故得名"槐茂酱菜"。

槐茂酱菜历史悠久，讲究传统工艺，强调掌握季节，选好原料，调料合理，精工细制，妥善封存。品种多，质量好，香、咸、甜、酸、辣、嫩、脆，味道齐全，鲜美适口，营养丰富，风味独特。不仅畅销中国内地及港、澳地区，还远销日本等国家。

据考证，光绪二十九年（1903 年），西太后挟光绪帝谒西陵时，来保定驻跸三日，当地官员以槐茂酱菜献礼，西太后食后深表满意，赐名"太平菜"，使得保定槐茂酱菜声誉大噪。

驴肉火烧为何深受保定人民欢迎？

不管是老保定人还是新一代的保定人，都对驴肉火烧有一份特殊的感情，因为很多人就是吃着驴肉火烧长大的。驴肉火烧选用肥嫩适中的小驴肉，精细加工制成，配以刚出炉的、脆软的火烧，吃起来回味无穷，而且价格便宜。

保定的驴肉火烧摊都爱挂着"正宗漕河驴肉火烧"的幌子。

之所以称漕河驴肉火烧，是因为徐水县是保定驴肉最大的供应地，而徐水驴肉又以漕河而闻名。传说元代将领张柔当年率军入驻保定时，途中饥饿难耐，行至漕河，适逢农人牵驴收麦，于是埋锅生灶，用麦秸烤出烧饼，杀驴煮而夹之，从此火烧夹驴肉就流传开来。

历经百年风雨，驴肉火烧在百姓心目中的魅力不减，而且愈久弥深。如今走在保定的大街小巷，驴肉火烧摊比比皆是，人们常常见到一边匆匆走路一边大嚼驴肉火烧的保定人，而许多外地人也对驴肉火烧情有独钟。

为什么涿州金丝挂毯有极高声誉？

涿州金丝挂毯古称红绣毯或红线毯，已有 2000 多年的历史了，是极为珍贵的工艺品。传统金丝挂毯是用桑蚕丝、纯金银线和犀牛尾毛编织而成，毛头长，色泽艳丽、华美高贵。唐代大诗人白居易有一首诗《红线毯》是这样描述的："美人踏上歌舞来，罗袜绣鞋随步没，太原毯涩毳缕硬，蜀都褥薄棉花冷，不如此毯温而柔，年年十月来宣州。"可见当时在宫廷金丝毯也属珍贵贡品。今天，涿州丝毯的老艺人，继承并发扬古老的传统技法，创造了我国独具一格的丝绒片和丝盘金两种丝毯，立意新颖大方，构图严谨浑厚，织工细，道数高，精美绝伦。这种产品图案品种有 500 多个，"龙凤呈祥""二龙戏珠""海市蜃楼""巨石牡丹"等花色古朴典雅，道数有 120 道、200 道、260 道、300 道，还有 350 道等品种，涿州是我国唯一能生产 350 道最精档产品的企业。无论花色品种或质量都超过了号称丝毯王国的伊朗的产品。装挂在卧室或客厅，既名贵高雅又富丽堂皇。涿州金丝挂毯，堪称我国工艺美术宝库中一颗璀璨的明珠，因而，在国际市场上享有极高的声誉。

曲阳石雕为什么名扬天下？

曲阳素有"雕刻之乡"的美名，石雕历史悠久，这里的石雕艺术始于秦汉时期，距今已有 2000 多年。现存最早的石雕发现于王台北村的"狗塔坡"。相传，当年王莽赶刘秀时，刘秀流落此地，被一条狗相救，为了纪念这狗，建了一座塔。唐宋时期，曲阳石雕艺术有了很大发展，清代即盛名远扬，天下咸称曲阳石雕了。曲阳艺人雕出的"天女散花""千枝梅""仙鹤"等作品，造型优美、刀斧传神，曾在巴拿马世界石雕赛会上获得第二名。精美的雕刻需要优质的石材，曲阳县城南 10 公里的黄山，有储量丰富的大理石，白色的晶莹如雪，青色的闪烁如水，还有孔雀羽翎般的碧绿色，美人粉面似的桃红色等多种色彩石料。曲阳大理石石质纯净细腻，脂润坚韧，经久耐磨，既容易受刀，精雕细琢，又耐风化，色泽持久。在诸多石料中，汉白玉最为著名。曲阳雕刻厂所雕车马、走兽、人物、天神、佛像等作品生动逼真，技法精巧。人物造型优美，衣纹流畅，走兽作品构思新颖，不少作品成为工艺美术的珍品。2000 多年来，曲阳汉白玉石雕艺术遍布全国各地，北京的故宫、皇家园林及古代帝王陵墓，现代著名建筑中人民大会堂、毛主席纪念堂等，都有曲阳汉白玉石雕装饰。今天，曲阳石雕艺术品畅销日本、新加坡、比利时、奥地利、澳大利亚、美国等数十个国家，多次出展国际展览会，并获大奖。

定州古瓷今何在？

定瓷产于古定窑。定窑是我国古代五大名窑之一，定瓷的生产始于唐代晚期,在宋朝时最为兴盛。定瓷制作工艺精湛,造型别致,风格古朴高雅,胎质坚细,器体细薄,釉色柔和,乳白洁净,曾有"定州花瓷瓶,颜色天下白"之誉。苏东坡用"潞公煎茶学西蜀,定州花瓷琢红玉"的诗句来形容定瓷的风采。定瓷种类繁多,各具特色,有普通百姓用的碗具,意趣盎然的玩具,名贵珍稀的装饰品,也有专供朝廷和上层官僚贵族使用的精美餐具、茶具、饰品等。古代定瓷还大量出口到埃及、波斯、印度等国。在大英博物馆中,古定瓷作为珍贵古代艺术品被收藏着。流传至今的许多不同风格的刻花、剔花、印花定瓷枕,其完美的造型,简洁明快的图案,充分反映当时高超的制作技术。定窑遗址就在今天的曲阳县涧磁村和燕山村一带,这里原属古定州,所以叫"定瓷"。20 世纪 70 年代,曲阳成立了河北省曲阳定瓷有限公司,经多次试验,在生产及原料技术方面取得了可喜成绩,使停产七八百年的定瓷恢复生产,各种器具、工艺品等其精美程度较古代"更上一层楼",令人爱不释手。

为什么易水砚是历史名砚?

易水砚产于易县易水河畔的西峪山上。相传始于唐代,迄今已有 1000 多年的历史,与广东肇庆的端砚、安徽歙县的歙砚齐名,是著名的"文房四宝"之一。古诗有"南山飘素练,晓望玉嶙峋,遥记最深处,应多著石人"。赞美易水古砚像玉石一样晶莹和艺人精心的雕刻。生产易水古砚的石质优良,是一种色彩柔和的蓝灰色水成岩,制成石砚后,表面光滑,细润如玉,刚柔适中,保湿耐涸,书写流利,易于泼墨。易砚石料有碧色、淡黄色的斑纹,可供雕刻艺人巧妙设计,合理利用为天然点缀,再以精湛的刀法,阴刻与阳刻相结合,雕刻成各种艺术造型,有"二龙戏珠"

"蟾吐七星""哪吒闹海""五龙戏水""金龟献书""龙凤呈祥""八仙下棋""桑蚕吞叶"及各种山水、花鸟、人物等。易水古砚堪称我国古老民族艺术之林中独有的一颗灿烂明珠。今天的易水砚，在传统工艺上不断创新，图案更加新颖逼真，雕琢也更为精细巧妙，种类繁多，成为国内书法家和收藏家手中的爱物，远销日本等国。

保定民间"听戏不离老调"之说是怎么回事？

我国成熟的戏剧艺术是由元杂剧开始的。元代的杂剧演员就经常在保定（当时叫顺天府）演出。据《祁州志》记载，著名的杂剧作家关汉卿就是保定市安国伍仁村人，他创作的《窦娥冤》以及王实甫创作的《西厢记》等至今仍脍炙人口，久演不衰。今天的河北梆子最初的兴起也是在保定，它是在山西、陕西梆子的基础上，经河北艺人的修改、演变而来的。第一个科班诞生在定兴、徐水一带，现已发展为河北省最主要的剧种。要说最具保定特色的地方戏，那还要算"老调"。保定老调至今有二三百年的历史，元、明时期，在流行于燕赵的民歌俗曲河西调的基础上演变而成，以演出大戏的姿态出现，这就是老调。老调地方色彩和乡土气息浓郁，唱腔质朴高亢、刚直而又不乏委婉。在保定，老调有着广泛的群众基础，当地百姓街头巷尾、田间地头经常哼唱，所以民间曾有"听戏离不开老调"之说。保定老调剧团，在河北省也很有影响，周福才、花澄田、王贯英、辛秋花、毛素欣、张四刚等新老演员很受城乡戏迷的欢迎，剧团曾多次进京演出，受到中央首长的好评，其剧目《潘杨讼》《忠烈千秋》拍成电影后，老调的影响迅速在全国扩展开来。

为什么徐水狮子舞享有盛名？

在河北省的 140 多个县市中，就有 110 个县市有在节日期间表演狮子舞的风俗，其中又以徐水县最为著名。其表演形式是由一个人或两个人手持绣球引逗一头或几头狮子。一头狮子由两人扮演，一人耍狮头，一人耍狮尾，两人紧密配合，随着绣球追逐嬉戏，做各种动作。

徐水狮子舞在表演上分"文狮"和"武狮"两种。"文狮"主要特点是刻画狮子温驯的神态，如搔痒、舔毛、打滚、抖毛等动作；"武狮"则表现狮子勇猛的性格，如跳跃、跌扑、登高、腾转、踩球、钻火圈等等。经过加工整理的徐水狮子舞，把"武狮"和"文狮"的技艺结合在一起，既表现了雄狮的勇猛、活泼，又表现了耍狮人的勇敢、智慧。

沧 州

你 了解沧州吗？

沧州市位于河北省的东南部，地处环渤海中心地带，东临渤海，西接保定，北依京津，南望山东。南运河和京沪铁路纵贯南北，公路四通八达。土地面积 13419 平方公里，占全省总面积的 7.5%。聚居着汉、回、满、蒙等 20 多个民族，少数民族占 1.6%。

沧州历史悠久，距今已有 1400 多年历史，因铁狮子象征着它的古老文明，又称"狮城"。此外，因沧州是京津的南大门，历代为兵家必争之地，且乡民习武之风盛行，所以又有"武术之乡"的美誉。据史料记载，北魏熙平二年（517 年），割瀛冀二州之地建沧州。清初升直隶州，后改属天津府。民国二年（1913 年），沧州改为沧县，1947 年设沧市，1949 年改镇，后多次变更。1983 年 11 月升格为省辖市，1988 年 3 月被国务院批准为沿海经济开放区。1993 年 6 月撤沧州地区，地市合并。

沧州是河北省新兴的石油化工城。石油、天然气等资源丰富，初步形成为具有化工、塑料、石油、纺织、机械、食品、建材等门类的新型工业城市。石油产品、尿素、塑料制品等畅销国外。

沧州是如何由沧海变桑田的？

沧州地处华北平原，以京沪铁路为界，西面属于冲积平原，东面属于滨海平原。

大约在 1 万年前，地球气候由冷转暖，陆地冰川消融，大量陆地被涌入海洋，海面迅速上升。五六千年前，海平面比现在高 3 米左右，那时的黄骅、海兴沿海一带皆为汪洋一片，是渤海湾的一部分。这片土地被淹没了近 3000 年，才露出水面，成为现在的滨海平原。

黄骅、海兴一带的滨海平原，自有人类历史以来仍在不断向渤海湾延伸。这与黄河几次从这一带入海有密切关系。黄河从上游携带了大量泥沙，在河口附近堆积成陆地。至今，在歧口、武帝台、苗庄仍可看到由三条贝壳堤组成的古海岸遗迹。

京沪铁路以西主要是由黄河、滏阳河、子牙河、滹沱河等许多河流冲积而成的泛滥平原。当时，这些河流进入沧州一带平原后，由于流速骤缓，往往分支漫流，成为"九河下梢"之地。这些河流几经改道，有的被淹没在地下，有的半淹半露，形成现在遗存的古河道。这就是沧州在一望无际的大平原上，形成微波起伏地貌特征的主要原因。

为什么说沧州海岸是"黄金海岸"？

沧州地区海岸线，北起黄骅歧口南至海兴大口河口，长达 88.75 公里，滩涂和潮间带达 2700 公顷，其间拥有中捷、南大港两个县级农场和长芦、部队两个盐场，资源非常丰富。主要特点是：

一、沿海辽阔，海底平坦

沿海拥有 15 米等深内海 296 万亩。这里水混质肥，饵料丰富，是多种鱼虾产卵索饵场所。海产资源主要有对虾、毛虾、梭子蟹、海蜇、毛蚶等。鱼汛多集中在春秋两季。

二、滩涂广大，类型多样

根据滩涂形成的早晚、特点及分布规律，由海洋向陆地大致呈现三种基本类型。一是潮间滩涂，面积达 27000 公顷。二是积盐滩涂，约 50000 公顷。三是沿海荒滩，即脱盐滩涂，面积达 35.7 万公顷。

三、荒滩水库多，蓄水面积大

沿海区内有 5 座水库，面积约 11300 公顷，坑塘星罗棋布，面积达 620 公顷。

沧州沿海地区自然资源丰富，非常适宜发展海洋捕捞业和海水养殖业，可以说是一处尚待开发的"黄金海岸"。

沧州为什么被誉为"武术之乡"？

沧州武术历史悠久，民风素以淳厚、勤劳、刚直、勇敢著称。特定的地理、历史环境，使沧州人民形成浓厚的习武、尚武之风。据史料记载："沧州民间武术兴于明朝，盛于清代，清末民初甚为繁盛，又有'小梁山'之称。"

沧州武术门派众多，源起或流传于沧州的门类、拳械有：六合、八极、燕青、太极、功力、劈挂、螳螂等 50 多种，占全国 129 种门类、拳械的 40%，几乎集北方各门派于此地。沧州武术既有大开大合的勇猛长势，又有推拨擒拿的妙招巧技，速度快，力度猛。由此，形成了沧州武术的风格：勇猛剽悍，力度丰满，长短兼备，朴中寓鲜。

千百年来，沧州武林精英荟萃、豪侠云集，历史上曾有52位拳师先后在南京国术馆任教。近年来，沧州群众武术活动日益普及，武术馆、社、培训点、辅导站遍布城乡。由沧州市政府批准建立的沧州武术研究院暨中国武术培训中心，现已成为切磋武功，交流技艺的基地。到目前，沧州武术不仅在国内传至28个省、市、自治区，而且走出国门，辐射世界20多个国家和地区。经过长期的发展，沧州武术已逐步形成了传统性、群众性、国际性、效益性的明显特色。1985年沧州市被河北省体委命名为"武术之乡"，1992年12月又被国家体委正式命名为首批全国"武术之乡"，成为全国第一个获此荣誉的省辖市。

为什么沧州人酷爱武术？

历史上，沧州一带战事频繁，此地既是犯人发配之地，又是叛将蔽身良所。一些受朝廷缉拿的叛将，寻沧州民众喜武之俗以蔽其身，在此隐姓埋名，传艺为生。同时，这里又是南北水旱交通要冲，是官府豪富走镖要道，故沧州镖行（保镖的营业机构）、旅店、装运等行业兴盛。清末"镖不喊沧州"，已为南北镖行同遵之常规。正是在这样的历史环境中孕育了沧州民众酷爱武术的民风。

沧州历史上，八极门之"癫""癖"，功力门之"邱"，太祖门之"顺元和尚"，通臂门之"韩姓道人"，闯王刀法之"秦氏夫妇"等，为人正义，武艺高强，为沧州武术的发展做出了突出贡献，功不可没。

沧州有哪些旅游景观？

　　悠久的历史孕育了沧州别具特色的人文景观。目前，沧州有800多处文物遗存遍布各县市区。古城址、古墓葬、古桥梁众多，其中沧州铁狮子、献县汉墓群、泊头清真寺已被列为国家级重点文物保护单位。中国古代四大水利工程之一的京杭大运河南北贯穿沧州，蜿蜒220公里，为沧州留下了丰厚的文化积淀。闻名中外的沧州吴桥被誉为"世界杂技艺术的摇篮"，吴桥杂技大世界被列为全省"十佳"景区、国家首批4A级景区。盐山千童镇因是秦始皇派遣徐福东渡日本以求长生不老仙药征募童男童女的始发地而得名，千童信子节由此被有些专家称为中日友好的"活化石"。

　　特定的地理环境还使得沧州有着类型多样的自然景观。其中"华北明珠"白洋淀、南大港湿地有众多的野生动植物资源，是200多种珍稀候鸟理想的迁徙繁殖栖息地，因此也是很好的生态旅游去处。另外，沧州还有中国唯一的一处古贝壳堤以及在二三万年前由火山喷发形成的海兴火山地貌。

沧州铁狮子有何独特风貌？

　　沧州铁狮子位于沧县县政府驻地东南16.5公里，坐落在东关村西0.5公里处。铁狮身高5.78米，长5.34米，宽3.17米，体重约50吨，狮身向

▲ 铁狮子

南，头向西南，背负巨盆（相传是文殊菩萨莲座），呈前进状，姿态雄伟，昂首阔步，栩栩如生。

沧州铁狮子距今已有一千多年的历史，它充分显示出了我国古代劳动人民的聪明智慧和艺术才华。新中国成立后铁狮子受到了党和政府的重视与保护，国务院首先把它列为全国第一批重点文物保护单位，并且对它进行了多次修缮。

是 谁铸造了"镇海吼"？

关于铁狮子的确切来历，众说纷纭。据文献记载和民间传说，可以窥探出对铁狮子铸造之源，大致有三种说法：

其一，据《沧县志》记载，沧州铁狮子是周世宗北征契丹为惩罚罪人所铸，用来镇守州城。其二，有考据家辩称，惩罚罪人之说不足为信，因为周世宗素不信佛。他们认为铁狮子腹内原铸有金刚经文，狮背巨盆，为莲花座，取佛教莲洁之意，又因为文殊菩萨骑狮，故推测，铁狮子是文殊菩萨的坐骑，应当是寺中之物或为信众捐造的，这种说法较近情理。其三，民间还流传着一种说法。据说旧沧州一带滨临渤海，经常发生海啸，洪水浩劫，民不聊生，当地劳动人民为消除水患，自动捐钱，请名师李云铸此铁狮，以镇海啸，名曰"镇海吼"。从狮身外面铸有农民捐钱姓名和具体数字来看，可为此说印证。

综上所述，因周世宗并不信佛，所以第一种说法不足信，第二、三种说法较近情理。

为 什么沧州会有盘古庙？

地处沧州青县城南6公里，有个村庄叫"大盘古"，村西有座盘古庙。据青县民间传说，盘古开天辟地后就开始漫游天下，这一天漫游到青县，见天悬日月星辰，地缀水陆山川，又见这里高岗松柏河边柳，平地瓜果兼五谷，百花争艳蜂蝶舞，鸟唱高枝鱼浮游，可谓草肥水美，木秀花香之地，于是便择此定居。当地人们为了纪念这位开天辟地的祖先，便于元世祖至元十五年（1278年）修建了这座盘古庙。据文献记载和民间传说，当年的盘古庙分前、中、后三殿，极似北京的故宫三殿，金碧辉煌，蔚为壮观。前殿高三丈六尺，象征一年360天；台阶分为18级，代表18层地狱之说；飞檐椽子108根，按36天罡、72地煞而布；每根椽头系铜铃一枚，按照宫、商、角、徵、羽五音而置，有所谓"风摇铃响天动乐，光照殿顶地生辉"之说。殿内有身披树叶，手托日月的铁铸涂金盘古像，高一丈零八寸。中殿塑有南海观音像，端坐莲盆，金童玉女侧立两旁。后殿设老君、孔子、龙王三塑像，殿前有合抱粗的合欢树两株，殿后铁磬悬于古槐之上。

传说盘古九月初九诞生，三月初三归天，因此盘古庙每年在这两天设庙会。届时，善男信女，寺院僧道，五行八作，泛舟骑马，云集而来，一派热闹景象。

是 谁修建了沧州的杜林石桥？

沧州杜林石桥即登瀛桥，造型独特，在它的拱肩上，两个流线型的大桥墩支撑着桥身。桥长66米，桥面宽7.8米，每孔跨径11.3米。中拱上顶两侧各有一龙头石雕，探出桥体，张牙瞠目，呼之欲出。左右两大拱之上，各有一石雕狮子头，暴目裂眦。

关于它的建造说法众多，较为准确的说法是根据长芦盐运使阮尚宾《新建登瀛桥记》和王荫桐《重修登瀛桥记》的记载。杜林原名登瀛镇，跨滹沱河两岸，顺河北行可抵京、津，由此往来之商贾行旅，摩肩接踵。明万历年间善人刘尚看到此地虽有舟渡，但客货往来多有不便，于是建议修建石桥，以利行旅。

你 了解沧州清真北大寺吗？

沧州清真北大寺，位于沧州市区解放中路回民聚居区的中心，是河北省重点文物保护单位，与广州怀圣寺、泉州清真寺、济宁清真寺齐名。该寺始建于明朝建文末年（1402 年），占地面积 8000 平方米。建筑面积为 3200 平方米，其中礼拜大殿占地面积为 1350 平方米。

清真寺内垂槐越檐，绿枝环布。礼拜大殿庄严宏伟，由前、中、后三殿和古棚连绵组成一个整体。每层殿上设一个顶，顶上有"五脊六兽"，雕刻精细，栩栩如生。后窑池有三亭，中间高，两边低，为驼峰式，又似笔架，别具一格。许多伊斯兰教国家的朋友都曾慕名前来参观、礼拜。

泊 头清真寺的来历及特色是怎样的？

位于沧州市西南 40 公里的泊头市内有座清真寺，坐落在大运河西堤回民集聚的泊头街南头，为全国重点文物保护单位。泊头清真寺始建于明朝洪武年间，后在建文、永乐、万历年间几经修葺，特别是在崇祯年间进行了扩建，成为规模宏大的建筑群。据传，明朝末年，崇祯皇帝为修缮金銮殿，从南方伐来大批木料经大运河北上，船经泊头冯家口时，李自成已率农民起义军攻下北京城。这时，在朝的泊头籍回族官员御史石三畏、礼部尚书余继登，便扣留了这批木料修缮了清真寺。

泊头清真寺因建筑规模宏伟壮观、风格独特而驰名全国。该寺正门坐西向东，仿北京紫禁城午门样式。进入前院，南北各有学堂，中间是一座高20米的两层建筑——望月楼，又称"班克楼"。穿过望月楼，中院有南北配殿，拾级而上，正中便是精致美观的花殿阁，木雕字画，出檐深度大，极富明代木质建筑特色。后院正中便是规模宏大的礼拜大殿，占地面积1950平方米。大殿顶部飞檐四出，并用方木叠落成藻井形式，使大殿更显庄严，举目全寺，楼台殿阁，垂为一线，重重院落，环环相套，横向配以门道、石桥，使寺院十分对称、协调。

我国最大的座式铸铁佛像在哪里？

东光铁佛寺内大雄宝殿正中的释迦牟尼座像为铁铸佛像，高8.24米，重48吨，是我国最大的座式铸铁佛像，素有"沧州狮子景州塔，东光县的铁菩萨"之称。

据《东光县志》记载，铁佛寺原名"普照寺"，始建于北宋开宝五年（972年），由山门、天王殿、大雄宝殿及东西配殿组成。北宋时，从太祖开宝到至道年间，大雨频繁，洪水泛滥，死伤者无数。人们为了乞求神力，决定铸塑铁佛，以镇天灾。吴桥镇有一位张铁匠，带领数百名工匠，支起百余盘熔炉，化开铁水，铸成铁佛。百姓又为铁佛建起庙宇，题名"普照寺"，意为铁菩萨金光普照东光。1929年，直系军阀吴佩孚题写了"铁佛寺"横匾，挂于门上，因而普照寺从此改称为铁佛寺。现在"铁佛寺"匾为原全国政协副主席、中国佛教协会会长赵朴初所题。1986年，铁佛寺被列为河北省重点文物保护单位。

献县单桥石桥是怎样修成的？

献县单桥地处京德古御道和滹沱河的交汇点上，自古即为南北交通咽喉，此地人来车往，人们感到没有桥梁的不便，于明朝正统六年（1441年）开始在此修建木桥。因滹沱河水势汹涌，木桥屡经毁坏，耗费了大量人力财物。河间知府王逢元遂提议修建石桥，献县知事李粹带头捐资募款。后来为此捐资出力者不计其数，就连石料都是商船纤夫不辞劳苦从千里以外的太行山区义务运来的。经过8年的努力，崇祯十三年（1640年）终于建成单桥石桥。至今桥面仍留有0.2米深的车辙，可见石桥当年交通十分繁忙，当地经济繁荣。

你知道沧州的南大港湿地吗？

沧州地处滨海平原，河道、坑塘、洼淀、湿地众多，其中南大港湿地就是最突出的一处。南大港湿地位于渤海湾顶端，属于典型的滨海湿地类型。湿地海拔最高处5.4米，最低处2.9米，分为潟湖洼地、浅槽型洼地、岗地和高平地等。这里还是候鸟南北迁徙带与东西迁徙带的交汇点。据统计，有近200种鸟类每年都要到这里栖息。其中国家一级保护鸟类有丹顶鹤、白鹤、白头鹤、白鹳、中华秋沙鸭、大鸨等。为了保护港内芦苇植被、鱼类、鸟类和港内动物，当地民众沿港内还开挖了一条6米宽、4米深的环港水渠，以保证季节性蓄水和调节区域内水容量。在湿地自然保护区内，视野辽阔，满目青翠，令人心旷神怡。

沧 州奇异的火山地貌在哪里？

突兀在滨海平原上的沧州海兴小山，又名马骝山，位于海兴县城东8.7公里处，临近渤海。它是沧州唯一的一座山，是距今二三万年前，随着火山喷发和地壳变动形成的火山地貌。山丘突起自南向北，复折而西，逐渐低平，长4公里，宽0.6公里，海拔39米，区域面积约20平方公里。

小山为火山碎硝岩构成，岩质松散，易风化，山顶表层为较厚的细沙覆盖，土质肥沃。现在山上山下，果林连片，树木参天，山脚灌木丛生。春暖花开时节，漫山遍野，红绿相间，秀丽宜人。山上有古人开凿的石井数眼，井深30~50米，虽然山周边的土地多含盐碱，井水苦涩，但小山水质却甘洌可口。小山西面，地势低洼，常年积水，苇蒲丛生，水鸟成群，在风和日丽的晨曦中登山东眺，可见海上船只浮动。

山上原有望海寺、药王庙、碧霞元君祠，山腰有娘娘庙、菩萨庙、龙王庙等古建筑。日寇侵华时曾两次用几十架飞机狂轰滥炸，破坏了这些古庙。现山南盘山子有汉墓两座，是河北省重点文物保护单位。

中 国历史上第一个侨乡在哪里？

盐山县千童镇，在商、周、战国时期称"饶安邑"，意为"其地丰饶，可以安人"。秦朝时此地称"千童城"。据史书记载，秦始皇执政时期，徐福奉秦始皇之命勇率数千童男童女及百工巧匠从这里启航，东入大海，以求长生不老之药。他们漂洋过海，侨居日本，由此开创了中日两国友好交往的先河，因此千童镇成为中国历史上第一侨乡。

每年农历三月二十八日即徐福率领千童出海日，民间都要举行隆重的祭祀活动，这就是千童信子节。每逢甲子年举办一次，每60年一个轮回。在节日期间，举办各种民间文艺表演，尤其是挑选体壮胆大、眉清目秀的童男童女，衣着古装，在由十五六米高的长杆支撑的微型舞台上进行表演。"童子"登高远望，以示怀念和召唤东渡的亲人。"千童信子节"也因此被专家学者称为中日友好交流的"活化石"。

为什么吴桥被誉为"杂技之乡"？

河北省吴桥县一向有"杂技之乡"的称誉。当地人们把杂技叫作"耍玩意儿"。此地流传有"上至九十九，下至才会走，吴桥耍玩意儿，人人有一手"的民谣，被世人誉为"世界杂技艺术的摇篮"。现在，吴桥境内，无论是在村庄农舍，还是在田间地头，到处可以看到演练杂技的动人场面。劳动工具或生活用具，都可以当作演练杂技的道具。有些杂技世家，从一两岁起就训练小孩子的杂技功底。多年来，这个驰名中外的杂技马戏之乡，培养出了一大批技艺精湛的专业演员。现在，全县有几十个专业的或业余的杂技团，演员达1000多人，若论有一两手杂技本领的人，则不计其数。

近几年来，吴桥杂技在不断地发展和创新。经国家文化部批准，建立了"中国吴桥国际杂技艺术节"。节日期间，有很多世界杂技艺术家来河北表演。吴桥杂技已走向世界，正在为世界各国人民的友谊做出自己的贡献。

为什么说吴桥的杂技大世界独具魅力？

▲ 吴桥杂技大世界

吴桥杂技大世界，位于沧州市南90公里的吴桥县城北，为国家首批4A级景区。吴桥杂技大世界自开业以来，接待过五大洲50多个国家和地区的游客。景区内有江湖文化城、杂技奇观宫、魔术迷幻宫、杂技民俗风情园、滑稽动物园等八大景点。在这个浓缩的杂技世界里，能使游人尽情领略中外杂技艺术的精髓，追寻杂技艺术源远流长的历史，身临其境地触摸到杂技艺术的方方面面。

其中江湖文化城是位于杂技大世界中轴线上的中心旅游景点，其建筑风格独特，气势宏伟。同时它以真人表演形式，再现了历史上的"北京天桥""天津三不管""南京夫子庙""上海大世界"的民俗文化风格。游人漫步城中，仿佛置身于一百年前天桥的那种原汁原味的艺术氛围之中，尽可一览当年神秘、古老、朴实、惊险的江湖百相情景。各种气功绝话、说书唱戏、算卦抽签、

▲ 吴桥杂技大世界

传统地摊杂技，包罗万象、无奇不有。近年来，吴桥杂技大世界又挖掘推出民间几近失传的"新江湖八大怪"精彩系列节目，像白肚皮上切青菜的"小钢炮"；刀山爬到九霄外的"怪腿刘"；眼里扎出骨针来的"皮包骨"；双手书法唱派的"九龄童"；还有千斤大缸蹬得快的"小脚女"；两吨卡车耳朵拽的"梁大楞"等。

那风趣幽默的鸭子、山羊拉车、宫廷斗鸡、驯白鼠、花样马术，更是让人看着过瘾。再配合上几段老艺人当年卖艺时的滑稽语言（艺人行话称"卖口"），把过去吴桥人四海为家、闯荡江湖的情景展现得淋漓尽致，令游人乐不思归。

奇观宫和魔术迷幻宫，则是以杂技神话传说、杂技历史故事，历代杂技名人为背景素材，通过真人表演和现代声、光、电控等舞台艺术，使游人在神奇的梦幻中了解杂技的发展历程，达到杂技魔术同舞美艺术的融合与升华。

你 知道神医扁鹊的故乡在哪里吗？

扁鹊，本名秦越人，战国初年齐国渤海郡郑（今河北沧州任丘）人，是我国历史上的一位著名医学家。扁鹊曾学医于长桑君，不仅精于内科，而且精通妇产科、小儿科、五官科等。相传他在总结前人经验的基础上，创造了"望、闻、问、切"四诊法，尤其擅长望诊和切诊。扁鹊每到一地，都注意了解当地的习俗和多发病、常见病情况，为百姓解除病痛。晚年时，扁鹊在秦国为秦武王治病，受太医令李醯忌妒，被李醯派人杀害。两千多年来，扁鹊一直受到人们的怀念和敬仰。

你 知道纪晓岚是哪里人吗？

　　您看过电视剧《铁齿铜牙纪晓岚》吗？知道那位机敏、睿智、正直的纪晓岚先生是哪里人吗？他就是沧州沧县崔尔庄（原属献县）人。电视剧的描写虽有些夸张，但历史上的纪晓岚确实是才高德厚，聪颖过人。乾隆皇帝曾评之为"敏而好学可为文，授之以政无不达"。

　　纪昀（1724～1805年），字晓岚。康熙四年（1665年）恩科举人，历任户部、刑部属宦。乾隆三十六年（1771年），即47岁时开始受命总纂《四库全书》，历时13年，才编纂完毕。纪晓岚亲自编写了其中的《四库全书总目提要》，计200卷，并奉诏在此基础上，进一步提炼，编写了《四库全书简明目录》20卷，为涉猎《四库全书》之门径。《四库全书》篇幅浩繁，凡3460种，79339卷，分经、史、字、集四部。《四库全书》的修成对于搜集整理古籍，保存和发扬中国历史文化遗产是一项重大贡献，是研究中国文史的重要工具。纪晓岚一生精力几乎全部注入此书，成为他一生最重要的著作。

　　纪晓岚在主编《四库全书》期间，由侍读学士升任内阁大学士，接着升为左都御史，并一度受任兵部侍郎，甚得皇上宠遇。《四库全书》修成以后，纪晓岚五次出掌督察院，三次出任礼部尚书，故当时内阁大学士刘墉曾赠联云："两登耆宴今犹在，五掌乌台古所无。"纪晓岚卒后，葬于崔尔庄南五里的北村。皇帝特派官员到北村临穴致祭，嘉庆皇亲自为其撰写了碑文，并谥号"文达"，极尽哀荣。

　　纪晓岚的作品中，现在还有笔记小说《阅微草堂笔记》和《纪文达公遗集》传世。

"**武**术大师"霍元甲的故乡在哪里？

霍元甲的祖籍是现在沧州市东光县安乐屯村，明代天启元年（1621 年）前后，霍氏一支迁居静海县小南河村，也就是现在天津市西郊区付村乡。至霍元甲已是第七代。

霍家世代习武，祖传绝技霍氏练手拳，也就是电视剧《霍元甲》中所称的迷踪拳。《静海县志》这样记载："霍力士元甲直隶也……至元甲更复益以内功，旁参各派，尽得技击之神，遂骨体如棉，骨坚如铁。"

早年霍元甲因生活所迫，先后在天津的脚行、药店谋生，据说曾力挑千斤担，人称"霍大力士"。1901 年，霍元甲在天津比武，战胜了不可一世的俄国大力士，京津哗然，名声大振。1909 年，英国人奥皮因在上海张园摆擂台，侮辱中国人。霍元甲闻讯迅疾赶往上海，在张园贴出告示：专收洋人，虽铜皮铁骨，无所惮焉。嚣张一时的奥皮因竟吓得灰溜溜逃离了上海。此事轰动一时，大长了中国人的志气。此后，霍元甲在上海开办了中国第一个民间体育组织——上海精武体操学会，后改称上海精武会。

1910 年，日本柔道会精选柔道高手，到上海与精武会比武，日本人连败，日本领队气急败坏，亲自与霍元甲较量，见不能胜，以黑手伤人，被霍元甲识破并将其臂磕断。事过不久，日本人得知霍元甲身患"热疾"，竟借治病之机，给其使用了慢性毒药。月余后，霍元甲含恨而逝，年仅 41 岁。

"万里长城永不倒，千里黄河水滔滔……"这是电视剧《霍元甲》的主题曲，这豪迈的歌声曾深深震撼了亿万中国人的心，一代"武术大师"霍元甲也成为尚武抗暴、抵御外夷的民族精神的象征。

你知道我国第一个大马戏团的创始人是谁吗？

说起中国杂技，就不能不提到孙富友这个名字，因为是他创办了中国第一个大马戏团。

孙富友，光绪八年（1882 年）生于杂技之乡沧州吴桥县孙龙村。他自幼酷爱杂技技术，但因家贫，没有机会拜师学艺，一直偷偷地学，偷偷地练。

17 岁时，孙富友到本地一家小杂技团当挑夫，学会了一些简单的杂技节目。18 岁，为了养家糊口，孙富友一路卖艺到了俄国，在一家杂技班当了勤杂工。在繁重的工作之余，孙富友认真研习俄国杂技特点，结合中国杂技，独创了一些具有中国特色又兼俄国特点的杂技节目，很快成为知名演员。在此期间，他和同一杂技班子的俄罗斯女艺人嘎丽结了婚。

1905 年，孙富友和其兄弟、女儿等 5 人共同推出了"空中飞人""跳板""大车轮"等大型节目，轰动一时。1917 年，俄国十月革命前夕，孙富友独立门户，辗转到土耳其、新加坡等十几个国家和地区演出，在当地产生了极大影响。

1921 年，孙富友回老家，创办了"孙家杂技班"。1926 年，孙富友在广东演出时，在"广东精武体育会"会长卢炜昌的提议和资助下，孙家杂技班和广东精武体育会合并，成立了我国第一家大马戏团——"中华国术马戏团"，卢炜昌任名誉团长，孙富友任业务团长。当时，该团有 80 名演员，有能容纳 3000 人的盖棚。1930 起，孙富友率领这个马戏团先后到东南亚 19 个国家演出，场场爆满，深受欢迎。在泰国演出期间，还被邀请到皇宫演出，受到高度赞赏，国王赠送了大量礼物。此间，马戏团规模不断扩大，演出节目也不断创新。孙富友亲自出演的"飞刀"，常让观众惊心动魄，毛骨悚然，失声叫绝。

"中华国术马戏团"在各国的演出，为我国杂技艺术在国外争得了荣誉，对当地杂技艺术的发展起到了推动作用。孙富友一生致力于杂技艺术，为杂技事业的发展做出了不可磨灭的贡献。

"南皮张"是谁？

在清末有一位和李鸿章齐名的重要洋务派首领，人称"南皮张"，他就是沧州南皮县人张之洞。

张之洞，字孝达，号香涛，道光十七年（1837 年）生于南皮县一个书香、官宦人家。同治进士，历任翰林院侍讲学士、内阁学士等职。1879 年清朝特使崇厚与俄国擅自签订丧失领土的《里瓦几亚条约》，他极力反对。1884 年中法战争时，张之洞由山西巡抚升任两广总督，在任期间，设广东水陆师学堂，创枪炮厂，开矿务局，立广雅书院，武备文事并举。1889 年张之洞调任湖广总督，在英、德支持下，大办洋务，成为后起的洋务派首领。先后开办汉阳铁厂、湖北枪炮厂、马鞍山煤矿、湖北织布局、湖北缫丝局等重轻工业企业，并筹办芦汉铁路，以尽地利，抵洋货，育人才。1894 年任两广总督。时值议订中日《马关条约》，他上疏力阻和议，要求变通陈法，革除积弊。他亲巡江防，购买西方新式武器，练江南自强军，并设武备、农工商、铁路等学堂，筹款造船。1895 年，他捐 5000 金，加入康有为、梁启超组织的强学会。但后来，他改变了思想立场，下令查禁了强学会和《强学报》。1898 年，他发表《劝学篇》，提出，"旧学为体、新学为用"，以维护封建伦理纲常，反对戊戌变法。1900 年，义和团运动崛起，他力主镇压。1907 年，张之洞任军机大臣兼管学部，1909年病逝，享年 72 岁。

张之洞十分注重教育，强调办学首重师范。亲拟初级师范学堂、优秀师范学堂及任用教习各章程，对清末教育有很大的影响。

沧州籍民国大总统是谁？

沧州人杰地灵，不乏名人大家、英雄豪杰之士，但当过大总统、在中国政坛上发挥过重大作用的只有一位，他就是冯国璋。

冯国璋，沧州河间县西诗经村人。明代开国元勋冯胜的后代。1884年，25岁的冯国璋投奔天津大沽口淮军统领刘祺部下当兵，深受刘的赏识。次年，进入李鸿章主办的天津北洋武备学堂学习，成为该学堂的第一批学员。1893年，为谋生计，冯投到淮军将领聂士成麾下。中日甲午战争期间随聂士成转战东北前线，为聂出谋划策，屡立战功。这成为冯国璋发轫的开始。甲午战争后，冯在聂的荐举之下，作为军事随员出使日本。在此期间，他留心考察日本军事，编成兵书数册。1896年回国后，将所编兵书初逞聂，未受重视，后呈袁世凯，被视为"鸿宝"。当时袁世凯正在天津小站创建新陆军，袁遂任用冯国璋负责训练新军。在此期间，冯国璋亲自修订了新军兵法操典，培养了一大批有北洋派系观念的军官，成为当时的"北洋三杰"之一。1899年，冯国璋随袁世凯参加了镇压义和团。1902年袁在保定设立军政司，冯任该司教练处总办。1903~1911年，先后任清政府练兵处军学司正使兼北洋陆军速成学堂督办、陆军贵胄学堂总办等职，为清皇族和北洋军阀集团培养大批军事骨干，同时发展了自己的势力。武昌起义爆发不久，冯国璋率部入鄂镇压革命军。1912年3月袁世凯出任中华民国临时大总统，9月冯被任命为直隶都督兼禁卫军军统。1913年7月任江淮宣抚使兼第2军军长，率部进攻安徽、南京，镇压"二次革命"。1914年6月，被袁授为宣武上将军，督理江苏军务后，不断培植亲信，扩充实力，成为东南地区的大军阀。1916年，袁病死后，黎元洪继任大总统，北洋集团分裂为以冯国璋为首的直系和以段祺瑞为首的皖系。1916年10月，冯国璋被国会选为中华民国副总统，11月兼江苏督军。1917年7月黎元洪去职，冯以副总统代理大总统。此后，与皖系首领、国务总理段祺瑞间的权力之争日渐加剧。1918年10月，皖系控制的国会以冯代理总统期满为由，将冯国璋撵下政治舞台。冯国璋次年春返居河间。此时，他已经成为大地主兼大资本家，不仅在诗经村有良田千亩，在苏北有盐业，在天津有钱庄，还在开滦煤矿有大量投资。同年10月，冯国璋进京活动，力图东山再起，但忽感风寒，于12月28日病逝。死后，葬于故里。现在，天津还保留有冯国璋故居。对外开放供游人参观。

艺 名为"白牡丹"的京剧表演艺术家是谁？

我国著名京剧艺术家荀慧生（1900～1968年），是河北东光县八里庄人。幼年时，因家庭贫苦，被卖给天津小桃红梆子班学戏。8岁那年，因他长得俊秀，皮肤白嫩，师傅给他起了个"白牡丹"的艺名。10岁时他随师傅到北京，有机会接触到一些戏曲名家。13岁时，荀慧生由于嗓音"倒呛"，由唱梆子改唱皮黄。17岁正式出师，第二年开始专门演出京剧。1919年9月，荀慧生同著名演员杨小楼、谭小培、尚小云组成永胜社到上海演出，他把梆子花旦技巧融会于京剧花旦的表演之中，深得观众赞赏。20世纪20年代，"三小一白"誉满江南。

1927年，北京《顺天时报》举行中国首届旦角名伶评选，结果梅兰芳《太真外传》、程砚秋《红拂传》、荀慧生《丹青引》、尚小云《摩登伽女》获得前四名。从此有了"四大名旦"的提法。

荀慧生一生演出了 300 余出戏，其中影响深远，流行于世的有"荀派"六大喜剧、六大悲剧、六大武剧、六大移植剧、六大跌扑剧等共三四十出之多。荀慧生不愧为"一代艺术大师"和杰出的京剧表演艺术家。他创造的"荀派"风格，在我国戏剧发展史上写下了新的篇章。

你知道抗日英雄马本斋吗？

在抗日战争时期，活跃着一支民族抗日队伍，人称"回民支队"。这只队伍的创建人和领导人就是马本斋。

马本斋，回民，沧州市献县东辛庄村人。马本斋自幼家贫。13岁时只身徒步去口外寻父，并在坝上开始帮助父亲给人放马。后因不堪凌辱，独自跑到了东北。在东北流浪期间，被张作霖部队抓了壮丁。上司见他识字，人又精干，便派他到东北讲武学堂深造。期满后，被派到张宗昌部队，直至升任团长。1935 年，在旧军队干了十几年的马本斋看清了军阀们祸国殃民的真面目，毅然辞职回了老家。

1937 年卢沟桥事变后，日本人占领了马本斋的家乡，杀死了阿訇，把村里浩劫一空。人们怒火中烧，纷纷聚到马本斋家里商量怎么办。马本斋激动地对大家说："咱们是五尺高的汉子，决不能叫日本鬼子骑在脖子上作威作福。"在马本斋的鼓动下，全村六七十人从家里拿来长枪短棍，聚集到清真寺。马本斋带领大家宣誓，划分班排，一支回民抗日队伍就这样诞生了。

1938 年，马本斋与当地共产党领导的抗日武装取得了联系，并与冀中军区司令员吕正操领导的"回民干部教导队"合并为"回民干部教导部队"，马本斋任总队长，从此，这支自发组织起来的回民武装成为中国共产党领导下的一支抗日队伍。10 月，马本斋光荣地加入了中国共产党。他在入党志愿书上写道："我决心为回回民族的解放奋斗到底，而回回民族的解放只有在共产党的领导下才能实现。"

马本斋作战勇敢，指挥有方，团结战士，深受广大官兵的爱戴。他坚持和战士同吃同住，还创造性地在部队设立了阿訇台，让战士到清真寺做礼拜，过回民节日。这样，这支队伍在回民村庄的影响越来越大，成为冀中平原上一支重要的抗日力量。

回民支队从 1937 年到 1943 年的 6 年多的时间里，经过战斗五六百次，威震冀中平原，有"攻无不克、无坚不摧、打不垮、拖不烂的铁军"之誉。1940 年毛主席亲笔题词："百战百胜的回民支队"。

1941 年，日军血洗东辛庄后抓住马母，妄图以马母作人质来要挟马本斋。为了不让敌人利用自己牵制儿子，马母痛骂汉奸绝食而死。马本斋也不顾母亲的安危，毅然将说客处死，表现了坚定的政治立场。

在长期的战争生活中，马本斋积劳成疾，1944 年 2 月 7 日在山东省莘县不幸病逝，年仅 43 岁。

党中央在延安为他举行了追悼会，总参谋长叶剑英高度赞扬了他光辉的斗争经历和卓越的军事指挥才能。毛主席写下了"马本斋同志不死"。周恩来副主席题词"民族英雄，吾党战士"。朱德总司令挽联"壮志难移，汉回各族模范；大节不死，母子两代英雄。"

在英雄逝世的山东省莘县张鲁镇南 1 公里处，人们修建了马本斋烈士陵园。新中国成立后，党中央将马本斋的故乡命名为"本斋回族自治县"。1954 年将他的遗体迁至石家庄市华北军区烈士陵园。

"牛氏三杰"塔为谁而建？

在任丘市烈士陵园内，有一座飞檐斗拱六角三层的亭塔，建筑精巧，气势宏伟，有攒尖摩天飞檐凌空之势，在苍松翠柏掩映中，更显得肃穆庄重。这就是牛氏三杰塔。塔高约 15 米，塔内白玉石碑上刻着"牛氏三杰光荣不朽"八个大字。

牛氏三杰，即牛文良、牛文仓、牛文常。他们是任丘市天宫村（现改称牛氏三杰村）人。文良是文常的胞兄，文仓是他俩的堂兄。他们都是 20 世纪 30 年代初期的共产党员，在当年的保定学潮运动中，文良、文仓是主要领导人之一。保定"二师惨案"后，他们又积极发动群众参加了高阳、蠡县暴动。暴动失败后，文良到天津转入地下工作，文仓回乡发展党的组织。中共任丘县委成立，文仓任县委书记，文常任委员。后成立了抗日武装——保属大队，文仓兼任大队长，文良回乡任指导员，文常任中队长。1934 年年初，保属军委在高阳县孟仲峰村开会，由于内奸告密，被敌人包围。文仓在战斗中牺牲，文良被捕后英勇不屈，光荣就义。文常冲出重围又遇地主武装，壮烈牺牲。

牛氏三兄弟牺牲的噩耗传出后，人们悲痛万分。1936 年 4 月，中共北方局机关刊物《火线》第 55 期发表了《纪念我们英勇伟大的无产阶级战士——牛氏三兄弟》的文章。1956 年，在任丘市修建了牛氏三杰烈士塔，并将其故里天宫村改名三杰村，以示纪念。

中国最早的"洋火"产于何地？

如今 40 岁以上的中老年朋友，一定还记得"泊头火柴"吧？20 世纪 70 年代以前，在华北一带，几乎家家户户用的都是泊头火柴。

泊头火柴厂，位于现在的泊头市西大街西侧，始建于1912年，是我国最早的火柴厂之一，也是河北省历史最悠久的工业企业之一。该企业最初名为"永华火柴有限公司"，由民族资本家、盐商、地主合股创建。1916年，当时的代总统冯国璋投资入股。1946年，泊头解放，冀中实业公司投股合营，改称泊头火柴厂，1950年，改为国营企业。1949年前，其生产设备简陋，技术落后，规模小。最高年产量只有3万件硫化磷火柴。1949年后，泊头火柴厂迅速发展，20世纪80年代中期，该厂占地面积近21万平方米，职工1700多人，年产火柴90万件，居全国第二位。

为什么称沧州的金丝小枣是枣中精品？

金丝小枣是河北省沧州市的著名特产，这种枣皮薄肉厚，汁多核小；肉质肥厚细腻。因为它味道甘甜，含糖量高达65%，剥开后有金黄的细丝纤连，所以叫作"金丝小枣"。

沧州金丝小枣有悠久的栽培历史。据记载，早在两千多年前的春秋战国时期，就广为种植了。相传在乾隆二年（1737年）秋，乾隆皇帝到沧州一带狩猎，途经献县，见路边风摇枣树，果实累累，顿时喜上眉梢，上前摘枣一枚，剥开时金丝闪耀，吃在口中甘如含蜜，对其赞叹不已。

金丝小枣一直被誉为传统的上等滋补佳品，当地有"日食仨枣，长寿不老"之说。金丝小枣鲜食脆而甘美，据检测，每100克鲜枣含维生素C 500毫克以上，同时富含有丰富的蛋白质、脂肪、粗纤维、无机盐、磷、铁、钙、钾、钠、镁、氯、碘、尼克酸和维生素A、B等。金丝小枣除具有较高的营养价值外，还有一定的医疗功效，有益心润肺、和脾健胃、益气生津、补脾养颜之功能。

为什么泊头称为"鸭梨第一乡"？

鸭梨亦名雅梨，是中国古老的优良果梨品种。沧州泊头鸭梨以栽培面积最大，栽种最早，品质最好而闻名。早在距今 2000 多年的西汉时期，古老的泊头大地上就开始了以鸭梨为主的果树栽培。过去泊头鸭梨的主要集散地在天津口岸，对外出口称"天津鸭梨"。20 世纪 50 年代起，泊头鸭梨以"天津鸭梨"的商标驰名国际市场，畅销欧美、东南亚、中东等 30 多个国家和我国的港、澳地区，成为我国大宗的出口产品，因此泊头鸭梨曾荣获经贸部优质出口产品称号，原国家政协副主席王任重亲笔题词："中国鸭梨第一乡——泊头"。

你品尝过沧州的风味名吃——冬菜吗？

沧州冬菜是用本地产的一种帮薄、筋细、含糖多的优质大白菜，去掉老帮和绿叶，切成宽约 1 厘米，长约 1.2 厘米的小块，晾晒后拌上适量的精盐和蒜泥，装坛压实，牢固封口，经长时间自然发酵而制成。其色泽金黄，气味芳香，入口微甜，咸中略带辣味，具有较高的营养价值。具有春不干，夏不腐，秋不霉，冬不冻的优点，堪称四时佳蔬。

沧州冬菜具有悠久的历史。据民间传说，沧州冬菜在明朝就很有名，到清朝时期生产规模扩大，产品增多，经营冬菜的商人利用贯穿沧州市的京、杭大运河之便，由船舶装载，北销京、津一带，南销江、浙等省。1936 年，沧州冬菜曾在巴黎举办的商品博览会上荣获优质产品奖，备受国内外游客的赞赏。

你 听过沧州的民间曲艺——吹歌吗？

　　沧州吹歌主要盛行于南皮、东光、交河、河间、献县一带。它除了用唢呐演奏外，还结合了无孔的咔（kǎ）奏和口内发音的吹唱。艺人巧妙地运用各种吹奏艺术，表现戏曲人物中不同角色的音调和声音。1960 年 9 月毛泽东同志观看了已故的吹歌艺人王金山的吹奏演出后，为他的精彩表演热烈鼓掌。他的唢呐独奏《打枣》，采用多种演奏形式，再现了人们提篮持竿，收打红枣的喜人场景。他演奏的河北梆子选段，惟妙惟肖地模仿出各种角色的唱腔。有的吹歌艺人还被选拔到中央歌舞团，为全国及世界人民献艺。

衡 水

衡水历史知多少？

衡水位于河北省东南部，东与山东德州、河北沧州接壤，北同保定毗邻，西与石家庄交界，南与邢台相连，总面积约 8815 平方公里。市政府所在地北距首都 250 公里，西距省会石家庄 119 公里，地理位置十分显要。

衡水历史悠久。秦国统一前曾分属于各国，秦统一天下后属钜鹿郡。汉代属冀州刺史部，今辖县市区多为此时建置。此后衡水又几经变更隶属关系，大部分时间都处于分离状态，直到明清时，衡水仍由冀、深、景三州分领。中华民国初期，各州改县，1928年，直隶省改河北省，各县直隶于省。1949 年设衡水专区，辖 13县，属新建立的河北省。后又经规划，直到 1982 年 1 月，衡水镇才改为衡水市。1983 年衡水县撤销并入衡水市。后冀县、深县也分别撤县设市。1996 年 5 月 31 日，国务院批准撤销原县级衡水市，改设桃城区。现在的衡水市共辖 1 区 2 市 8 县，分别为：桃城区、冀州市、深州市和枣强、武强、武邑、饶阳、安平、故城、景县和阜城 8 县。

衡水地区大部分为平原，收入主要来自农业，其次是工业。主要农作物包括小麦、玉米、谷子和棉花。除一般工业外，皮毛等小型产业较为发达。衡水的民风朴实，人民生活简朴，名胜古迹和历史传说不计其数。淳朴的衡水人民欢迎各地的游客到此旅游、观光。

衡水湖有哪些特色？

衡水湖是衡水市内最为著名的自然景观之一，总面积达187.87平方公里，其中又分为东西两湖。东湖面积42.50平方公里，可蓄水1.23亿立方米；西湖面积32.50平方公里，可蓄水0.65亿立方米。衡水湖水源主要来自西南部汇水，引蓄运河和黄河之水。

衡水湖有其独特历史形成过程。据历史记载：公元前602年，黄河大决口改道，在滏阳河北一带冲刷成一片洼地，即成衡水湖。因此，衡水湖也被称为"千顷洼"。今天，衡水湖是"南水北调"工程的枢纽，这不仅为衡水、冀州提供了生活用水，而且还为湖周边地区提供了农业用水，更重要的是衡水湖是京津等下游地区的主要水源地，在涵养水源，控制污染，美化环境等各方面都有重要作用。

衡水湖拥有草甸、沼泽、水域、林地、滩涂等多种天然系统及丹顶鹤、白鹤、东方白鹤、黑鹤、大鸨、金雕、白肩雕等国家一级、二级重点保护动物，完整的淡水湿地生态系统在华北内陆地区具有典型代表性。因此，衡水湖在保护珍稀物种、维护华北平原生态系统等方面占有重要地位。

衡水湖不仅在生态上起着不可估量的作用，而且在旅游方面也有其特色。水面如镜，晨暮在湖中泛舟，欣赏着朝霞和落日中的湖面，别有一番心境。

冀 州为什么被称为"金冀州"？

冀州被称为"金冀州"，主要是从冀州的历史及经济发展状况来说的。冀州商业历来发达，表现在各个方面，如饮食、生活日用品的生产经营及零售业等。

自汉魏年间，冀州便开始发展商业，明末冀州成为冀南地区经济中心。在冀州，商旅聚集于四大堡寨：码头李、田村堡、谢家庄和韩村。冀州境内寺庙很多，庙会极盛，带动了当地的旅游及商业发展。清末民国初年，冀州商人在北京、天津、上海等地经营古旧书业，从事收购和销售古书，在全国各主要城市中占有重要地位，不但繁荣了冀州经济，而且为祖国保存了大量的文化遗产，有利于学术研究。其中所做贡献最大的是孙耀卿、雷梦水和郭征森，他们被学者誉为"商而仁者"或"儒商"。郭征森还曾给顾颉刚教授提供图书资料。冀州饮食业也特别突出，北京全聚德烤鸭店、天津曹记驴肉等名吃均是冀州人创办的，冀州焖饼常令人大开胃口。另外，冀州人还重视学习国外先进技术和管理方法，开办经营企业、工厂、公司等，同样繁荣了冀州经济。

华 北平原第二大淡水湖是怎样形成的？

冀州湖（衡水湖跨衡水、冀州两地，冀州境内湖面则被称为冀州湖）又名"千顷洼"，也可称"千顷洼水库"。冀州湖与滏阳河相连，总面积130平方公里，湖面面积75平方公里，陆地面积55平方公里，仅次于白洋淀，因此被称作"华北平原第二大淡水湖。"

有关冀州湖形成的传说有许多种，其中有为纪念大禹治水的传说，说大禹治水首先从冀州扬起第一锹土，就形成了冀州湖。还有龙宫借宝、金龟醉酒、李三娘石磨等许多美丽的传说。冀州湖的实际形成是在公元前600多年。当时冀州是古黄河故道，经考察在巨鹿、南宫、新河、冀州、束鹿、宁晋、隆尧、任县间有一个很大的古湖泊遗迹，后来湖泊逐渐淤积，冀州湖就是由这个古湖泊所演变形成的。冀州湖曾在历史上多次发生水灾，也曾多次治理。而今天，冀州湖则成了一个能引、蓄、灌、排成套的蓄水工程，习惯上称为"千顷洼水库"。

冀州湖有多种多样的生态系统，有很高的生态价值、经济价值以及旅游开发价值。在此栖息的水禽多达286种，其中丹顶鹤、白天鹅等40余种野生动物被列为国家一、二级野生保护动物。"落霞与孤鹜齐飞，秋水共长天一色"，也是冀州湖的真实写照。

冀州八景是哪些？

冀州古城历史悠久，具有"畿南古群"的美称。其中著名的"冀州八景"是令人向往的景观。历代文人学士为其咏诗题词，更增添了冀州八景的文化色彩。

"紫微夕照"是第一景。古传冀州东北海子湖旁有座土山，山上绿树成荫。夕阳西照时，加上海子湖的映衬，犹如仙境出现，景色十分迷人。

"江水春澜"是说在冀州城西有一条清水河，春天时河水满涨，岸边柳树成行，桃花竞开，渔船轻游于河面，激起河面碧波荡漾，如诗如画，明朝时有人说此景为"柏天翠浪渺悠悠，此身恍若画里游"。

"信都旧址"得名是因为冀州古称信都，建于西汉，主要建筑为古池城，几经破坏与修建，可谓经历了千年沧桑，常引发文人怀古思今的情怀。

"开元晚钟"是指唐开元年间（713～741年），唐玄宗命天下寺庙均称开元，冀州西北部的觉观寺也因此称开元寺，寺内钟声特别响亮，"凌空响彻三千里，入市声传几百家"，尤其在夜晚更加响亮，因此而得名。

"洞玄仙欢"位于冀州东北，据说一位姓边名洞玄的女道士在此紫云观行道飞升，受到唐玄宗敕谕褒美，引得四方游人前来瞻拜，紫云观因此改名为"洞玄仙欢"。

"张耳空祠"位于南门内东侧，建于北宋，毁于元末。张耳，西汉大梁人，因功封赵王，其祠建筑十分雄伟。但专家对其进行考察，认定此墓非张耳墓。

"长堤霁雨"是指古时为防滹沱河、漳河溢水而筑的一道大堤，堤上草木繁多，每当霁雨初停时，景色十分优美。

"古井涵景"位于古城东北，是八角井，建于北宋。井水清澈，可倒映星月，因此称为"古井涵景"。

"冀州八景"大部分已随岁月的流逝而消失，但却给冀州人留下了美丽的传说与回忆。

冀州现存"三碑"记载的是什么内容？

冀州作为一个有悠久历史的古城，其历史文物、名胜古迹繁多，其中古碑就达107通，遗憾的是许多文物都因年代久远而荒废了。现存著名的是《南潭记碑》《三友柏碑》和《宋迈伦神道碑》三碑。这三碑记载着冀州古老的历史。

《南潭记碑》在冀州小寨乡南尉迟村东南。此碑为青石所刻，长1.6米，宽0.55米，厚0.1米。碑文用楷书所书，其内容记载了明嘉靖六年（1527年）洪水泛滥情况。另外，碑中还记载了当时农民的一些活动。现在此碑由市文化局保存。

《三友柏碑》现存于冀州中学，其名由来，据《冀州志》所载：此碑原存于州城文庙内，有一柏树在庙右旁，柏树一身三干，苍古异常，知州陈素以三友命名，并用石碑将其刻记。后来柏树因战乱被毁，而"三友柏碑"独存下来，碑文仍很清晰，碑高七尺二寸，宽二尺七寸，厚七寸四分。阳面刻有"三友柏"三个行书大字，阴面刻有《三友柏碑记》，文用楷书所记。

《宋迈伦神道碑》也是青石所刻，在漳淮乡赵庄村西20米处。碑高1.8米，宽0.65米，厚0.23米。碑文主要内容是20世纪初的武术家宋迈伦的武术生涯。宋迈伦曾在皇家神机营比武，从没有遇到过对手。当时人称他为"神拳宋老迈"，并用石碑将宋迈伦的名字记刻流传下来。

"十八乱冢"中埋葬的是何人？

在衡水景县东南部，大约距离县城7.5公里处，有一墓群场地，当地人称这一墓群为"封家坟"，共有墓18座，因此封家坟又被俗称为"十八乱冢"，是北魏大族封氏之墓，其中有封土的仅剩15座，最大的高7米左右，周长近百米，占地面积达到200余亩。

墓群中埋葬的主要有北魏正光二年（521年）封魔奴，东魏兴和三年的（541年）封延之，北齐的封之绘葬于河清四年（565年），隋朝开皇三年（583年）封之绘之妻王氏也葬于此，封延之之妻崔氏也于开皇九年（589年）葬于此地。1948年景县解放后进行土改运动，当地的人民群众为了破除迷信，要求将这些墓群挖掘掉，在没有塌陷的四座墓中取出大量的随葬品，先后收集到文物 300 余件，主要有铜器、瓷器、陶器，另外还有玛瑙珠 48 粒，琉璃碗两个，铜印三方，并出土了大量的墓志，鉴于这座墓有着极为宝贵的价值，发掘后被列为全国重点文物保护单位。"十八乱冢"中埋葬的封家，在魏晋南北朝时是显赫的大家族，并与当时处于社会重要地位的王家、崔家联姻，更加强了家族在社会上的权势，这种富贵在墓群的陪葬品中得到了证明。

宝云塔内的"千年不死草"是谁栽的？

宝云寺位于衡水市西南旧城村东，传说建于隋朝，但据史料记载，早在南北朝时期就建有此庙。在宝云寺鼎盛时期"寺域广占三十亩，殿堂多有近百座，谯楼钟声惊千里，成年累月拥香客"。寺内有一座塔称宝云塔，这座塔的建造有浓厚的民族风格：塔形呈八面玲珑结构，高 36.5 米，共有 8 层，上五层为空洞式，下三层为穿心式。自四层以上四面有门，塔的建筑风格独特，建筑造型雄伟，庄严古朴。

在宝云塔中有一种"千年不死草"，属兰科，叫马兰草，是多年生草本植物，据史料记载为唐朝大诗人王之涣所栽种。唐朝开元年间（713～741 年），王之涣因其文才得到宰相张九龄的赏识，并委以重任，王之涣被推荐到衡水县当主簿。他在即将上任之际到宰相府告别，在相府门前见到一墩马兰草，于是触景生情道：这种草不贪肥水，并且千载永绿，既然我得到相爷如此信任，学生一定会不负重望，像这无所贪图的马兰草，在仕途上不怕风雨，为国为民。并向宰相讨要了几棵栽于衡水宝云塔内，留下千古佳话。

到宝云塔一游不能不摸一摸"千年不死草"，如果你恰巧听到上述这个故事，你就不得不感受一下历史的沧桑，让我们怀古思今，心系天下。

竹 林寺坐落于竹林之中吗？

　　在冀州古城有四座著名的寺庙，其中最为著名的是竹林寺。它的确切位置是在冀州市北关村旁。竹林寺开始叫"悬空寺"，是因为它三面环水，寺内桑柳林立，枝繁叶茂，绿荫满地。夏、秋时节，景色十分宜人，尤其是日落之时，由水映照，远处看上去犹如空中楼阁，因此当时人称"悬空寺"。悬空寺改名为竹林寺，并非其坐落于竹林之中，而是因为晋朝的山涛曾在冀州为官，山涛为当时"竹林七贤"之一，他爱护当地的平民百姓，注重发展农业生产，因而颇有功绩。人民为了纪念他，将"悬空寺"改名为"竹林寺"。

　　竹林寺内东北角有一座镇海塔。塔的底部有一迷宫，你若能走出迷宫，就能登上塔顶。登上塔顶你就可以对全寺景象一览无余。寺北端是度假区，整个度假区依山傍水。度假区的紫微山是一道亮丽的风景，它与玄门相对，山上瀑布飞流湍急，山下有若干溶洞，构成一幅不可多得的自然景观。另外在寺旁古街有庙会，热闹非凡，正月十五还有老鼠节。通过这些活动，更好地促进了冀州的经济发展，加速了冀州的对外联系。

庆 林寺塔为何有"叠涩"韵味？

　　在故城县郑口镇西南的饶阳店镇，东行不远有一条树木成行的大路，路边有一座看上去年代久远的古塔。原来这座塔是在庆林寺院内，因此历史上叫"庆林寺塔"。但寺院后来被拆毁，改种了大片农田，只有塔被完整地保留了下来，因为塔所在的镇叫饶

172

阳店镇，因此人们又称其为饶阳店塔。

　　饶阳店塔是八面棱锥体。共 7 层，高 10 余丈，每层都有东南西北四个券门，门上有小窗，窗棂雕刻精巧别致，风格各异。塔身用青砖砌成，四壁都刻有非常精美的图案，显现出层层叠叠的样子，因此塔外观具有"叠涩"韵味。塔内部的阶梯呈螺旋形，四壁有大小不同的佛龛，灯龛，除此之外，还留有古代诗人们在此游玩时留下的诗句，不胜其数。其中最为著名的一首是明朝嘉靖年间邑人侍郎王士嘉所题。他用"浮图何时建，峭拔入云端。绝顶登临处，摩挲星斗寒"的诗句描写了庆林寺塔的雄伟壮观。

　　1980 年，中国科学院张驭寰教授对庆林寺塔进行了全面考察，初步断定为北宋时期所建。1982 年 9 月该塔被河北省定为省级重点文物保护单位。

景 县舍利塔为什么有"古塔风涛"之称？

　　景县舍利塔也称景州塔，原名为"释迦舍利塔"。位于景县城内西北角原来的"开福寺"内。现在的开福寺早已被高楼大厦所替代，单独留下了舍利塔。据专家考证这座塔始建于北魏永平年间（508～512 年），中间几经修建，保留至今。

　　舍利塔塔高 63.85 米，共有 13 层，呈八面棱锥形，塔底用巨大的石块铺成，塔身用砖砌成。塔的内部有数百级阶梯，游人可以盘旋而上。塔顶装有铜制葫芦形塔刹，高 2.05 米。因为在塔底基下有一口深井，塔的每层都有向外的涵洞，故有风之日，涵洞被风鼓荡，像是波涛的声音，因此有"古塔风涛"之称。站在塔顶观望，县城全貌尽收眼底，因此舍利塔也是游人的好去处。

　　1973 年，当地政府对塔进行了维修，在塔顶铜葫芦里发现了明朝木板佛经 3 卷共 9 册，其中包括《大乘妙法莲花经》7 册，

《大乘品经咒》1 册和《药师琉璃光如来本愿功德经》1 册，还有 1 尊长 20 厘米、宽 11.5 厘米、高 12 厘米的释迦牟尼卧式铜佛。因为舍利塔在宋代曾被大修过，因此现在的舍利塔更多地保留了宋代建筑风格。景县舍利塔是河北省四大古迹（另为沧州狮子、赵州石桥、正定府大菩萨）之一，被河北省定为重点文物保护单位。

侯冢孤柏有多大树龄？

在枣强县城西南大约 9.2 公里处的卷子乡侯冢村边，有一棵孤树。之所以说它是孤树，是因为周围除此之外再没有任何柏树，又恰在侯冢村边，因此称其为"侯冢孤柏"。

侯冢孤柏相传是明朝永乐年间一位德高望重的僧人栽种的。据此推算，这棵柏树到现在已有 570 多年了。这棵柏树不但年代久远，而且在外形上有其独特之处，柏树树干直径约为 1.2 米，高约 18 米，而且直立挺拔没有弯曲之处。树身没有洞，也没有干裂的迹象。从上到下几乎一般粗，树冠均匀，分布呈伞状。虽然历经几百年的风雨，但每到夏日之时孤柏仍枝繁叶茂，绿叶成荫。

古老的孤柏作为历史的见证，自明代以来经历了几个朝代和几十代人的变更，其中既有兵荒马乱的战争年代，也有日本侵略者在我国国土上烧杀抢掠的苦难岁月，还有在中国共产党领导下的和平年代，古柏仍傲然挺立，因此当地人把它作为神的化身，每到节日来临，前来祭祀的人总是络绎不绝，祈求来日的平安、幸福。

北齐高氏墓群有多少座墓？

高氏墓群，又称"皇姑陵"，位于景县野林庄、北屯一带，距景县约 15 公里。墓群为北魏至隋代的渤海高氏家族墓。据史料记载，该墓群曾有近百座坟墓，但现在大封土的只有 16 座。墓群从东北至西南绵延数十里，占地面积约 2000 亩。其中最大的墓高 30 多米，直径达 130 多米，高大雄伟。高氏墓群掩埋的是北朝时的名门望族，死后按当时风俗"集族而葬"而形成族系墓群。1973 年国家对高氏墓群进行发掘，经过考证后认为，此墓地主要埋葬的是北魏高雅夫妇及其子女的合葬墓，北齐高长命墓及高谭夫妇的合葬墓。

在对高氏墓群的部分发掘中出土了大量文物，主要包括铜器、瓷器、陶器等。这些出土文物对北魏、北齐及隋朝的政治、经济、文化等方面的研究提供了实物资料。新中国成立后，政府对高氏墓群进行重点的维修和保护，墓间空地种植了树木花草，并把其列为省重点文物保护单位。现已被定为全国重点文物保护单位。

安济桥有什么特点？

安济桥位于衡水市内，横跨于滏阳河上，呈东西走向，衡水人俗称安济桥为老桥。安济桥修建于清乾隆三十二年（1767 年），桥长 116 米，宽 7.5 米，整个桥身用石头所砌，中间有七孔，这样可以减轻河水对桥身的冲击力度，保证桥的完好。这也是中国传统古桥的一大特色。在桥的两侧有扶栏，共有 112 柱，均用石头雕刻，扶栏上有大的石狮端坐于莲花座上，大石狮子庄严雄伟，神态各异，呈现不同的姿势。莲花座下有小石狮子，小石狮子表现得妩媚依偎，而且千姿百态。大小狮子相互衬应，使得安济桥显示出一派生机勃勃的景象。在扶栏板上雕刻有细致精美的图案，呈卷云状，为桥增添了流动的感觉。远远看去，整座桥的建筑浑然一体，翼如穹窿，跨若长虹，雄伟壮观。成为滏阳河和衡水市内一道亮丽景色。

现在安济桥保存完好，游人众多。尤其到了夏天，市民对桥更是情有独钟，纳凉、散步，为安济桥勾勒出一幅和谐的图画。

你 知道衡水圣姑庙吗？

在衡水安平县城北关有座高台，高台是用方砖条石砌成的，大约建于东汉建武元年（25年）。在高台之上原来矗立着一座雄伟的庙宇，据有关资料记载，此庙宇即"敕封孝感圣姑庙"。在庙内大殿的中央，有一座圣姑塑像，即所说的"孝感圣姑"。塑像体高将近丈余，头戴凤冠，身穿蟒袍霞帔，且面目镀金，身体朝南端坐，神态安详。在圣姑的两侧，有许多相互对衬的泥塑群像，这些泥像各式各样，姿态各异，刻画得活灵活现。殿壁的两侧有灵迹12帧。画中的人物千姿百态，栩栩如生，具有很高的艺术造诣和欣赏价值。

另外，圣姑像及其周围的古物也具有很高的欣赏价值。人们通过观看这些古迹，不仅可以陶冶情操，提高文化素养，而且可以了解历史。由于圣姑庙遗址昔日游客不断，如今成为安平县有名的名胜古迹。令人遗憾的是由于人为原因和自然的破坏，圣姑像早已被破坏，如今只剩下遗址圣姑台，仿佛还在向人们诉说着什么。

衡 水汉墓壁画有什么风格？

墓壁绘画是汉朝时期的一大风俗，是我国古代劳动人民勤劳智慧的体现。因此汉墓壁画具有很高的艺术价值和考古价值。随着汉墓被渐渐发掘出来，汉墓壁画也被大量发现。

距离安平县城东南 2.2 公里处，也就是在逯家庄西南 250 米处，1971 年 10 月发现了一座东汉晚期的大型砖构古墓。根据专家考证，这座汉墓是汉灵帝熹平五年（176 年）建造，具体墓葬主人不知是谁。这座墓至今已有 1800 多年历史，但仍保存完好。该墓是用黄沙土所封，并且经过夯筑，高 3 米，直径大约 40 米，墓的入口向东。墓室东西方向长 22.58 米，南北宽 11.63 米。室内最高地点有 4.4 米。这座汉墓最突出的特点是其墓壁四周均以彩色画面粉饰。壁画虽因该墓的早期破坏而受损，但壁画内容仍可看清楚。画的内容主要为墓主生前出行情况，色彩均匀，画中人物生动。壁画曾被拍照在国外展览，深受外国人士的喜爱和好评。该墓废墟及其壁画均被列为省重点文物保护单位。

马君起为何造石浮雕碑？

唐朝马君起造像碑，又被称为马君起造石浮图碑，是指唐仪凤四年（679 年）马君起为他已故的双亲所造的墓碑。这座墓碑有其独特风格，代表了当时我国的雕刻技术已经处于世界领先地位。

马君起造石浮图碑，高约 110 厘米，宽 79 厘米，厚 49 厘米。由前后两块石头凿合而成的石室组成，室内正中央有一女菩萨像的浮雕，菩萨像面目安详，在其左右各有一位侍女，也是神态自若。在三人之下是飞禽走兽，雕刻得栩栩如生。所用的石料是当时名贵的凤眼石，之所以称它凤眼石是因为这种石头遇到水后便显出黑珍珠一般绿豆大的鸟眼，实属罕见之物。除了这些浮雕外，墓碑上还刻有碑文，碑文刻在碑的右壁，其主要内容是记载并歌颂了马君起先辈的功德，同时记载有马君起的身世，碑文所写之字具有一定书法和考古价值。再加上精美的墓碑衬托，更显得绝妙，被人们称为"海内之传宝"。现今像碑存于深州市文化馆内，被列为省重点文物保护单位。

武 强溃水堤为什么又称"长城堤"？

在衡水市武强县的街头镇，由南往北到县城的边界，有一条时断时续的古堤，被当地人称为溃水堤。这条古堤宽五丈，高约两丈，为北宋时所建，距今约有 900 年历史。溃水堤长大约 75 公里，从远处看上去好像千里平原上的一道长城，因此也称"长城堤"。

关于溃水堤的来历有一段精彩的历史故事：在北宋时期，武强县所处的地带正是北宋边界，如果再往北就属于辽国的领地，当时辽统治者下决心要灭掉北宋，以达到巩固辽国政权的目的，于是经常派兵进攻北宋。他们以今天的雄县一带为进攻突破口向北宋发起进攻，武强县便处于首当其冲的地位。抗辽英雄杨延昭奉朝廷之命抵御辽兵南侵。杨延昭客观地分析了当时的环境条件，根据当时军事需要，在武强县西北部筑堤拦水，从而形成了方圆几十里的水库，布溃水阵退掉了辽兵，今天的溃水堤便是溃水阵的遗址。

现在的溃水堤由于水利及交通道路的需要，大部分被破坏或改成农田，现存部分大约只有 14.5 公里，但人们在习惯上仍称它为"长城堤"。

窦 氏青山是谁建造的？

窦氏青山又被称为窦父冢，位于衡水武邑县城东 12 公里处，是窦太后为纪念其父窦青所建的。

窦氏青山所在的地方在汉代时据记载是一个大水坑。秦汉战乱时期，窦青为避乱隐身，躲到了现在的武邑县境内。一天，窦青在一个水坑边钓鱼时，不慎落水溺死。公元前 179 年汉文帝即位，封窦青的女儿窦猗房为皇后，因此窦青被追封为"安成侯"。文帝于公元前 156 年驾崩，太子刘启继承皇位，窦皇后命令把淹死他父亲的大水坑填平，并在上面建起一座高大的坟墓，在坟墓的南半坡建成一座庙，庙旁立有写着"窦氏青山"石碑一座。整个建筑如行云流水，一气呵成，高低搭配，错落有致。远远望去颇为壮观，后人有诗赞曰："窦氏青山青几许，裙衩功业岂小觑，青史留芳人敬仰，激我须眉七尺躯。"坟庙现在仍保存完好，坟墓高 28米，南北长 201 米，东西宽 182 米，被列为省重点文物保护单位。

李春墓有什么特点？

说到李春，大多数人自然而然地想到赵县境内赵州桥的设计者，但很少有人能知道衡水武强境内的李春将军。

在武强县林东村李家坟有一座突出的古墓。此墓就是定远将军李春的墓。以前在李春墓的周围曾有过许多石碑、石人、石狮子，可谓碑石林立。在这些石碑中间还有一些树木，很是气派。李春，武强县武师村人，武略谋术均有过人之处。他所处的年代正值金末天下大乱，李春便召集兵士，以武强地区的自然条件为基础进行改造，作为防守的屏障，防止被侵，并最终取得积极效果。之后，李春被授予行军督统，主要负责管辖东武州境内的日常事务。后来由于军功过人，又被封为定远大将军，兼行元帅职。李春在职之际为朝廷和百姓做出了很大的贡献，深受朝野人士好评，又迁东武州节度使，执掌政权于一方，死后得到朝廷厚葬。

由于年代久远，李春墓后来多遭损坏，一部分文物由于在

"文革"期间埋到地下而幸存下来。由于具有一定的历史价值和观赏价值，李春墓因此被列为武强十景之一，引得前来武强的游人纷纷到此游览。

你知道董仲舒对家乡的影响吗？

董仲舒（前179～前104年），西汉广川人，即今景县广川村人。董仲舒是西汉时期著名的哲学家、教育家、思想家。他为了适应形势的需要，在孔孟儒家之道的基础上，又兼采墨家、法家等多种思想，形成了以"天人感应"为主的大一统思想。由于适应统治阶级的需要，他的思想被统治者采用，并逐渐发展成封建社会的正统思想，在我国长达几千年的封建社会中占统治地位。董仲舒的主要著作有《春秋繁露》《董子文集》等，在这些著作里他全面阐述了自己的思想。由于他的思想对后人影响较大，因此后人把他称为"儒者宗"。

董仲舒早年是在景县长大的，他从小立志学习，刻苦钻研，曾"三年不窥园"。经过多年的努力，他最终成为当地著名的学者。董仲舒成名后，求学的人络绎不绝。为了能使自己的学识流传广大，董仲舒便周游各地，到处讲学，开始他的教学生涯。他先后在景县、故城、枣强等地讲学，有许多教学方法被后人所借鉴。在今天的枣强县五常乡后归县村西仍有他的石像，这座古像是明朝时用青石刻成的，呈坐姿，高3米，双手捧一简板，石像前左右有一聋男哑女奉侍，这是枣强人为纪念董仲舒而设立的。直到现在，董仲舒仍是衡水人民的骄傲。

"头悬梁，自勤奋"的衡水名人是谁？

你读过《三字经》吗？你是否还记得其中一句"头悬梁，锥刺股，彼不教，自勤奋；如囊萤，如映雪，家虽贫，学不辍"？其中所提到的"头悬梁……自勤奋"的人即汉代信都著名学者孙敬。信都就是今天的冀州。《太平御览》中记有孙敬的事迹："好学、晨夕不休。"他终日在家读书，紧闭门户，不见来访的客人。因此，时人称为他"门户先生"。孙敬经常苦读，从早到晚或通宵达旦，很少有休息的时候。人的精力到底是有限的，孙敬有时感到疲劳倦怠，为消除困意，他便用绳子把自己头发悬系于梁上，若困时头向下低，绳子便把自己头发拽一下，意识就清醒了，再继续读书。孙敬借"悬梁"这种方式，经过艰苦的努力，终于在知识上博通今古，满腹经纶，成为当时著名的文人学者。

后人把孙敬这种"悬梁"精神与战国时苏秦"读书欲睡，引锥刺其股"的精神合引为"悬梁刺股"，并为后人所继承。不仅文人仅其他做事的人在遇有艰难险阻时，也总是用这种精神来鼓励自己。因此，孙敬给后人留下的"悬梁"精神也是一笔宝贵的财富。

"枣强"这一名字是怎样来的？

枣强县位于衡水市西南边。枣强的红枣久负盛名，已有3000余年的栽培历史。因为枣强在汉朝时期已成为盛产红枣的地方，所以此地因枣木强盛而得名"枣强"。

据有关史料记载，枣强农林业生产历来发达，果品丰富，尤其以红枣最为著名，先民曾建"煮枣城"用枣汁作糖料，经过多年的经验积累，栽培技术不断提高，红枣生产的质量、数量均有提高。以特产品种马莲小枣为主的枣强红枣的知名度逐渐提高，再加上多年的大力宣传，影响力逐渐扩大到全国范围，成为河北省乃至全国名优果树品种之一。1999～2001年连续三年荣获河北省优质农业产品称号。

为什么枣强红枣较其他地方的红枣有如此大的特点呢？一个客观原因还在于它的生长地点。枣强县自然条件优越，属大陆性季风气候，四季分明，平均气温12.9℃，常年降水量506毫米，无霜期185天，非常适合红枣的生长发育，而红枣具有耐旱、耐涝的特性，适宜在枣强县大面积发展。近年来，河北省政府大力支持枣强红枣的生产，狠抓马莲小枣基地建设。目前枣强红枣种植面积已达6万多亩，一方面上缴了更多的利税，另一方面也增加了农民的收入。

立春前后，衡水人民有哪些传统风俗？

一年之计在于春，"立春"是春天的第一天，象征着人们一年劳动的开始，于是在立春前后衡水的农村便产生了为预祝这一年获得丰收的节目。衡水地区作为一个传统的以农业为主的地区，劳动人民也创立了自己独有的节目，主要有"咬春"和"填仓"。

从清乾隆年间，《衡水县志》《枣强县志》等便对"咬春"和"填仓"有所记载。《衡水县志》中写道："立春"先一日，迎春东郊。诸技艺各逞所能，乡邑男妇沿街充巷纵欢之。至日，啖春饼，食萝卜，谓之"咬春"。也就是人们在立春前的一天，人们便开始庆祝，主要采取同庆的形式，而"立春"的那天则主要是在家里庆祝节日。根据以上描述可以判定，"咬春"对当地居民来说是一个不小的节日，其他各地也有类似活动。《枣强县志》记载：

"立春日，以萝卜为细菜，以面为春饼食之，曰'咬春'"。到目前这一风俗基本上流传下来。实际上"立春"之日各家并不一定都做春饼吃，但也要提高一个档次，以表示今后一年中的每天都能像今天这样餐饮丰盛。"填仓"俗称"打围"，这一风俗目前保留得最为完整。《衡水县志》中记有：二十五日，以灰画地，作囤状，置谷麦少许其中，曰"填仓"，兆丰也。现在衡水人民仍在正月二十五日这一天早晨用灰在院子里画一些圈来表示盛粮食的囤，在中间放一些粮食用砖压上，表示今年将会粮食满仓，即希望今年是个丰收年。

深 州蜜桃为什么这样甜？

深州蜜桃的生产地是衡水深州市，所以被称为深州蜜桃。据《深州县志》所记载："汉朝时深州土产曰桃，往时有桃贡……北国之桃，深州最佳，谓之蜜桃。"接着又有记载："深州之桃，饶阳之绣，安平之绢，皆一境之独胜也。"历史过去了两千多年，其余二者"绣"和"绢"已成为历史遗迹，而深州蜜桃独留于今天。

深州蜜桃之所以这样甜，原因与其生产地区的水、土等有密切关系。蜜桃的主产地是深州西部马庄一带。这里曾因原滹沱河多年冲积形成3米厚的沙土层，地下水浅而甜，还有一个客观条件即深州一带气候温润，夏季昼夜温差较大，以上这些特点成为蜜桃生长的特殊条件，结出的蜜桃"汁甜如蜜"，所以美其名曰"蜜桃"。

深州蜜桃个大、皮薄、肉甜，而且外秀，有红蜜、白蜜等十几个品种，其中红蜜最为著名，因此，红蜜又叫"魁桃"。"深州蜜桃"由于其以上特点畅销国内外，深受广大消费者的喜爱，是河北省出口的名贵水果之一。

衡水因何能冠以"毛笔圣地"？

"笔墨纸砚"被古代文人称为"文房四宝"。文房四宝作为一种书房用具不仅有其重要的现实价值，而且因其制作原料及外形特征等不同而具有不同的欣赏价值和保存价值，四宝中的毛笔被誉为"文房四宝"之首。因此自然有其重要性，一支好笔对于这些文人来说，就像刀剑对于侠士、宝马对于骑士一样重要，它不但有助于激发文人的灵感，而且可以写出永世流传的好字。

衡水地区生产毛笔历史悠久，而且生产的毛笔质量、外形独具特色，因而被称为"毛笔圣地"。毛笔是衡水地区的传统产品。相传早在秦朝时，大将蒙恬为供奉笔神而盖"蒙恬将军祠"，后在衡水侯店生产的毛笔，便被称为蒙笔。而真正制造毛笔的企业建成于明永乐年间，清光绪时因制作技艺精湛被奉为御用，并立碑表彰，从而衡水有了"毛笔圣地""北国笔乡"等别称。

现在的衡水毛笔其价值转向艺术价值方面，制作品种达270多种，选料精良，做工精细，"含墨多而不滴，行笔流畅而不滞。"在笔杆上精心雕刻有龙、凤、山、水、花草等书画。著名书法家孙墨佛先生曾为侯店毛笔提字"神工鬼斧"。书法家范曾夸其笔为"文房瑰宝"。衡水毛笔因质量优、艺术价值高而远销日本、东南亚、西欧等11个国家和地区，并多次获奖。

衡水鼻烟壶有何独具特色的地方？

衡水鼻烟壶艺术品，不仅气韵生动，浑厚朴质，而且构思奇特，布局严谨。衡水鼻烟壶的生产者不但拥有精湛的技术，而且拥有深厚的修养，因而使得衡水鼻烟壶有了自己的独到的特色：

精奇美均达，内外画兼有。

衡水鼻烟壶画法在20世纪60年代作为传统的民间工艺在国际上被誉为"冀派"。其主要发展者是王习三先生。他在清朝著名艺人叶仲三的技法基础上又融合内画名家各派之特长，形成了自己的风格。他画的主要题材有山水、人物、花卉、虫草等，后又扩展到画长城、故宫、颐和园等名胜古迹。他的作品力求准确、逼真、线描富于变化，色调雅致，最主要的是王习三由内画壶发展到外画壶，形成为内外兼有的特点。

衡水鼻烟壶现已经发展到集体经营，流水线生产的规模，技术也更上一层楼。与同类产品相比拥有了与众不同的艺术魅力。现在鼻烟壶艺术品已远销到五大洲的几十个国家和地区，深受人们的喜爱，并成为人们收藏的珍品。

武强年画因何经久不衰？

武强年画自元代始创以来至今仍流传于世界各地。武强年画和天津杨柳青、山东潍坊、江苏桃花坞、四川绵竹并称我国民间木版年画五大生产基地。

武强年画根据不同时代，而销不同内容的年画，如在抗日战争前，年画的样式有灯画、门神、天神、灶马、窗花、中堂、横条、屏扇、连环画等200多种，种类依内容可分为封建迷信的，历史小说的，民间故事的，反映了当时人民大众的心理。抗日战争时期及解放战争时期，主要作品有《白毛女》《参军最光荣》《妻子送郎打老蒋》等，年发行上万张。现代武强年画的主要内容是反映社会主义新生活及艺术品位高尚的新事件等。年画不但行销大江南北，还大量销往日本和台湾地区，年销量可达亿张。

武强年画色彩鲜艳，构图饱满，线条粗犷，形象夸张，具有浓厚的乡土气息和地方特色，其刻版以阳刻为主，并施阴刻，线条流畅，既运用黑白对比又多运用原色彩，极大地烘托了节日气氛。1985年投资建立"武强年画博物馆"，1993年武强被国家文化部正式命名为"全国民间木版年画之乡"，从此武强年画的发展又走进了一个新时期。

天下裘都因何能名满天下？

枣强县大营素有"天下裘都"之称。"裘都"的来历有一个生动的传说。

商朝末年，比干为民除害，射死狐精，将其皮毛制成裘皮衣。据记载"比干制裘"距今大约有3000年历史。其真实性有待考证。但大营作为"裘都"的真实历史却比较久远，而且如今已是名副其实的"天下裘都"。

明朝郑和下西洋时，营皮就以"皮板柔软，毛眼遂适，色泽协调，时尚"的特点而进入欧洲上流社会。清朝营皮行销10多个国家。改革开放后，大营皮毛发展到辉煌时期，远销俄罗斯、韩国、东南亚等国家地区。大营的裘皮业成为河北省"星火支柱企业"。枣强营皮之所以能如此受欢迎，主要是因为营皮的质量好。营皮的主要原料是兔皮、狐皮、羊皮，板质柔软，弹力均匀。在做工方面里子平展，缝线细密，而且加有工艺色彩，具有美感特色，因而深受广大消费国家的欢迎。

大营镇作为皮原料成品集散地，通过营皮联系了广大地区，方圆几十里的人民大多以皮活作为家庭副业收入，外国皮货商人先后到大营设立办事处。大营主要经营皮商在世界上十几个国家也设有经销点，"天下裘都"在商人来往中被世人所知，因此能誉满天下。

衡 水老白干是怎么得名的？

对衡水老白干酒你可能有所耳闻吧，也许就连衡水地区你都是通过衡水老白干才知道的。但你知道衡水老白干的来源吗？你知道它独有的特点吗？你又知道它的发展历史吗？

明代，衡水产的酒便享有盛名，有"隔墙三家醉，开坛十里香"的美誉，而"老白干"也是在那个时候产生的。明代嘉靖年间，衡水有一家"德源源"的酒店当时在衡水享有盛名，有一年衡水修建一座木桥，工匠们休息吃饭时便到这酒家聚饮，喝后都赞不绝口。工匠们谓之"真洁，好干"，根据这种赞美，人们便把此酒称为"老白干"。"老"是指历史悠久，"白"是指酒质清澈，"干"是指酒度高达 67 度，其味具有"闻着清香，入口甜香，饮后余香"的特点。

衡水老白干有其清香的特点主要因于其选择酿造原料及工艺。衡水老白干选用当地优质高粱为主料，用精选小麦酿制的清花曲为糖化发酵剂，以新鲜的稻皮清蒸后作填充料，经过精心勾对，并贮存半年以上，因此有味浓而不烈，入口回味等良好特点。"老白干"在 1979 年被评为河北省名酒并获"著名商标产品证书"。

冀 州武术有什么特点？

冀州历史悠久，民间武术也因此源远流长，形成了自己的独特风格，历史上称冀州人为"裔燕赵慷慨侠风"。清朝以前曾出现过许多武林大师。清朝时曾有 41 人中过武举，清末民初还出现了许多劫富济贫的武林豪杰。冀州武术有众多流派，其中流传最广，技艺最精的是八卦掌和梅花拳，另外还有三皇炮锤、弹腿、地宫拳，大小洪拳、少林拳、太祖拳、形意拳等众多武术类别。

八卦掌是我国著名的四大拳种之一，海内外许多武林人士都有所耳闻。冀州人尹福，身材瘦小，所以江湖人送外号"瘦尹"，他吸收了董海川的拳艺精华，创立了以冷掌技击见长的尹派八卦掌，名噪一时。梁振普武艺精湛，收有海内外许多弟子。梅花拳继承人曹振谱为冀州大罗村人，1921 年到开封收徒传艺，将梅花拳在河南等地传播开来，并远及西安、武汉等地。另外还有许多武林高手像"宋氏三杰"等，他们都德高艺精，除暴安良，体现了燕赵侠士的慷慨之气。

邢 台

邢台因何而得名？

邢台历史悠久。早在公元前17世纪，西方姜姓井族（邢族）顺河水东移，最初迁移到豫北，以氏族名字命地名为"井"（邢），后来又迁离此地成为废墟，称为邢丘；再迁移到冀南，又以本氏族名字命此地为"井"（邢），即今邢台。商朝时祖乙曾经迁都到邢，作为殷商都城，今邢台市区作为京畿之地。公元前11世纪，周朝刚刚建立，武王患病，成王年幼，周公辅政。他为了稳定局势，加强统治，大封宗亲和功臣，作为王室屏藩。周公第四个儿子姬苴，朝见成王时，被册封为邢侯，统领邢国（今邢台），统治臣民，开拓疆土，兴修水利，发展农业。邢国本为小国，常常遭到戎狄入侵，周惠王十八年（前659年）戎狄大举进攻邢国。邢军力战不支，全线溃退，邢侯急忙向齐国求救。当时齐国兵强马壮，齐相管仲闻讯，便立即向齐侯陈明厉害，主张"助邢复国"。于是雄才大略的齐桓公首先出兵救邢，并动员宋、曹两国参战。在齐、宋、曹三国联军的猛烈攻击下，戎狄军队丢盔弃甲，仓皇北逃。后来联军用战车百乘，装载从敌人手中夺回的人畜和财物，帮助邢侯把都邑迁到夷仪山下（今浆水境内），并组织工兵数千，筑起夷仪城和"邢侯行台"。邢侯登台设宴，为联军庆功。以后"邢台"遂流传为地名。

邢台为什么又叫"卧牛城"？

邢台除了有正式称谓之外，还有一个有趣的俗称"卧牛城"，凡是生活在邢台的人都会自豪地称自己是"牛城人"。据记载：邢台为周朝邢侯所建，十六国时期由后赵皇帝石勒扩建，后又进行多次重修。邢台城墙周九里余，阔二丈，上可卧牛，因此邢台被当地人俗称为卧牛城。邢台市内许多地名至今仍与卧牛有关系，如：东、西牛角，南、北长（肠）街，牛蹄坑，肚巷，牛尾河，拴牛橛，牛眼井等。关于"卧牛城"的来历还有一个美丽动人的传说。很久很久以前，邢台山清水秀，水草丰美，沃野丰饶而无人居住。一对年轻夫妇流落至此定居下来，他们辛勤劳作而苦于没有耕畜，后来感动天帝降黄牛来帮助他们耕种。从此生产日盛，人丁繁衍，逐渐形成城镇。城镇形成后，山洪暴发，洪水多次逼城，黄牛便卧在城头，水涨城高，于是百姓得以免遭水灾而安居乐业，为了纪念黄牛的功绩，遂以卧牛命名其城。传说虽然不可信，但在现实中可以找到其影子，有深刻寓意。所谓天帝者，其实是劳动人民征服自然的理想与力量的化身。牛在古代是丰收吉祥的象征，牛的本色朴实勤奋，利民克己，象征着人民群众的优良品格。邢台人祖先以牛命名，目的是以黄牛精神自励，勤勤恳恳，创造事业。

你了解邢台的基本概况吗？

邢台市地处河北省南部，太行山脉中南段东侧，华北平原中西部。东隔大运河与山东省相望，西依太行山脉主脊和山西省毗邻，北与石家庄、衡水交界，南与邯郸市相连。辖区东西最大横距185公里，南北最大纵距约90公里，总面积12486平方公里。邢台市下辖2个县级市（南宫市、沙河市）、15个县（临城县、内丘县、柏乡县、隆尧县、任县、南和县、宁晋县、巨鹿县、新河县、广宗县、平乡县、威县、清河县、临西县、邢台县）、2个区（桥东区、桥西区）、173个乡镇，总人口650多万。除汉族外，还有回、满、壮等20多个少数民族。邢台地势西高东低，大致以京广线为界，分为西部山地、丘陵和中东部平原两大区域。邢台市属暖温带大陆性季风气候，冬季寒冷干燥少雪，夏季炎热多雨，春季干燥多风，秋季晴朗，干温季节交替显著，四季分明。年降水量500～700毫米，降水量分配不平衡。年平均气温在11.8℃～14℃之间，全年1月最冷，7月最热。由于西部山区海拔较高，山地气候十分明显，一些深山旅游区7月份平均气温在23℃以下，具有良好的避暑特点。复杂多样的地形地质环境造就了邢台不同的自然条件和丰富的自然资源。

邢台达活泉缘何而来？

相传，元世祖忽必烈下江南路过邢台，一路劳顿，口干舌燥，于是就派人找水喝，当时正值夏末秋初，天旱无雨，找了好久也没有找到。这时都水监郭守敬站出来说："臣愿为陛下挖泉解渴。"在场的大臣们都不信，有的还嘲笑他。郭守敬说："我老家在邢台县的郭村，那里有一股从山里流下来的山泉，渗入地下，如果按其流向往下挖，必定能挖到水。"忽必烈半信半疑，并无答话，这时一直忌恨郭守敬的监侯官严林便让郭守敬赶快挖水，倘若郭守敬挖不出水来就会犯下欺君大罪。严林还命人取来文房四宝，当即让郭守敬立下了军令状。可郭守敬胸有成竹地召集民工找水挖泉。不多一会儿，百十名民工在小山包上挖起坑来，坑沙越来越湿，转眼间渗出一股清泉，侍从急忙接了一碗水端给忽必烈。忽必烈饮后连声称赞泉水清冽润口，随口说道："再挖大一点，也好让百姓们饮用。"郭守敬正想为家乡做件好事，于是趁机请命，拨钱粮，挖泉开渠。当挖到一丈多深时，泉坑四壁上突然出现了一个大洞，顿时，泉水汩汩流出。忽必烈听说后也赶来观看，郭守敬高兴地说："万岁泽被乡民，洪福齐天，使邢州百姓免受干旱之苦，请万岁给此坑赐名。"忽必烈想了想说："这泉水是从郭村流来的，就叫达郭泉吧。"因泉水不息，后改为达活泉。现在邢台建有达活泉公园，不过泉水已干。

历史上著名的"邢台八景"指的是哪八景？

邢台是一个历史悠久、文物古迹繁多的城市，在其诸多的历史古迹中最著名的是邢台八景。它们分别是：

郡楼远眺 清风楼位于邢台市旧城中心，始建于唐代，后因战乱曾遭毁坏，楼高 7 丈，斗拱飞檐，庄严雄伟，沿楼四周凭栏远眺，市区全景尽收眼底。

野寺钟声 唐代名寺开元寺殿前有一巨型铁钟，用以寺院做课报时，每当以巨木击撞时，钟声粗犷沉鸣，声震远近，信徒双手合十，异地同拜，因此成为邢台一景。

达活名泉 原为一水池，周百步，深丈许，泉水晶莹碧透，一望见底。水量大时，主泉似开锅之水，银花沸腾，无数小泉，犹如玉盘行珠，滚流不息。

仙翁古洞 仙翁山乃传说"八仙"之一的张果老修仙得道之处，位于邢台市区西 15 公里的前青峪村。因仙翁山（张果老山）相对高度大，所以山势高峻挺拔，山北坡断壁悬崖，幽深莫测，南坡稍缓成坐北朝南之势。山上有遒劲古松，山顶开阔地带建有栖霞观，观后有古洞，洞前有水池，水从洞上滴入，终年不涸不溢，还有石驴、通天桥、白鹿洞、八仙洞等景点。

玉泉夕照 位于邢台市区西北的皇寺村，有一玉泉寺，寺内有三绝，皇寺、鸟柏和玉泉池。每当夕阳西坠，四周山林石崖边和寺庙古柏上都抹上一层金黄色的彩辉，景观十分壮丽，成为游人神往的美景。

鼎梅晴雪 位于邢台县西南部的小西天，主峰为鼎梅山，小西天的景观四季有别，尤其是冬天更有一番景色，小西天银装素裹，唯独一种叫鼎梅的植物，开红、白、黄三种颜色的花，鲜艳多姿，怪不得古人说：世间奇艳，鼎梅山上雪。

柳溪春涨 指市区北关外豫让桥附近，"垂柳成林，花香四溢，清溪飞溅"。金朝时，人们在此挖池塘、筑长廊、建柳溪亭。明代诗人王鸿儒曾赞曰："溪亭临水面高城，杨柳芙蓉绿映红。遥想使君来游赏，沸天鼓吹月明中。"

鸳水灵井 位于邢台旧城南关外，此处原为鸳庙旧址，院内有一精石砌成的八角井，井深莫测，水甘如饴，春季地下水位上涨，井内常有金翅鲤鱼翻出水面，人们把它当作一种美好吉祥的象征，起名为"鸳水灵井"。

"郡楼远眺"指的是哪座楼?

　　"郡楼远眺"中的楼指的是清风楼。清风楼位于邢台旧城中心,原府衙前左侧,今府前街北端,坐北朝南。据府志记载,"清风楼建自唐、宋",后因战乱等缘故,惨遭毁坏。明成化三年(1467年),邢州知府黎光亨筹资重建。今天的清风楼占地面积440平方米,楼高7丈余,斗拱飞檐,具有明代建筑风格。该楼为重檐歇山式建筑,砖木结构,共分三层。第一层为砖石拱券,券下即可通车,又能行人,还是消暑纳凉的佳处;第二层四周为青砖围栏,中间为正厅,前后两门对开,厅内西南角的墙壁上镶嵌着唐代诗人、画家王维的夏、秋、冬三景山水石刻三块(春景遗失),另有清风楼题记石刻十块。东墙边有楼梯,直通三楼。此处为木质地板,四面开门,可谓之"四牖洞达"。黎光亨自我标榜:"皇风清穆,来自帝侧,我行宣之,播于八极。"三层顶檐下有一巨匾,上书"清风楼"三字,苍劲秀雅,镌刻精致,该字为重建后明代一宰相所书,后遗失,今照旧复制。清风楼原为封建士大夫乘凉欢叙,论功行赏,舞文弄墨,吟诗作画的地方。该楼屡经修缮,1928年,京畿卫戍总司令鹿钟麟曾在此设"中山图书馆"。"十年动乱"中,此楼多处被毁坏。1982年,由省、市拨款重新进行了修缮,并列为省级文物保护单位。1985年,邢台市文物保护管理所建立后,将二楼辟为文物陈列厅,供游人参观。

玉泉寺"三绝"是什么?

　　建于唐朝贞观年间(627～649年)的玉泉寺,因有三绝而著称。第一绝是皇寺。皇寺始建于唐,重修于元。正殿、配殿宏伟壮观，为砖木结构，雕梁画栋，具有典型元代建筑风格，为后世所罕见。关于"皇寺"一名的来历，相传元顺帝被明朱洪武追杀，曾避难于玉泉寺附近，朱洪武曾在该寺内歇息喂马，因此将此寺改名为皇寺。第二绝是鸟柏。皇寺院内，有一棵1250余年的古柏，高达20多米，苍劲挺拔，枝叶繁茂，一年四季郁郁葱葱，古柏树冠可分七层，如烟如云，浓翠异常。由于此古柏位居深山古刹和玉泉环绕之中，常栖息珍禽异鸟，再加上树冠如此庞大，经常迎风自吟。两鸣交响，酷似百鸟鸣唱。第三绝是玉泉池。古柏南侧有一泉池，称"玉泉池"。泉池系明朝邢台县令陈大宾所建，已有500年的历史。池面5亩有余，池中碧波荡漾，凉亭耸立，水清见底，游鱼翩翩，池岸斜石精砌，垂柳成行。池南岸有一石牌坊，其石柱、石梁、石瓦等都由银灰色的石料雕刻而成，上刻龙凤图案，栩栩如生。中央牌坊中跨之上刻有"玉泉池"3个浑健有力的草书大字，是当时邢台县知县朱诰所写。池中心有一凉亭，建筑精美别致，掩映在红花、碧水和绿柳之中，十分幽雅，是欣赏湖光山色和避暑纳凉的好地方。

你了解唐代名寺开元寺吗？

该寺始建于唐朝开元年间，故名开元寺。距今已有1200多年的历史，是国内颇有名望的佛教寺院之一。五代后梁乾化年间（911～915年）古印度高僧空本曾在此翻译佛经，对中印文化交流做过贡献。元代时元世祖忽必烈曾两次幸临该寺。明清以后该寺日渐凋落，但每当住持讲经时，僧众仍聚集千人。开元寺气势宏伟，构筑精致，原来占地45亩，现仅存中轴线上的弥勒佛殿、毗卢殿、释迦牟尼殿、大雄宝殿四座殿堂。弥勒佛殿除有造型独特的偶像外，四壁皆题有笔法刚劲的诗句，传说是八仙中的汉钟离到此所书。释迦牟尼殿为硬山式结构，巍峨壮观，结构精巧，殿内两壁彩绘十八罗汉，神态各异。更为珍贵的是殿前四根滚龙石柱，中间两柱各雕有巨龙一条，东西两柱各雕有幼龙三条，柱高4.5米，雕龙突出柱面20～35厘米，造型生动，粗犷雄健，变化不一，是省内孤品，在国内除曲阜孔庙石柱外几乎没有与其媲美的。大雄宝殿规模最大，风格别具。寺内还有一巨钟，是金大定二十四年（1184年）铸造的，高2.7米，下沿围长7.2米，壁厚半尺，重达万斤以上，钟顶有钮，呈二兽扭斗状。钟壁铸有日、月、人、兽、鱼等黄道十二宫图案和乾、坤、震、巽等八卦图案，含乾坤浑圆之说。钟壁还著有文字数百，记载铸造、监制、资助人姓名或身份、籍贯等。该钟铸成至今已有800多年，图案文字仍清晰可见，中国古代冶炼技术之高超可窥一斑。

普彤寺为什么号称"华夏第一寺"？

　　普彤寺位于南宫市北旧城村东北方向150米处，据《南宫县志》记载，该寺始建于东汉孝明帝永平十年（67年），它是佛教自印度传入我国后，最早修建的一座寺庙，比洛阳白马寺还早建一年，堪称中国第一梵刹。明宪宗成化十四年（1478年），南宫城被水淹没，寺院被毁，但普彤寺塔仍屹立在旧城遗址之上，成为我国最早的五大古塔之一，至今已有2000年的历史了。该塔风格独特，为中国楼阁建筑史上的少见之作。近年来该寺由弘川法师主持，并在现有的基础上修复该寺，现已初具规模。大雄宝殿、天王殿、三门殿、观音殿均已布置停当。客房、斋堂现已开始接待香客和僧侣。计划再修复念佛堂、禅房等建筑，使该寺恢复往日的风姿，设施更加完善，成为旅游、休闲、朝拜的佛教圣地。

你知道邢台名士崔琰"代人捉刀"的典故吗？

替别人做事或写文章被称为"代人捉刀"，这个典故就出自邢台清河人崔琰。崔琰是东汉末年人，字季珪，生于汉桓帝延熹二年（159 年）。崔琰年轻时喜欢练武，好击剑，常与人较量。23 岁开始精读《论语》和《韩诗》，29 岁从当时远近闻名的经学大师郑玄学习儒学，成为文武兼备的人才，汉灵帝中平元年（184 年）张角领导的黄巾起义迅速发展到青、徐、兖、豫各州，崔琰随其师郑玄到不其山隐居。当时大将军袁绍，慕名拜崔琰为骑都尉，掌管边地军事。曹操与袁绍在官渡大战，袁绍败亡。曹操以武力统一北方后急需用人，下令求贤，拜崔琰为别驾从事，留魏王府总理众务。崔琰不仅文武双全，才智过人，而且仪表堂堂，很受曹操器重。南朝刘义庆的史料笔记《世说新语》记载：有一次，曹操准备接见匈奴使者，感到自己身材不够高大，容貌又有点丑陋，恐怕被匈奴使者看不起。于是就让崔琰假充他接见匈奴使者，崔琰坐在床上，曹操自己扮作护卫，持刀侍立一旁。接见以后，曹操派人去问匈奴使者对魏王印象如何，匈奴使者说："魏王雅望非常，然床头捉刀者乃真英雄也。"因为崔琰代替曹操，在匈奴使者面前演了一场政治把戏，所以后来就把代替别人做事，称作"代人捉刀"。

扁鹊不是邢台人，为什么邢台会有扁鹊庙？

扁鹊庙又名鹊山庙、鹊王庙。北宋嘉祐年间（1056～1063年），鹊王庙又加"神应"之号，称神应鹊王庙。《顺德府志》记载："鹊山庙者，祀扁鹊也。"扁鹊姓秦名越人，春秋战国时期渤海郸州（今任丘）人。相传他在赵行医，适逢赵国大夫赵简子生病，已经五天不认人了，扁鹊治好了他的病，赵简子为感激扁鹊，就在中丘之蓬山（今内丘太子岩）赐给扁鹊四万亩地。从此扁鹊就在那里住了下来，行医治病。他是我国有史料可查的第一位医学家，他医术高超，救治了很多病人，人们尊称他为"神医扁鹊"，连他自己的真名也不叫了。当他被秦国医师李醯杀害后，当地人不远千里跑到陕西咸阳偷偷把扁鹊的头取回，葬于庙后，把村名也改为神头村，将他采药的蓬山改为鹊山，在蓬山东麓盖鹊王庙。据《内丘县志》记载：鹊王庙在鹊山下，汉唐已有之，不详始建，历代皆有重修或扩建，原有20多处庙宇组成，气势宏伟，规模宏大，与河北任丘扁鹊庙齐名。庙院内古树参天，庙殿为木石结构，描梁画栋，奇脊飞檐，红砖绿瓦，样式古朴壮观，是著名的旅游胜地。

豫 让桥因何而得名？

邢台市北郊翟村西南，原来溪水之上有一木板小桥，后改为石板小桥桥名叫豫让桥。人们在谈论当地的历史时，大都自豪地把这座小桥与古代一起著名的谋杀案——豫让刺杀赵襄子联系起来。有一首歌谣是这样传唱的：石板桥，襄子修，襄子骑马桥上走。漆了身，吞了炭，豫让行刺要报仇。襄子袍上砍三刀，大叫一声自刎喉。忠心一片报恩主，芦花飞来掩尸首。燕赵慷慨多悲歌，豫让名姓传千秋。豫让是春秋时期晋国人，权臣智伯很重用他，尊其为"国士"。后智伯攻赵襄子战败，智伯被杀。豫让逃到山中，决心为智伯报仇，不久，就伪装修厕所的人混进了襄子宫中，准备乘襄子上厕所之机突然行刺，不料被赵襄子察觉，赵襄子不但没有逮捕他，反而认为他是个忠义之士，就把他放走了。

豫让并不就此善罢甘休，过了不久，又化装成乞丐，灭须去眉，漆身吞炭，躲藏在赵襄子必经的桥下，意欲再次行刺，由于马惊，豫让被发现，从桥下搜出。豫让两次行刺都未成功，自知大势已去，但他临死之前，要求赵襄子把衣服脱下来让他砍杀，以满足为智伯报仇的心愿。赵襄子答应了他的请求，将自己的外衣脱下，掷于地上，豫让举刀连砍数下，大声说"我算为智伯报仇了"，然后横剑自刎而死。人们纷纷前来祭吊豫让，从此这座桥被人称为豫让桥。许多文人游客，凡过此桥者，无不感慨万端。

被誉为"南青北白"的邢窑白瓷有何特点？

　　唐代是我国封建经济的繁荣时代，手工业生产空前发展，当时瓷器制造业基本上还是单色釉，釉色以单色的白、青为主。北方邢窑的白瓷与南方越窑的青瓷代表了唐朝瓷业空前兴盛时期的最高成就，两窑瓷器相与媲美，共著于世，被后人誉为"南青北白"。而邢窑古窑址就在河北邢台市内丘县境内，唐代李肇在他著的《国史补》一书中写道："内丘白瓷瓯天下无贵贱通用之"。邢窑白瓷达到了很高的技术水平，其白度纯正，色调稳定，釉色洁净而明亮。许多唐诗中都有赞颂唐代白瓷的名句。唐代陆羽在《茶经》中说"邢瓷类银""邢瓷类雪""邢瓷白而茶色丹"。杜甫在其诗篇中说"君家白碗胜霜雪"。唐代白瓷烧结良好而胎质坚硬，以箸击打能发出清脆的金属声，瓷胎质地洁白细腻，釉质莹润，其造型精巧，圆整如月，轻薄如云，产品精美，多为皇宫贡品。唐代瓷器还远输国外，在丝绸之路和海上航路所经之地，都发现有唐代邢窑白瓷碎片，在印度的勃拉名纳巴特废址也曾发现过我国邢窑瓷器残片。唐代邢窑白瓷在国内的广泛通用和在国外的远播，对当时人们的物质生活产生了深远的影响。

内丘县太子岩的太子到底是谁？

邢台市内丘县城西 30 公里，有一座山叫"太子岩"，山上有太子洼、太子洞、太子井和太子庄，还有"太子玉带"等地名。为什么这些地名都带有"太子"这两个字呢？这个太子到底是谁呢？春秋战国时期，渤海鄚州人扁鹊，是一名医术高超的医生，有一次扁鹊行医到了虢国（今河南省陕县），碰到虢国太子刚刚"死"去，老国君就这么一个儿子，于是诏示天下，谁把太子治活，必有重赏。扁鹊听说此事，详细了解情况后，认为太子并没死，而是"尸厥"，现在我们叫"休克"，可以救活。扁鹊精通针灸，给太子扎了几针太子便苏醒过来了。太子醒后，非要拜扁鹊为师学医治病，扁鹊摇摇头就走了。后来晋国出兵灭了虢国，太子走投无路又去找扁鹊。太子在龙腾山下、九龙河边找到了扁鹊，诉说了自己的遭遇，再拜扁鹊为师。从此太子就跟扁鹊学习医术，上山采药。扁鹊被害死以后，更坚定了太子行医救民的信心，他继承了师傅的治病美德，带领师兄弟们，在龙腾山腰一个洼地住了下来，修房盖屋，凿洞炼药，晋国人没有不感激他们的。后来为救一个危急病人，太子冒着危险，爬到龙腾山的悬崖绝壁，在采集名贵药材"五灵脂"时，不慎掉进万丈深渊，仅留下一条白色的腰带挂在树枝上。人们不忍心说太子摔死了，就编了一个故事，说太子一心为人们治病，感动了神灵，南海观音下界度化他成为医仙，像燕子一样飞来飞去为人治病，那太子岩半腰一道白色岩石，弯弯曲曲，绕山环转，不正像太子的玉带吗？

"**大**麓禅让"的传说是尧和舜吗？

隆尧的尧山是4000多年以前尧帝始封之地，后世有"帝尧封邑名还在，悠悠千古陶唐风"的诗句。尧为父系氏族社会后期部落联盟首领，号陶唐氏，他仁爱慈睦，平易近人，聪慧明德，定立法，亲九族，实行禅让制。相传尧时，山洪暴发，太行山以东一片汪洋，唯独山宣山、务山和尧山像一片孤岛坐落在洪水当中，山宣山、务山又叫"大麓"，山上古树参天，鸟兽成群，荒无人烟。尧看中了这个地方，想建立治理洪水的基地，可大麓四周环水，风急浪高，野兽伤人，几次派人勘察地形都不能顺利返回，于是尧派舜去，舜带着长矛和弓箭乘船去了。舜登上大麓，用长矛杀伤密林中的豺狼虎豹，用弓箭射死天上的秃鹰恶雕，他一边攀登，一边在大树上刻下路线记号，三天三夜，把大麓周围的山川水泽，勘察得一清二楚。当他要下山寻找木船时，天气突变，树林中一片漆黑，狂风卷着暴雨劈头盖脸地泼下来，舜站不住脚，被狂风卷到山下，木船断了缆绳，被吹到洪水之中。舜并不惊慌，靠着从小练就的超人本领，很快就辨明了方向，找到上山时在大树上刻下的记号，并在山下找到一根空心大树干，等风停了，雨住了，用空心大树干当船划回太行山。尧在太行山看到大麓上空，乌云翻滚，电闪雷鸣，担心舜此次必死无疑，天天带人站在太行山上向东观望，三天后，他们发现从大麓方向漂来一根大树干，是舜划着空心木船回来了。舜向尧汇报了大麓的情况，尧非常高兴，就把女儿娥皇和女英嫁给他做妻子。后来尧老了，让舜代替他管理国家大事，尧临死之前，实行君主禅让制把王位传给了舜。

赵武灵王真的死于沙丘之乱吗？

赵武灵王是我国春秋战国时期的霸主之一，是历史上极有名望的帝王之一。"武王遗恨满沙丘，赵氏英名于此休。年去月来春寂寞，故宫雀鼠尚含羞。"这首《探雀宫月》是清朝王悃哀叹赵武灵王死于沙丘谋变而作。赵武灵王不仅进行了政治改革，还改革军事，创建骑兵，灭中山，退三胡，筑长城，使赵国成为春秋五霸之一。他还化装入秦国勘察地形，准备讨伐秦国，称霸六国，结果因内乱而饿死于沙丘。事件发生在赵武灵王把王位传于赵何，自称主父（太上皇）的第四年（前295年）。《史记·赵世家》记载：赵武灵王与赵王何一同游览沙丘宫，安阳君章也跟从，沙丘宫中有离宫两所，主父与大王各居一宫，公子章所住的驿馆恰恰在两宫中间。公子章与田不礼密谋叛乱，假称主父生病，要召见大王。结果被察觉，于是就抢先进攻赵王所住的离宫，赵王正在危急之时，只听得宫外喊声大作，原来是公子成与李兑恐怕安阳君乘机作乱，从国都赶来，解救了此难。公子章战败后，单骑逃向主父所住的离宫，主父打开宫门把章藏了起来，后来公子章被公子成与李兑从主父宫中搜出被杀。公子成与李兑就密谋，他们包围主父的离宫，又杀了公子章，害怕回国后主父以围攻之罪加害于他们。于是就派人假传大王的命令，命令主父离宫中的宫人全都出宫，后面出来的就是叛贼，格杀勿论。宫人们都争先恐后地出宫，最后剩下主父一人，想出来，但门已上锁。主父出不来，又没有食物吃，只好逮树上的鸟和屋里的老鼠充饥，三个多月以后，赵武灵王因困饿而死在沙丘宫。赵武灵王的悲剧在于他废嫡立庶的做法和长期军事扩张而忽略内部各派势力的膨胀，最后大权旁落而无可奈何，导致身死的恶果。

"平台矫诏"是怎么回事？

秦始皇建立了我国历史上第一个统一的中央集权制国家，为了巩固政权，在六国故土，秦始皇举行了规模浩大的巡游。最终在他第五次东巡途中病死于沙丘平台，发生了著名的"沙丘政变"，导致秦王朝迅即灭亡。

公元前210年，秦始皇东巡途中身染重病，走到沙丘时病情加重，只得停驻沙丘宫。秦始皇自觉病危，考虑后事，立诏书传位于公子扶苏，并急令火速将诏书送与镇守边疆的长子扶苏。没想到当时负责皇帝乘舆和印信墨书的宦官赵高扣而不发。赵高生性狡猾刁钻，利用秦始皇喜好阿谀奉迎的弱点，取得宠信，升为中车府令，还做了胡亥的老师，他知道按诏书扶苏应该继位，并且扶苏聪明、宽厚、博才，又有蒙恬等大臣辅佐，但他们都瞧不起他，他害怕扶苏继位后自己失宠。于是赵高说服胡亥和丞相李斯，毁掉给扶苏的玺书，伪造了秦始皇册立胡亥为太子、赐扶苏自裁、蒙恬自杀的诏书。这就是历史上著名的"平台矫诏"。

崆山白云洞有哪些特色景观？

崆山白云洞位于临城县西竖乡山南村白云山南端，距县城6公里，1988年开发，1990年对游人开放。崆山白云洞形成于5亿年前的中寒武纪，是我国北方新发现的大型喀斯特溶洞。现在初步探明并对游人开放的有5个洞厅，总面积4000多平方米，游线总长四华里，主要景观200多处，非常罕见的绝景有六处。根据洞厅的景观造型特点，依次命名为"人间""天堂""迷宫""地府"和"龙宫"五个洞厅。第一洞厅比较宽敞明亮叫"人间"，此洞内

▲ 崆山溶洞

有白云洞第一绝"网状卷曲石"，它像是丝瓜瓤一样的毛针状沉淀物，在毛细水流作用下，沉积固结而形成。第二洞厅是"天堂"。此洞内有4处绝景，即白云洞第二绝景"石百叶"，这是洞壁裂隙中的水流渗出时，形成各种幔状钙华，逐渐发育成上密下疏半透明的百叶状，非常罕见；白云洞第三绝景"玉簪对净瓶"，美学观赏价值很高，是一件精美绝伦的艺术精品；最使人称奇的是"横天一枝"，它是白云洞第四绝景，在石钟乳上横向长出一个形似树枝的卷曲石，它的形成至今还是一个谜；白云洞第五绝景"线形石管"，又叫"朝天一炷香"，这些石管极细且空心。第三洞厅是"迷宫"，洞道狭窄、潮湿、曲折回环，好像迷魂阵。第四洞厅因为色调灰暗，格调低沉，气氛阴森恐怖，被命名为"地府"。第五洞厅是白云洞最新、最奇、最险、最幽的洞厅，所以叫"龙宫"，里面的绝佳境地是仙山琼阁，内有白云洞第六绝景针状石花。它们是岩溶滴水受毛细现象的影响，不断发育成长而形成的。整个岩洞囊括天下溶洞之奇观，造型类型齐全，被誉为岩溶造型"博物馆"。

柏乡汉牡丹有何特点？

汉牡丹丛生于邢台市柏乡县城东北6公里的北郝村，始植年代已无可考，人们都称它为"汉牡丹"。据民国二十一年（1932年）《柏乡县志》记载，西汉新莽末年，刘秀率军与王莽作战，一次失利后，曾躲避于此地的牡丹丛中，逃过敌军的追杀。民间传说刘秀称帝后，巡幸河北时曾赋诗一首"小王避乱过荒庄，井庙俱无甚荒凉。唯有牡丹花数株，忠心不改向君王"。"柏乡汉牡丹"由此而得名。我们知道牡丹为毛茛科落叶小灌木，高1～2米，为名贵观赏花木，花朵硕大，色泽鲜艳，雍容华贵，素有"国色天香"之美誉。柏乡汉牡丹更属罕见，花朵中心紫红，花瓣边缘微泛白晕，一株牡丹能开至百朵（1979年一株牡丹上开花96朵），且同株上的花朵又不尽相同。据记载：汉牡丹曾长到两米多高，枝粗如椽，同株异花，花木如盘、有千余朵。汉牡丹还有一个特异之处，就是千余年来，没见任何地方有其分株。柏乡汉牡丹以其独特的传说而闻名遐迩，据碑文载，清咸丰帝曾慕名来此赏花。1985年中央电视台、河北电视台、邢台地区电视台，均以"国色天香—奇葩"为题录制了专题片。1988年全国政协委员裴怡熔曾到牡丹园内一游，并赋诗一首："国色天香汉牡丹，名满中华怡自然。祝愿花好月常在，且盼两岸人团圆。"1991年费孝通题词："汉代重气质，牡丹留正色，雍容见神姿，有幸伴君侧。"1992年河北影视制作中心以汉牡丹为背景，拍摄电视剧《神花奇缘》。

太 行奇峡群"奇"在哪里？

邢台峡谷群位于邢台市西南邢台县的路罗镇贺家坪村，距邢台市62公里，游览面积18平方公里。它由24条峡谷组成，其中千米以上的达8条之多，具有狭长、陡峻、深幽、集群、赤红五大特点，形成了独一无二的石英砂沉积岩峡谷群，成为八百里太行一大奇观，被专家誉为"世界奇峡"。峡谷群主要景观50余处，如鬼门天堑、卧峡晴虹、云崖散珠、飞瀑泻玉、千佛壁立、双龟戏石、白云人家、十八盘等。最主要的是峡谷群有三奇。一奇峡长，该峡谷群谷深狭长、峡岸壁立，在峡谷群的入口处有长嘴峡，狭长 800 米，宽 10 余米，高 70 余米。还有竹会峡，狭长 3000 米，虽不险峻，但可称得上是野生植物的天堂，野生动物的乐园；主峡黄巢峡，是群山间的一道地堑，长达 4000 余米，峡深 150 余米，宽处几米，最窄处仅几十厘米，险峰对峙，壁立千仞，抬头仰望，云崖倾扑，与青天成一线，几欲合拢，又称"一线天"。二奇境幽，18 平方公里的地方，红崖绝壁，树木郁郁葱葱，峰峦层叠。三奇连绵 10 余里的清潭飞瀑，千万年的流水冲刷出数不清的太行年轮，在黄巢岩下形成了深不可测的石瓮水潭，山泉奔流至此，旋即从石瓮中回旋喷流而出，形成了高数十丈的瀑布。

太行山最绿的地方在哪里？

被中央电视台、《人民日报》等多家媒体誉为"太行山最绿的地方"便是邢台县前南峪村。该村地处太行深处，东距邢台市 65 公里。这里曾是中国人民抗日军政大学旧址所在地，又是改革开放后社会主义新农村的典型。其优越的农业生态环境，为观光农业的发展打下了坚实的基础。过去这里是"光山秃岭和尚头，衣食住行样样愁"的穷山沟，十一届三中全会以来，该村打开山门，科学治山，率先试验了以小流域为单元的山区生态经济建设的新模式。前南峪村在经济建设中创造了一套成功的经验，按照生态效益、经济效益和社会效益并重的原则，确定防护林、经济林共同开发。为了防止水土流失，前南峪村修造了完整的水土保持体系，实现了浊水不下山，泥沙不进川。经过 20 多年的艰苦创业，前南峪村使建国初期遭到彻底毁灭的生态环境得到恢复。该村植被覆盖率达 98%，林木覆盖率达 90%，全村 10 条经济沟和 72 条支沟，共计 8300 亩坡全部建成"洋槐头、干果腰、水果脚、水边杨柳、沟川农田"的立体结构布局的山川，被誉为"太行山最绿的地方"。1994 年获联合国环境建设"全球环保五百佳"提名奖。

义 和团运动的发源地在哪里？

19 世纪末 20 世纪初，随着帝国主义对中国侵略的加深，中国大地上爆发了一场震惊中外的义和团反帝爱国主义运动。而这场运动的发源地就在河北邢台的威县。义和团运动的著名领袖赵三多生于邢台威县沙柳寨一个贫苦农民家庭，自幼习武，深明大义，富有民族气节，广收徒弟三千人，是远近闻名的梅花拳大师。他领导的义和团运动起义时间最早、坚持时间最长、活动范围最广、中外影响最大，在义和团运动史上占有十分重要的地位。1898 年10 月，由于外国传教士要将威县梨园屯的玉皇庙拆建为教堂，引起村民公愤。在赵三多的领导下义和拳民 3000 多人以头裹红巾，脚穿长靴为标记，聚集冠县蒋家庄（今属威县）举行祭旗起义，打出"扶清灭洋"的大旗，波澜壮阔的义和团运动从此揭开序幕。义旗一举，万民响应。义和团所到之处，广泛收徒授拳，影响大增。赵三多在河北中、南部传播的反帝爱国火种，为后来京津地区义和团运动的发展壮大打下了基础。2001 年由中国史学会、义和团运动研究会、山东大学等共同举办的"义和团运动 100 周年国际学术研讨会"在威县召开，威县作为义和团运动的发源地也成为研究义和团运动的聚焦点。

灵 霄山与黄巾起义有何关系？

位于邢台市邢台县北部山区的灵霄山，是东汉末年黄巾军起义的始发地，至今邢台民间还流传着许多张角和黄巾军的故事。

张角，邢台巨鹿人，在灵霄山始创"太平道教"，自称"大贤良师"，研究《太平经》，治病传教。他利用灵霄山三面为悬崖的奇险地形，建立了易守难攻、结构独特的黄巾军寨。黄巾军寨依山就势，功能齐全，规模较大，具有极高的历史价值和旅游开发价值。至今灵霄山仍保留了部分寨墙和多座兵营、点将台、杀人场、水牢、八角琉璃井、百余阶的上天梯及东、南、西、北四面寨门。此外，灵霄山还蕴含着深厚的道教文化，遗留了丰厚的历史遗存，旅游开发潜力巨大。

唐朝皇帝的祖陵是在隆尧吗？

大唐皇陵位于隆尧县城正南6公里的魏家庄镇王尹村北200米处，为唐高祖李渊第四代祖宣皇帝李熙的"延昌陵"和三代祖懿王光皇帝李天赐的"延光陵"，二陵共茔，合成"大唐帝陵"。陵区南北长250米，东西宽40米，面积1万平方米。唐太宗李世民在贞观二十年（646年）命长孙无忌与邢州、赵州刺史等"晋谒茔地，画图进上"。唐高宗李治时期派人守护陵区，当地的州、县官员每年春秋两季，都代表皇帝前来巡视、祭祀。唐玄宗李隆基在开元十三年（725年）派上柱国田在思、象城令宋文素率象城、任县、柏仁三县民众，在陵东500米的地方建光业寺，并立寺碑为志。《大唐帝陵光业寺大佛堂之碑》记载了李唐王朝两位祖先的生平事迹以及追封、建陵、建寺的经过，并说明当地就是他们李氏王朝的祖籍。陵墓原来有高大的封土，陵区南部有百余米神道、石像生两列。现神道石雕仅存华表一对，翼马一对，鞍马两对，文臣、武士各两对，石狮一对。这些石雕大多造型生动、镌刻精美，体现出大唐风格。尤其是石狮子，雕刻更为精湛，肌肉突出，昂首欲吼，形态奇特。1934年石狮子曾被与美国人勾结的奸商高价买去，被当地群众告发又被追回。"文化大革命"初人们将其埋入地下而免遭劫难。唐陵及其遗存石雕对于研究唐代历史和唐代雕刻艺术具有重要的参考价值。

邢 台道德经幢是在怎样的背景下建立的？

邢台道德经幢原在邢台道教圣地龙兴观内，现已移至邢台清风游园。经幢为八棱形，通高 7 米，三层碑身，由顶、身、座三部分组成，八面刻文，下有须弥台座，碑的上层正中有方形碑额，篆书阳文"大唐开元圣文神武皇帝注道德经一部"16 个大字。道德经幢建于唐开元二十七年（739 年），由唐玄宗命时任邢州刺史的李质建造。它是李唐王朝崇尚老子、扬道抑佛的产物，具有明显的政治意图。早在李渊起兵反隋时就曾利用当时的"老君子孙将治世"的流言获得舆论支持，宣传自己是老子的"圣裔"，尊老子为"圣祖"。唐太宗李世民时诏曰："老子是朕祖宗，名位称号亦在佛先。"唐高宗李治追封老子为"太上玄元皇帝"。到了唐玄宗李隆基时，出于政治上的需要，大力推行崇道抑佛的政策，以消除武则天执政时大肆佞佛给政治、经济和文化方面造成的消极影响，他把老子尊为"万教之祖"，称《道德经》为百家之首，在六经之上。开元二十年（732 年）十二月，唐玄宗亲自为《道德经》写序作注，并颁布全国，命王公大臣及士庶百姓都学习老子的道德经。邢台龙兴观道德经幢就是在这种情况下由当时的地方官主持建造的，经幢的内容即是唐玄宗"笺注"的老子《道德经》。

郭 守敬对人类有哪些科学贡献？

郭守敬（1231～1316 年），字若思，出生于邢台县的郭村。

他是我国元朝时期著名的天文学家、数学家、水利学家和仪表制造家。他毕生从事科学研究，研究领域涉及天文学、水利学、数学、测绘及仪器、仪表制造等多种学科。他和张衡、蔡伦、祖冲之、僧一行、孙思邈、沈括、李时珍等人，被尊称为中国古代的八大科学家。郭守敬一生有 10 多项科技成果领先于世界水平，为人类的科学事业做出了卓越的贡献，成为全世界人民所敬仰的科学巨匠。他主持制定了当时世界上最优秀的历法，元世祖忽必烈赐名曰"授时"。《授时历》在世界数学史上最早提出和运用了三次内插法和球面三角法的计算公式，由于精确度高、误差较小，在中国一直沿用了 360 年，并影响到朝鲜和日本，达到了中国古代治历工作的高峰。他先后组织了 13 支观测队进行了中国历史上规模空前的纬度测量。他创制了世界上最早的大赤道仪——简仪。他最早发明并应用了滚珠轴承。他创制了世界上第一台自鸣报时钟——七宝灯漏。他在大地测量中首次使用了海拔概念原理。他首次以科学考察为目的探寻了黄河源。他在长期治水过程中，开辟了集灌溉、航运、防洪等为一体综合利用的先河。人们为了纪念他，1962 年发行了两枚郭守敬纪念邮票，20 世纪 70 年代国际天文学等组织先后将月球上的一座环形山和太空中编号为 2012 号的小行星分别命名为郭守敬山和郭守敬星。

郭守敬纪念馆的概况是怎样的？

邢台是元代著名科学家郭守敬的故乡。为了缅怀先贤，崇扬科学，为青少年提供一个培养科学意识的活动场所，邢台市政府决定在达活泉公园内建立郭守敬纪念馆。该馆 1984 年奠基，1985年 12 月 6 日郭守敬铜像揭幕。该馆占地 50 亩，建筑面积 2120 平方米。纪念馆分主体、馆外、附属建筑三部分。馆外建筑重点是郭守敬铜像，身高 1.41 米，重 3.5 吨，铜像手持四卷图纸，分别代表其在天文、数学、水利、仪器制造方面的科学成就。主体建筑是歇山式门楼建筑，外八字围墙，坐北朝南，门前新辟万余平方米的广场，广场正中立有琉璃影壁，正面有全国政协副主席周培源教授题写的"观象先驱，世代景仰"八个大字。背面是一大型瓷砖壁画，概括了郭守敬一生的成长和业绩。院内建有东、西、北三个大厅。东厅主要陈列的是郭守敬青年时期的发明创造，以及从学紫金山的事迹。北厅主要介绍郭守敬如何治理水道和编写《授时历》。西厅展示的是郭守敬开凿运河，兴修水利的事迹。其中附属建筑还有周公测景台和他当年创制部分天文仪器复制品。主要有：莲花漏、仰仪、景符、窥几、浑仪、简仪等。同时馆外还有观星台，是仿照河南登封观星台遗址修建的。该馆 1998 年被河北省人民政府授予三星级文明窗口单位，1999 年被中共河北省委、省人民政府命名为省级爱国主义教育基地。

邢台地震纪念碑和资料陈列馆有什么内容？

1966 年 3 月 8 日，在邢台市隆尧一带发生了 6.8 级的强烈地震。周恩来总理冒着余震的危险，三次亲临现场视察慰问，指导救灾工作。1987 年在邢台地震 20 周年之际，经国家地震局批准，建立了邢台地震纪念碑和资料陈列馆。地震纪念碑为钢筋单混凝土结构，外贴花岗岩石料，高度 19.66 米，象征着邢台大地震发生于 1966 年。碑前侧分两阶，第一阶三级，第二阶八级，象征着地震发生时间是 3 月 8 日。纪念碑正面刻写着李先念亲笔题写"邢台地震纪念碑"七个镏金大字，背面刻写着周恩来制定的十六字方针："自力更生，奋发图强，发展生产，重建家园。"碑座两侧及背后有三幅汉白玉线雕画，分别为"蒙难""救援""重建"。

邢台地震资料陈列馆占地 400 平方米，国务院副总理兼国家科委主任方毅题写了"邢台地震资料陈列馆"九个镏金大字。该馆分为中大厅、东西侧厅、东西耳厅。各厅展出形式以大型原始照片为主，辅以文字说明及图表、绘画等。内容共分六部分：第一部分为邢台地震概况，主要介绍地震参数、序列和背景；第二部分为地震灾害，介绍地面、公路、桥梁建筑物破坏和人员伤亡等；第三部分为党和政府的关怀，介绍从中央到地方军政领导慰问指挥救灾情况；第四部分为抗震救灾，从救护、支援、军民鱼水情、群众安定生活等方面加以介绍；第五部分为发展生产重建家园，介绍灾区人民英勇奋斗的过程；第六部分对加强地震监测、探索地震规律加以介绍。此外，邢台地震资料陈列馆还介绍了中国地震科研事业的发展情况，以及一些防震抗震的科普知识。该展览曾获国家地震局科普专项三等奖。

京剧艺术家尚小云的故乡在哪里？

京剧表演艺术家尚小云（1900～1976 年），名德泉，字绮霞，河北南宫县人。他 13 岁进三乐科班学艺，16 岁出科，24 岁便以精湛的演技和出众的才华，获得京剧"四大名旦"之一的赞誉，世称"尚派"，受到京剧观众的喜爱，是我国杰出的京剧表演艺术家。

尚小云曾历任北京尚小云剧团团长、北京市第一、二、三、四届政协常委，北京市文联常务理事，京剧联合会副主任，中国戏剧家协会理事等职务。"文化大革命"期间，他遭受林彪、"四人帮"的迫害，身心受到摧残。1976 年 4 月 19 日因心脏病发作在西安逝世，终年 76 岁。

尚小云一生刻苦钻研，勇于探索，擅演豪放豁达的古代妇女及少数民族妇女，塑造了众多的妇女形象。《梁红玉》《汉明妃》《二进宫》《福寿镜》《双阳公主》等都是尚派名剧。他和梅兰芳、程砚秋、苟慧生一样，对戏曲旦角艺术的发展，特别是对我国京剧艺术的发展做出了重大的贡献。

清河国际羊绒市场因何享誉世界？

羊绒产业位清河五大特色产业之首，也是清河经济的重要支柱。清河羊绒产业始于 20 世纪 70 年代末，经过 20 年的发展，经历了家庭工业起步、规模企业扩张、深加工发展三个阶段，现已成为中国最大的山羊绒及特种动物纤维集散地，全国主要的羊绒及其他绒毛制品生产基地，所以有"世界羊绒看中国，中国羊绒看清河"之美誉。1998 年受亚洲金融危机、国内市场需求不旺等不利因素的影响，羊绒产品价格急剧滑坡、利润大幅降低，在这种困难形势下，清河县抢抓收原料、兴建市场、发展深加工和扩大招商引资等机遇，促使清河羊绒在市场上一枝独秀，保证健康稳定的发展。目前清河羊绒产业遍布全县，全县拥有梳绒机12000台，羊绒产销量占全国75%，占全世界45%。羊绒深加工企业100 多家，羊绒原料交易市场 14 个，新建的清河国际绒科技产业园区，占地 6.31 平方公里，功能设施齐全，设备先进，领导着国际、国内羊绒制造新潮流。

黄瓜是怎样得名的？

在对邢台当地的民俗调查中发现，人们对一些事物名称的含混叫法一直沿用至今。黄瓜的本名叫胡瓜，因它产自西域，后被引入内地并发展为主要蔬菜品种之一。为何由"胡瓜"变成"黄瓜"？这里有一段故事。我国古代称西方边远少数民族地区为胡人，后赵建立者石勒原是匈奴羯族人，他在襄国（今邢台）做皇帝后，为显示其种族的尊贵，把羯族人称为"国人"。但邢台大部分百姓却不那么称呼，而是管羯族人叫"胡人"。石勒认为有贬义，对他们民族不尊重，所以对这个称呼甚为忌讳，于是就制定了一条法律，严禁人们使用"胡"字，无论说话或写文章，谁犯禁忌就杀头。有一次石勒召见地方官，见襄国刺史樊坦穿着结了补丁的破衣服来见他，大发雷霆，问他为什么穿着破衣服来见皇上。樊坦是一老实人，一听皇帝这样问他，非常紧张，慌了手脚，忘了避讳就说"胡人无道，攫吾衣物殆尽"。石勒听后非但没有恼怒反而来安慰他，这时他才醒悟过来，急忙磕头请罪。石勒为了试探他是否真的尊重羯族人，就召见他吃御宴，酒宴摆开，石勒指着桌上菜肴中的一盘胡瓜问樊坦："卿认此瓜否。"樊坦出身贫寒，虽坐高官仍布衣素食，对胡瓜很熟悉，见石勒故意提问，早已警惕，胸有成竹地用四句诗回答："紫案佳肴，银杯香茶；金樽甘露，玉盘黄瓜。"樊坦避讳不敢再说，灵机一动，改胡为黄，于是"黄瓜"的名称便沿用至今。

巨鹿的串枝红杏与枸杞有何特点？

巨鹿的串枝红杏原产于巨鹿贾庄乡孔家寨村，是群众由当地的自然群体中选出的优良单株培育而成，至今已有 300 多年的历史。1957 年河北农业大学教授曲泽洲在巨鹿县考察时，就确认串枝红杏是优良品种。成熟的串枝红杏个头大，平均单果重 52.5克，最大单果重 94.1 克。果肉红密脆嫩多汁，鲜吃酸甜可口。据化验，串枝红杏果肉富含维生素、胡萝卜素、硫胺素、核黄素、尼克酸、钙、磷等营养物质，并对抗癌有一定的功效。以串枝红杏为原料可制作风味各异的杏制品，1984年经轻工业部鉴定，串枝红杏的杏制品，品质名列全国第三、河北省第一。每年串枝红杏和杏制品还出口俄罗斯、日本和美国。

巨鹿枸杞也以其质佳色艳闻名于世，被命名为"血杞"。它不仅国内是抢手货，还远销泰国、马来西亚、新加坡、美国以及中国的台湾和香港。枸杞浑身都是宝，宋代文学家苏东坡《枸杞》诗中就有"根茎与花实，收拾无弃物"的佳句。枸杞的主要功用是补肾益精，养肝明目，降血糖，退虚热，壮筋骨，除腰疼，久服可延年益寿。

内丘的富岗苹果缘何走俏？

内丘的富岗苹果生态园位于内丘县岗底村，富岗苹果是在深山区独特的小气候下生产出来的优质名牌。从1984年开始，村支书开始带领全村村民治理荒山，高标准完成了"三沟两峪一面坡工程"，治理面积7800亩，栽果树15万株。1996年请专家，依靠科学培育了50元一个的富岗苹果。"富岗"被认定为河北省著名商标，也是苹果注册商标中唯一的一个著名商标。富岗苹果荣获"'99昆明世博会银奖"。"富岗苹果，50元一个"的名牌促销方式已经打响，并推向全国。富岗苹果具有绿色无公害、无污染，营养均衡，肉纯形美的特点。富岗苹果为什么这样好？先是特殊的气候，富岗苹果产地昼夜温差大，岗底有"夜盖棉被午披纱"之称，由于日照充足，有利于养分的积累，故含糖量高，适口性能好。其次是特殊的土壤，生产地为沙壤土质，含有较丰富的磷、钾、镁等元素，使苹果质地细脆、营养价值高。第三是特殊的水质，当地水质甘甜纯净，矿物质丰富，与众不同的水源，造就了与众不同的品质。第四是特别的管理，河北农业大学负责果园整套无公害绿色食品的生产管理，果农精耕细作，是造就优秀品质的外因。第五是独特的品种，富岗果树是当前最优秀的果木品种，其各项指标均高于国内同类果品标准。经北京农业大学测定，富岗苹果含有 18 种氨基酸，有 15 种高于全国标准值。所以富岗苹果走俏中国。

威 县"三白西瓜"与平常的西瓜有什么不同？

西瓜被人称为解渴消暑之佳品，但西瓜之珍品堪称威县"三白西瓜"。为什么叫"三白西瓜"呢？"三白西瓜"与我们平常吃的西瓜有什么不同呢？我们平常吃的西瓜一般都是翠绿花皮，粉色瓜瓤，黑色瓜子。"三白西瓜"却是白瓜皮、白瓜瓤、白瓜子。威县"三白西瓜"，经过数百年的培植与筛选，色、香、味更加纯正。同时还具有个大（个大者达 50 斤左右）、籽少、爽口、极耐存放之特点。时值寒冬腊月，还有不少人家存有"三白西瓜"，新年佳节，亲朋聚会，"三白西瓜"就成了解酒消酒的佳肴。这种西瓜不仅吃起来香甜润口，沁人心脾，浑身还具有很高的药用价值。瓜皮是制成"西瓜翠衣"的主要成分，可治疗湿热尿赤、黄疸水肿等病症；瓜子可以清肺润肠、补中益气、助消化；还可以制成"西瓜霜"，治疗咽喉肿痛等病。威县种植"三白西瓜"历史悠久。据威县县志记载，西汉张骞出使西域后，带回瓜种，后来在威县广为种植。不少农民以种瓜为主，具有丰富的经验，再加上半沙性土壤，以芝麻酱、大粪作底肥，使西瓜越种越好，远销山东、山西、北京和天津等省（市）。辛亥革命后不久，当地人张翰如由威县议事会长调任北京市教会报纸《益世报》襄理，他力举三白西瓜进京摆摊设点，标名为"威县大白瓜"，个个都有 50 斤左右，"三白西瓜"在北京名噪一时。

老字号"桐泰祥"糕点有何来历？

　　"桐泰祥"是邢台著名的老字号。始创于清朝末年光绪十七年（1891年）9月，距今已有一百多年的历史。创始人是河南安阳两兄弟：李如章、李如金，他们在邢台尚德芳街创办了一家食品店，取名桐泰祥，寓意是：凤落梧桐，安泰吉祥。后迁至今邢台北大街，初创时以经营糕点、面酱、酱油、醋和香油为主，还有杂货。后迁至府前南街。1907年聘请糕点名师吴国祥到桐泰祥，坚持质量第一，选料讲究，质高价廉的经营理念，由此桐泰祥糕点销量大增，开拓出桐泰祥的新天地。1936年，桐泰祥更名为"凤泰祥"，糕点名师路金荣勇于创新，开创了糕点南点北制的新技艺。当时凤泰祥的生意达到历史鼎盛时期，在邢台糕点行业中首屈一指，堪称"邢台第一家"，并在邢台、邯郸、安阳一带享有盛誉。后来桐泰祥几经周折，日益衰落，1948年倒闭。新中国成立后，1950年"桐泰祥"恢复了老字号，生意又火爆起来。1956年至20世纪70年代末，公私合营和"文化大革命"期间，桐泰祥一度又成为副食店，失去了经营特色，字号也一度消失。1983年在武秀荣经理的倡议下，重新启用"桐泰祥"字号，请回路金荣指导生产，产量供不应求。如今桐泰祥糕点在花色、品种、档次上日渐繁多，成为邢台市食品行业中的佼佼者。

清真名吃黑家饺子的特色是什么？

　　黑家饺子始创于1943年，距今已有60年的历史。它以配方独特，美味可口，馅食绵软，膻而不腥闻名省内外，成为清真名吃。近年来，邢台市清真食品总公司根据顾客的需求及企业发展的需要，在继承原风味的基础上，又开拓创新出三鲜、时令、鸡蓉、鲜素等 20 余个新品种，形成档次齐全，风味独特，鲜味爽口的黑家饺子系列。随着人们生活水平的提高，社会生活节奏的加快，方便食品迅速发展，黑家饺子瞄准市场，建立了邢台清真速冻食品厂，沿用传统手工工艺的操作程序，生产以黑家饺子为龙头的系列产品，使黑家饺子走进了千家万户。为使黑家饺子发扬光大，邢台市清真食品总公司先后建立了 7 个黑家饺子系列分店，实行"统一配送，统一核算，统一质量，统一价格，统一店牌"的连锁经营，提高了信誉度和经济效益。1994 年，黑家饺子以产品商标在国家工商行政管理局予以注册，取得商标权。黑家饺子受到消费者的喜爱，美名远扬，其制作工艺曾先后在河北电视台《中国河北》《河北颂》等专题节目中播放，并被《民族画报》《河北菜点大全》《华夏名吃》和《邢台地方志》等书刊选录。1992 年，黑家饺子被河北省烹饪协会评为"河北省优质产品"。1994 年，黑家饺子在全国首届清真烹饪技术竞赛中夺得河北省参赛品种中唯一的一块"金牌"，获得"全国清真名牌风味食品"的殊荣。

"义兴张"道口鸡因何驰名？

　　"义兴张"道口鸡源于驰名全国的河南滑县道口镇的道口鸡。河南滑县道口鸡清朝初年由张炳所创，人称"义兴张"道口鸡，距今已有 300 多年的历史。安徽符离集烧鸡和山东德州扒鸡俱由它起源。"义兴张"道口鸡现在全国已有八处分支，其中邢台这支历史最早。1938 年张炳的七世孙、19 岁的张长荣，带着 13 岁的徒弟卢玉俊，并携"河南道口义兴张烧鸡铺"的牌子和煮鸡老汤，来到邢台，以祖传的手艺制作烧鸡。从此邢台人民的餐桌上又增添了一道美味。由于道口烧鸡味香肉烂，形美色佳，1959 年，获河北省食品一等奖，1980 年又被评为河北省肉食类名牌产品。邢台道口鸡受欢迎的根本原因在于历史悠久、加工精细。原料一律选用上好活鸡，买运途中挤压而死的鸡一律不用。经水烫后，开膛、扒肚、去爪，连血嘴、脓鼻、鸡脸、下颚、鸡冠等处都细致处理，夏天用冷水浸泡，既拔血又避蝇。晾干后用秫秸做的支架撑型，保持外形美观、整齐划一。在过油炸好后，掺入 20 多种药料，配上煮鸡老汤下锅炖煮二至三小时。药料品种和数量，根据季节与鸡龄不同而变化，标准严格。经药料炖制出锅后，色鲜皮嫩，肉烂骨离，干洁无水，馨香扑鼻，多食而不腻，还具有一定的防腐抗菌作用。

为什么人们喜欢吃邢台"六合居"锅贴？

凡吃过邢台"六合居"锅贴的人都说好。20 世纪 30 年代，邢台南关商场院内有一家小酒馆，字号"三鲜春"，主营锅贴。1934 年南宫人张培俊接管了这家小酒馆，经过改造扩建，取天、地、四方合而为一之意，改名为"六合居"。该字号一直沿用至今。锅贴既是精致的酒席面点主食，又是一种风味小吃，尽管现在许多饭店都经营锅贴，但他们的制作工艺都比不上邢台"六合居"锅贴。这是为什么呢？因为"六合居"锅贴的制作有三个关键步骤：一是面皮烫制，二是调馅，三是煎制方法。锅贴面皮是半烫面，烫成比例及水温随气候而调整，要求制出的锅贴面皮糯而不粘，脆而不硬。锅贴用馅可荤可素，还可以加上海鲜，调馅时加入老汤，无论荤素都讲究一个"鲜"字。煎制锅贴的燃料，传统上是用麻秸，因为麻秸有上火快，撤火快的特点，如果上火缓慢就会使锅贴干硬而不焦，如果撤火稍慢就会使锅贴黑煳。邢台"六合居"的锅贴，秉承师传，积累了数十年的经验，仍保持传统的制作工艺及风味特色，1990年被评为邢台市风味品种，1991年被评为河北省优质风味品种。

你 了解广宗梅花拳吗？

梅花拳简称梅拳，过去不论练功或技击都在桩上练习，所以又叫梅花桩，后因时代变革，逐渐由桩上改为地上练功，所以梅花桩也叫落地梅花拳。它是一种内练气、外练型，内外兼修，攻防技击性强，体用兼备的传统拳术。相传梅花拳是由东汉末年黄巾军流传而来。据《广宗县志》记载：明朝初年，护卫大将军李元福在广宗大平台一带屯兵垦荒时曾创办武校。清朝乾隆九年（1744年），江南梅花拳一代宗师邹文聚由江苏徐州传拳术到达广宗前魏村。自此以后，梅花拳在广宗发扬光大。历史上广宗造就了一大批武进士、武举人和武术名师，如李永吉、景廷宾、郭青海、乔德元、王老太等。建国后，梅花拳在广宗更为普及。到20世纪80年代广宗民间武术队有72支，常年坚持活动，现有136个村建有武术队或武校，演练者达6万人多。

太 平古乐是什么曲子？

太平古乐原名"太平道乐"，产生于东汉光和三年（180年）前后，至今已有1800多年的历史。主要流传在邢台广宗一代的农村。太平古乐属于道教在发展的过程中为传播教义而服务的音乐形式。这种音乐无乐谱抄本，主要靠口传心授，受北京道教音乐影响颇深，目前太平古乐主要用于民间的斋醮法事。太平古乐以管、笙、笛、箫等乐器为主，配以坛鼓、云锣、铛子、大铙、大钹、小钹、镲、磬、木鱼等，曲调明亮、激昂奔放。演奏形式分动乐和静乐，动乐是指边行进边演奏，被称为舞乐；静乐指演奏者立着或站着演奏。历史上，唐高宗曾多次召见广宗太平古乐乐师，并把著名的"三仙曲"（祈仙、望仙、翘仙）作为宫廷朝拜、庆典的音乐，曲牌至今仍在沿用。1958 年周恩来总理和史学家郭沫若看了广宗太平古乐演奏后，曾经给予高度评价。20 世纪 90 年代以来，先后有美国、加拿大、新加坡、法国等国家的诸多研究东方文化和艺术的专家、学者多次到广宗实地考察太平古乐。广宗太平古乐已经走出中国、走向世界，不仅在国内，而且在世界乐坛上都享有很高的声誉。

隆尧招子鼓有何艺术魅力？

隆尧招子鼓原称鼓会，是一种传统的民间艺术形式，广泛流传在隆尧，尤以千户营乡最为盛行。隆尧招子鼓有其独特的艺术风格，最明显的标志是每个小鼓演员背部都附有一杆引人注目的鼓招子。招子鼓的乐器全是打击乐器，大致分为鼓、锣、镲三类。鼓又分为大鼓、小鼓两种，锣按大小分 4 种，镲分钹、铙、镲 3 种。演员按行当可分为五种，最引人注目的是丑角，身穿彩衣，手持纸扇，诙谐滑稽，善于逗乐。招子鼓以鼓招子为主要道具，目标鲜明，招徕观众。隆尧招子鼓以其独特的艺术魅力，铿锵的鼓谱韵律，粗犷豪放的舞姿而独树一帜。据传李世民曾因藏在大鼓中躲过追杀，因此每逢佳节或朝中大事即以鼓助兴；也有人说李自成领导农民起义，作战时令将士以鼓助威，打了不少胜仗，久之而形成鼓会。1987 年春节，隆尧招子鼓被选入中央电视台春节联欢晚会。1995 年，隆尧招子鼓应邀参加了第五届"吴桥国际杂技艺术节"开幕式表演，获得表演优胜奖和编导一等奖。

你 听过邢台的地方戏曲乱弹吗？

　　乱弹是河北省历史悠久并具有一定影响的剧种，它与昆腔、高腔、丝弦并称河北四大剧种。因其流行地域和腔调上的区别，又有东、西路之分。清朝初年，刘献廷在《广阳杂记》中记载："秦优新声，有名乱弹者，其声甚散而哀"。这是有关乱弹腔的最早记载。又据徐大椿的《乐府传声》记载，清乾隆年间，乱弹已成为与当时"西腔""高腔""梆子"等相提并论的重要声腔，在北方广为传唱。乱弹已经形成自己的独特风格，随着京徽合流，乱弹便脱离出来、自立门户。乱弹在发展流行的过程中，受到燕赵、齐鲁民俗和北方梆子声腔的影响，其风格逐渐趋向高亢激越、浑朴粗犷，主要唱腔仍保持原来的调式，伴奏沿用唢呐、笛子和弦索。乱弹的角色分为生、旦、净、丑四大行当，按年龄、性格、身份、特征又分为若干小行。乱弹的表演古老浑朴，尤以武功见长，艺人在舞台实践中，学习应用了民间武术的技法，发展了武打表演，许多乱弹武生都身怀绝技。辛亥革命期间是乱弹剧种的兴盛时期。当时班社众多，名伶辈出。新中国成立后，乱弹这一剧种获得新生，一些专业剧团相继成立，农村业余剧社也异彩纷呈。尤其是威县乱弹剧团排演的剧目，多次在省、市会演中获奖，蜚声燕赵艺坛，该团编排的《王怀女》一剧还被搬上电视荧屏，受到观众的好评。

邯　郸

邯郸因何进入国家级历史文化名城之列？

邯郸地处河北省南部，与山西、山东、河南交界，素有"冀南明珠"之称。有着悠久的历史文明和现代文明。

市辖武安市、邯郸县、永年县、曲周县、邱县、鸡泽县、肥乡县、广平县、成安县、涉县、临漳县、大名县、馆陶县、魏县、磁县和峰峰矿区、丛台区、邯山区、复兴区 19 个县级行政区。面积 12087 平方公里，人口 963．5 万。1994 年 1 月，被国务院公布列入"国家级历史文化名城"名单。邯郸市获此殊荣，主要基于其悠久历史和丰厚的文化遗存。

邯郸的人类活动起源较早，可以上溯到我国新石器时代早期，至今有近 8000 年的历史。到了战国时期，邯郸进入了它的辉煌时代，发展成为赵国的政治、文化、经济、军事中心，作为国都长达 158 年之久。经短暂沦落，又振兴于西汉时期，成为全国五大都市之一。至东汉末始衰落。三国时期，代之以邺城（今临漳），成为魏国王都。北宋时期，又代之以大名府（今大名），号称陪都"北京"。数度繁华，留下了丰富的遗产。现有 1500 多处文物古迹，仅全国重点文物保护单位就有 18 处。

"邯郸" 地名是怎么来的?

邯郸，是中国著名古城之一，不仅建城历史悠久，而且名称自诞生之日起至今，基本未变动过。这种情况在全国也是少有的。邯郸作为地名最早见于文献记载的有两种说法，一是历史地理学家侯仁之教授提出的，根据《春秋谷梁传》鲁襄公二十七年一条中记述："卫杀其大夫宁喜，卫侯之弟专出奔晋，织绚（鞋饰）邯郸"。据此，邯郸已有 2500 年的名称历史了。另一说法是近年有人提出来的，认为如果根据战国时代的《竹书纪年》记载，商代末年已有邯郸之名了。这比前一种说法还要早 500 年。但由于《竹书纪年》一书早已散佚，目前能看到的只是唐代人的引文，属于孤证。所以，侯教授的说法，仍为多数历史学家所确认。

邯郸之名的由来，公认以《汉书》中的三国时魏人张晏的注释为准。大意是：邯，山名。单，山脉尽头。邯单就是邯山山脉尽头的意思。因为城廓从邑，故单旁加邑（阝）而成为邯郸。根据邯郸出土的有"甘丹上"铭文字样的钱币，有人认为"甘丹"是"邯郸"的简化省文，也有人认为"甘丹"才是本名，这样，张晏的解释就不当了。对于"甘丹"就是指邯郸，有的说源于邯郸西部某山为"甘"山，有的说"邯沟"为邯郸地名本源，更有的说源于商周时代两代氏族甘氏和单氏之合称的。尽管邯郸地名的由来说法很多，但仍以侯老之据和张晏之说最为可信。

邯郸境内有哪些主要的山脉与河流?

邯郸市西依太行山，东跨河北平原。以京广铁路为界，西部是巍峨群山，起伏丘陵，东部是广阔平原，沃野无垠。地势特征是西高东低，逐级下降，依次为中山、低山、丘陵、山麓平原和冲积平原、洼地等。高差较大，最高处和最低处相差 1800 余米。地貌特色显明，类型齐全且复杂多样，单元排列整齐有序。其中山地丘陵区约占全市面积的 46%，平原区占 54%。西部山区为太行山余脉，范围包括武安、涉县、峰峰矿区全部及磁县、邯郸、永年西部地区，海拔 200~1500 米以上。山地又分为中山和低山。中山环列在西部，多呈孤峰状态，如青崖寨、马虎寨、五指山、武当山、韩王山等。其中武安青崖寨为邯郸最高的山峰，海拔1999 米。海拔 1000 米以下的为低山，如紫山、鼓山、大寨山等。在这些奇山幽谷之内，泉、洞、林、坪俱备，是开发自然旅游景区的宝贵资源。

邯郸境内的河流属海河水系，主要有北部的洺河、中部的滏阳河、南部的漳河及卫河等，洺河出自武安西部，上游分为南、北两支，汇合后流经永年，从鸡泽出境，是条季节性河流。滏阳河源于峰峰矿区黑龙洞，流经磁县、邯郸县、永年，沿途汇聚牛牤河、渚河、沁河等水系，从曲周出境。浊漳两大支流，至涉县合漳村合流后流经磁县、临漳、魏县、大名，至馆陶同来自河南的卫河合流，称漳卫运河。这些河流，不仅具有水利功用，也是可贵的旅游资源。

邯郸有哪几种类型的特色文化？

一座历史名城，蕴有的文化类型有多少，决定了它的品位高低，邯郸地域方圆千里，历代文明积淀丰厚，可概括成为九大文化。

一为属于考古文化的磁山文化。武安磁山文化遗址中发现的家鸡骨、粟窖、核桃等，改写了世界家鸡养殖史、粟的种植史和核桃产地史。

二为属于上古神话传说而衍生的女娲文化。涉县娲皇宫和张家头村一带均有女娲传说的载体，构成了中国女娲文化主要发源地的基础。

三为属于历史地域文化的赵文化。概括了从商纣到汉代，长达1200多年的社会、政治、经济、文化、军事、文学等主要的历史门类。

四为属于器物文化的磁州窑文化。其窑址主要集中在磁县观台镇一带和峰峰矿区彭城镇、临水镇一带。为宋元时期我国北方最著名的民窑。

五为属于神秘文化的梦文化。中国的梦文化研究起源于西周，有着三千年的历史，但留下的最大的载体只有一个黄粱梦吕仙祠。

六为属于道教文化的永年太极拳文化。永年老城为著名宗师杨露禅、武禹襄的诞生地。其杨式、武式太极拳在国内广为传播并风靡国际。

七为属于城建文化的邺城文化和依附的建安文学。遗址主体在临漳县，其中曹魏时代所筑的邺城和三台，对后世的都城、宫苑建制极具借鉴价值。作为六朝王都遗址也很多。

八为属于地域殡葬文化的北朝皇陵文化与佛教石窟艺术。主要分布在磁县、峰峰、涉县一带，以北朝墓群和南、北响堂山石窟、水浴寺、老爷山石刻为集中代表。

九为属于近代革命文化的边区文化。主要分布在涉县、武安一带。八路军一二九师司令部旧址为其代表。

为什么邯郸被称为"成语典故之乡"？

成语典故是华夏语言艺术的瑰宝，它的最大特点是言简意赅，精辟神妙，富于哲理。邯郸素以"成语典故之乡"的美称享誉海内外。据统计，出自邯郸的成语典故有三百多条。一个地方蕴育出如此众多的成语典故，在全国范围内是绝无仅有的，其中不少成语一直被人们广泛传诵，沿用至今。如毛遂自荐、脱颖而出、三寸之舌、一言九鼎、碌碌无为、完璧归赵、两虎相争、邯郸学步、怒发冲冠、负荆请罪、一枕黄粱、奇货可居、纸上谈兵、舍本求末等。

邯郸人对历史遗留下来成语典故也情有独钟，如今邯郸市保留着许多含有典故的旅游景点，连市政设施如路灯、街头雕塑、城市广场都蕴含着典故文化。邯郸赵苑旅游区专门建有一座"成语典故苑"，集中展示出自邯郸的成语典故。成语典故已成为古城邯郸一种独特的旅游资源。可见，邯郸享有"成语典故之乡"的盛誉，的确名不虚传。

你了解磁山文化吗？

磁山遗址位于武安县磁山村，因最初在这里发现距今约7300年左右的新石器时代文化遗存，所以定命为磁山文化。该遗址位于磁山村东南约1公里的台地上，南临洺河。1976～1978年在这里进行了发掘，发掘面积为2579平方米，主要遗址有房址2座，灰坑474个，出土遗物有陶器、石器、骨角器等近2000件。遗物中以陶支架（座）和石磨盘最具特点。石器中有打制石器、打磨兼制石器和磨制石器三种。主要器形有石磨盘和石磨棒。陶器均为手制，主要器形有陶盂和陶支架（座）等。石磨盘、石磨棒和陶盂、陶支架等组合物出土点有 45 处。经研究认为，组合器物中的石磨盘、石磨棒是粮食加工工具。组合物的出土点可能是粮食加工的场所。在发掘的灰坑中，有 80 个窑穴（灰坑）内有粮食堆积，数量之多是惊人的。经研究，认为其中有粟。从而证明这是人类最早种粟地区之一。遗址内农业生产工具和粮食加工工具的使用，证明当时已经有了比较发达的农业。遗址内出土的家鸡骨骼是迄今发现的我国最早的家鸡，可以把我国饲养家鸡的最早时间推移到公元前 5300 年前后，修正了国际学术界认为它起源于印度的定论。磁山文化遗存是我国中原地区新石器时代文化的一个新的典型，我国考古工作的一项重要发现，它为研究和探索我国新石器时代早期文化提供了新的重要的链环。磁山文化遗址属国家级重点文物保护单位，现正筹建磁山文化遗址博物馆和磁山文化博物馆。

你 知道武灵丛台的来历吗？

在古城邯郸市中心的丛台公园内，矗立着一座雄伟壮观、风格独特的古建筑，它就是古城邯郸的象征——武灵丛台。

武灵丛台相传始建于战国赵武灵王（在位于公元前325年~前299年）时期，距今已有 2300 多年的历史。颜师古《汉书注》称，因楼台众多，连聚非一，故名丛台。台南门前有明万历二十一年（1593 年）立的碑，碑阳镌有"赵武灵丛台遗址"七个楷书大字。当年赵武灵王建此台是为了检阅军队和观赏歌舞。史载台上原有天桥、雪洞、花苑、妆阁诸景。当时曾以其结构奇特严谨，装饰华丽辉煌而名扬列国。古人曾用"传说宫苑似蓬莱，丛台高耸云霄外，天桥接汉若长虹，雪洞迷离如银海"的诗名来赞美丛台的壮观。在漫长的岁月里，武灵丛台历经兴衰枯荣，历代的维修重建已非原貌，但仍不失为冀南的一大名胜之地。

现在的武灵丛台，占地 3500 平方米，高 27 米，分上、中、下三层。下层南北各开一门，进南门，沿台阶拾级而上，迎面一碑赫然耸立，上面镌刻着郭沫若于 1961 年 9 月 19 日登丛台时所写的七律诗手迹。在北门内与郭沫若碑对峙的是清乾隆皇帝于乾隆十五年（1750 年）南巡过邯郸，登丛台时留下的御笔诗碑。台的中层建有武灵馆、回澜亭。最上层的平台原为赵武灵王观看歌舞与阅兵之地，称"武灵台"，明嘉靖十三年（1534 年）改为"据胜亭"，其意是防御者据此高处即可取胜。站在"据胜亭"上，倚栏远眺，邯郸市中心的繁华街段及公园全景尽收眼底。

七 贤祠纪念的是哪些人？

春秋、战国时期是我国历史上一个特殊时期，战争烽火四起，兼并分化频繁不已，同时，各种人物活跃于各国的政治舞台上。在"七雄之一"的赵国，涌现了一批叱咤风云，为世人敬仰的杰出人物。走进邯郸古典建筑与现代园林完美结合的丛台公园内，在武灵丛台的北侧，有一坐北朝南、卷棚歇山式建筑，这是后人为祭祀赵国七贤而建造的。祠前，一对琉璃狮雄踞左右，庄重威严，正门额匾上书"七贤祠"三字。祠的主体建筑面宽五间，进深一间，砖木结构，顶覆黄色琉璃瓦，祠内排列着七尊栩栩如生的彩塑，他们是舍生忘死从奸臣毒手中救出赵氏孤儿的"三忠"：公孙杵臼、程婴、韩厥；战国时期的赵国"四贤"：有攻城野战之功的良将廉颇，智勇兼备的儒相蔺相如，运筹帷幄的名将马服君赵奢和安边定策的大将李牧。

蔺相如是如何"完璧归赵"的?

"完璧归赵"出自《史记·廉颇蔺相如列传》。赵惠文王时期,赵国得到了闻名天下的珍稀之宝楚国和氏璧。秦昭王闻讯后,写信给赵惠文王,表示愿以秦十五座城池来换和氏璧。为提防秦王使诈,赵王委派智勇兼备的蔺相如出使秦国。蔺相如至秦国后,将璧献上。蔺相如见秦王一味玩赏,丝毫无换城之意,便心生一计,走上前去说:"璧有微瑕,我来指给大王看。"蔺相如接过璧后,急忙退到柱子旁边说:"从赵国来之前,赵王和群臣商议,大家说秦国贪婪,想倚仗势力来要璧,说用城换璧是假的,我说平民交往还讲信用,何况作为大国的秦国呢?所以赵王才派我送璧来。可大王接待赵国使者不讲任何礼节,只是把璧随便传看,根本没有诚意以城交换。故而我决意不再以璧换城,如果大王一定要威逼强夺,那我就将头颅和璧一起碰碎在柱子上。"秦王十分惊慌,连忙阻止,表示歉意,并把地图拿出指出十五座要交换的城池。蔺相如看出这是秦王在耍弄欺骗手段,说:"和氏璧是天下之宝,秦王要接受璧,应斋戒五日。"秦王无奈,只好答应。蔺相如料定秦王不会遵守诺言,当晚就派随员化装成平民模样抄小路将璧送回了赵国。五天之后,秦昭王按照礼节接见了蔺相如,蔺相如说:"秦自缪(缪同穆。穆公,即秦穆公,春秋五霸之一)公以来,从未讲过信义,这次我怕受骗,已将璧送回赵国。如贵国真有诚意,就应派使臣赴赵,用城池来换璧。"秦王听后大怒,但面对有勇有谋的蔺相如无计可施,只好放其返回赵国。

廉颇因何要"负荆请罪"？

"负荆请罪"出自《史记·廉颇蔺相如列传》。蔺相如因完璧归赵和渑池会有功，深得赵王器重，被拜为赵国上卿，位在大将廉颇之上。廉颇不服，逢人便说："我有攻城野战之功，蔺相如只不过是一个舍人，出身微贱，仅凭口舌之劳，居然爬到我的头上。今后遇见，非羞辱他一番不可。"有一次，蔺相如带了随从去赴一个重要约会，在一条比较窄的街上与廉颇的车子相遇，为避免冲突，蔺相如赶忙命车夫将车子躲避在街旁的一个小巷里，待廉颇的车子过去后，他的车子才走出巷子重新来到街上。蔺相如的门客们，吞不下这口怨气。蔺相如说："我之所以避让他，完全是以国家安危为重。现在赵国由于有我和廉将军，秦国才不敢对赵国轻举妄动，如果我们两人闹不团结，必然是两败俱伤，不就给秦国以可乘之机了吗？"这话很快传到了廉颇耳朵里，使他大为感动，非常惭愧。于是，廉颇脱掉上衣，赤着上身，背着荆条，亲自来到相府，在庭中跪下，向蔺相如请罪。从此，二人言归于好，结为团结御侮的刎颈之交。秦国得知廉颇蔺相如将相和睦，长期不敢轻易侵犯赵国，这就为赵国赢得了大约十五年的和平时期。廉颇主动承认错误和蔺相如以国家安危为重的宽宏大量的气度，受到人们的称赞。这段将相和的故事也成为流传千古的佳话。它告诉人们一个颠扑不破的道理：团结就是力量。

回车巷里能回车吗？

在邯郸市丛台区城内中街的南段西侧，有条东西向的小巷，长约 75 米，宽仅 2 米。别看它并不起眼，却是当年蔺相如回车之处，历来被人们当作仰贤的古迹。巷的东口墙上，原嵌有明代万历年间刻的一块石质小标志碑，1980年复立新碑。新碑嵌在一座设计别致的半壁碑亭里。亭分上下两阁，游人都叫它"碑阁"。上阁石碑横额"蔺相如回车巷"六个大字为原河北省省长李尔重所书。下阁的竖碑记述了蔺相如和廉颇弃前嫌、结挚友的故事，碑文为南宫书法名家李守诚所书。两层阁瓦顶由双石柱贯撑，建造技巧精湛，龙脊飞檐，兽头高耸，给人以古雅庄重之感。只是近年由于旧城改造新房，将上阁瓦顶盖压了，稍损整体美感。

游人会问：这么狭窄的巷子能回车吗？据文物专家勘探，城内中街是建在战国汉文化层上的，本来这一带就是繁华的居民区，那时的街道比现在宽阔得多，只是随着汉后邯郸城的衰落，才变成目前的状况。然而小巷虽小，给世人的启迪不是很大吗？

"奉公守法"出自何人之口？

"奉公守法"的典故出自《史记·廉颇蔺相如列传》中赵奢对平原君说的一段话，由"奉公如法"演变而来。赵奢，战国大将，初为田部吏，以法治税，因平原君赵胜家臣拒缴田税，态度蛮横，遂处杀九人。赵胜知道后，扬言要杀赵奢，赵奢为此找到赵胜说："以君之贵，奉公如法则上下平，上下平则国强，国强则赵固，而君为贵戚，岂轻于天下邪？"意思是希望赵胜"奉公如法"。赵胜听了很信服，遂将赵奢推荐给赵惠文王，惠王令赵奢掌管全国赋税，结果"国赋大平，民富而府库实"。后又任将军，赵奢在"阏与之战"中以少胜多大破秦军，赵王闻讯大喜，赐赵奢号"马服君"，与廉颇同执国政。"马服"二字指"服马带兵"之意。赵奢死后，葬于邯郸市西十公里的紫山上。至今，紫山上"赵奢冢"尚依稀可辨，因而紫山又称"马服山"。

丛台湖中的望诸榭为谁而建？

在邯郸市丛台公
园西南湖心岛上，有
一座六角攒尖式建筑，
名望诸榭，俗称湖心
亭。望诸榭原为"望
诸君祠"，系清雍正十
一年（1733 年）邯郸
知县郑方坤所建。民
国十一年（1922 年）

▲ 武灵丛台

邯郸驻军军长孙禹行及邑绅王文山重修丛台时，将"望诸君祠"
改建为"望诸榭"。原为全木结构，规模较小，因长期风雨侵蚀，
损坏严重，1971 年又重新修建。现在的望诸榭为砖木结构，上覆
盖绿色琉璃瓦，榭高 10.2 米，六角微翘，结构精巧。望诸榭是为
纪念历史名人乐毅而建。

乐毅是战国时期赵国灵寿人。其祖先是魏将乐羊，受封于灵
寿。后灵寿并入赵国。乐毅长于兵术，燕昭王任其为亚卿，后升
为大将军。公元前 284 年率赵、楚、魏、韩、燕五国之兵伐齐，
乐毅在济西大败齐兵，继又率燕军攻齐，一连攻下七十座城邑，
封昌国君。燕昭王死后，燕惠王继位，齐国的田单实施反间计，
燕惠王让骑劫取代乐毅为将。乐毅出走，逃回赵国，赵王将观津
（今河北武邑东南）之地封给他，称为望诸君。后死于赵都邯郸。
今邯郸城东 15 公里处的乐家堡，尚有其墓。

"二度梅"故事与丛台有何关系？

在武灵丛台最高处"据胜亭"前的拱门楣上，镌刻着冀南书法名人李鹤亭所书的"夫妻南北，兄妹沾襟"八个朱红大字。站在丛台上向南远望，可以看见绿树花草丛中，有一尊以"二度梅"故事为题材的双人塑像。男女主人公含情脉脉，悲悲切切，生死离别，难舍难分。每当游客来到这里，导游小姐就会向大家讲述一段委婉凄美的爱情故事。

唐代肃宗年间，中原有一佳丽，名唤陈杏元。她家有株梅花树，时当花期，正喷香吐艳。忽一日花儿无缘无故凋落了，这天被奸臣残害的忠良之后梅良玉，正好来到陈家，原来梅花自毁是应在了他的身上。梅良玉聪明伶俐，才貌超人，不久，两人相爱。北国南侵，唐王难以抵挡，信听奸臣谗言，选陈杏元到北国和番。邯郸那时是边陲重镇，凡到番邦去的人，一般都要登临邯郸的丛台，与社稷亲人垂泪告别。这样，陈杏元与梅良玉便来到丛台之上，遥拜家乡，挥泪话别。后来陈杏元在去番邦的路上，痛不欲生跳崖寻死，被王昭君的阴魂所救，送至中原陈家，最终让她与梅良玉喜结良缘。这件事感动了陈家院中的梅花树，就在梅陈完婚之日，梅花树二度重开，馨香四溢。于是，"二度梅"的故事便与丛台有了不解之缘。

国内最大的唐代墓志在何处？

到过邯郸武灵丛台公园的人，一般都要到邯郸碑林去看一看。邯郸碑林共搜集有古碑志、历代书画名家墨迹刻石44块，其中规模最大最珍贵的碑刻是一块卧式碑——"何弘敬墓志"。该墓志出土于大名县万堤古墓，为我国已出土的大型唐代墓志之首。其规模之大、雕刻之精美、文字之多，为唐代墓志所罕见，属全国之最，为国家一级文物。

墓志刻于唐代咸通六年（865年），为青石质。志盖呈盝顶式。盖边长1.88~1.96米，顶面正中篆刻"唐故魏博节度使检校太尉兼中书令赠太师庐江何公墓志铭"。四周、四刹和交角，浮雕"四灵"（青龙、白虎、朱雀、玄武）、牛、马、兽面等。志面为正方形，边长1.95米，厚0.53米，四壁雕花卉。造型大方，刻工极为精致。正面楷书59行，3800余字，内容以歌颂何弘敬的功德为主，也载有唐王朝与藩镇、邻邦的关系等内容。对于研究唐代藩镇割据以及与邻国的关系，提供了珍贵的参考资料。

魏博是唐代河北的三镇之一，治所在魏州（今河北大名县东北）。节度使是一种官名，总揽一区的军、民、财政大权。唐晚期，藩镇割据局面更加严重，何弘敬父子三代为魏博节度使。这通超过规格的墓志从一个侧面反映了唐晚期割据藩镇的节度使，名为唐臣，实为不受朝廷管辖的土皇帝的事实。

武灵丛台上有哪些名碑？

武灵丛台巍然耸立在古城邯郸已经2300多个春秋了，它以其雄伟的建筑和众多的历史事件、历史人物，曾招来历代政客显贵、文人骚客登台怀古，题诗赋咏，言志抒怀。有确切记载的诗词作品就有50多首。现在丛台上保存有许多诗文碑碣，这些诗、词抒发了作者的情怀，描写了丛台的沧桑，也记载了邯郸的兴衰。

在众多的碑刻中，最著名的当数郭沫若于1961年9月19日登丛台和清乾隆皇帝南巡过邯郸登丛台时所写的诗文。

郭沫若的七律石碑耸立在丛台南门内：

邯郸市内赵丛台、秋日登临曙色开。

照黛妆楼遗废迹，射骑胡服思雄才。

太行阵地漳河外，烈士陵园滏水隈。

现代经营基础厚，武安铁矿峰峰煤。

碑为郭沫若自书。书风挺健而自如，是其晚年书法精品。

从北门登丛台，沿台阶拾级而上，迎面看到的是清乾隆皇帝的御笔诗碑。碑的正面镌刻着七律《登丛台》：

传闻好事说丛台，胜日登临霁景开。

丰岁人民多喜色，高楼赋咏谢雄才。

襟漳带沁真佳矣，雪洞天桥安在哉。

烟树迷茫同井富，为筹元气善滋培。

碑阴镌刻着乾隆的七古《邯郸行》，也是他的自书诗。

台的中层西侧，立《丛台序集》碑，为中华民国十一年（1922年）陆军第十五混成旅参谋长何遂撰，清末进士王琴堂书，文中记述了丛台之历史、台名之来源与位置、修建概况及丛台之景观。

在丛台最上层据胜亭台壁周围还镶嵌着七方碑碣，有明代监察御史张成仁的七律《登丛台》，清末进士王琴堂的梅花石刻，举人李世昌的画兰等。这些碑碣及其诗词、绘画和镌刻都颇具独特的风格和文物价值。

"黄粱美梦"的故事发生在哪里？

大家一定都知道黄粱美梦的故事吧？相传秀才卢生在一家小

旅店遇到道士吕翁，向他讲述自己的功名之念，吕翁给他一个青瓷枕，说枕上它就能如愿以偿。此时店主刚刚将小米饭煮上。卢生很快进入梦乡，在梦中他娶美妻，做高官，裕子孙，享尽人间的荣华富贵，八十而命终。卢生梦醒后，发现店主的黄粱米饭还没有蒸熟，不禁感慨万千，四十余年的梦中富贵竟然连一顿饭的功夫都不到，悟出了人生如梦的真谛，遂随吕翁成仙而去。

黄粱美梦的故事作为典故，在文学作品中和人们口头上常被引用，在现实中，它也有其依托地——邯郸黄粱梦吕仙祠。邯郸是历史文化名城之一，素有"成语典故之乡"的美誉，黄粱梦吕仙祠既是众多古典建筑的一朵奇葩，又是梦文化和道教文化的完美结合地，尤其在东南亚地区有着广泛的影响，日本的小学课本中称邯郸是梦的故乡。黄粱美梦的故事就发生在邯郸。人们在这里修建殿堂，供奉卢生，是对他美梦的爱慕，也是对他悟道的崇敬。

吕仙祠位于邯郸市北 10 公里处的黄粱梦镇，系国家 3A 级景区，省级文物保护单位，占地 14000 平方米，始建于唐末宋初，是依据沈既济的传奇小说《枕中记》而修建的，是国内唯一因梦而兴起的道观。在历史上曾有三次大的重修扩建。黄粱梦吕仙祠的建筑是以中轴线为主，对称分布的院落布局。整个建筑群兼具北方道观之雄壮和江南园林之幽静，是北方规模较大的道教宫观之一。吕仙祠以其独特的文化内涵吸引着众多的中外寻梦人。

"蓬莱仙境" 四字真是仙笔吗？

进入吕仙祠内，很多游人被南照壁墙所吸引，照壁上有四个大字"蓬莱仙境"，每个字都是一米见方，字迹洒脱流畅，颇有些仙风道骨。关于"蓬莱仙境"四字的来历，在民间流传着这样一种说法：明代重修扩建吕仙祠时，就要交工了，可照壁墙上还是空空的。这天来了一个叫花子，身上背个褡裢，在照壁前看到了四块光溜溜的青石板，便抄起墙角的破笤帚，蘸着讨饭桶里的剩菜汤在石板上划拉开来。当家道士看见了，冲着他使劲吆喝，连打带骂地把他轰跑了，之后赶紧用清水刷洗石板，谁知竟出现了"蓬莱仙"三个字。在场的人面面相觑，顿时明白了是神仙吕洞宾显灵赐字。那背着的褡裢不正是一个"吕"字吗？吕洞宾在写"仙"字的时候，猛听到叫喊声，手一哆嗦把"仙"字的"山"半边给写歪了。因为是仙笔，没人敢补字。道士们后悔不已，却又无可奈何。

过了几百年，乾隆皇帝下江南路过吕仙祠看到了"蓬莱仙"三个字，总感觉有些缺憾，于是冥思苦想了一个晚上，补上了个"境"字，成了"蓬莱仙境"四个字。乾隆皇帝虽贵为天子，毕竟是肉体凡胎，没有吕洞宾的仙风道骨，所补的字也就有些逊色。因此也就有了"御笔不如仙笔"的说法。

其实传说终究是传说，从照壁的瓦件和形制考证，文物专家确定四字确实是明代遗物，但究竟是何人所书已无从考证。

为什么八洞神仙齐集吕仙祠？

吕仙祠，原名卢生祠、吕翁祠，它的兴建是在唐、宋朝皇帝信奉道教，在全国广修宫观的社会背景之下，源于《枕中记》故事在民间广泛流传的环境中肇建的。最初规模不大，经历代重修扩建才具现今规模。

宋代出现大量的神仙故事，在当时已广为流传，最为普遍的要属汉钟离和吕洞宾，全真教奉他们为祖师即是明证。吕洞宾是神仙中名气最大，传说故事最多的一位，大概由于吕洞宾事迹的丰富离奇，并且有着劝世诫人、救苦拯难的社会意义，后人不满足于他已有的神迹，便从已有的各种神仙故事中衍生出许多吕洞宾的异事。因此就把在黄粱梦点化卢生的吕翁附会在吕洞宾的身上了。卢生祠从此换主易位，成了供奉吕洞宾为主神的全真教道观吕仙祠。因传说中汉钟离是用黄粱一梦度化吕洞宾，由此形成吕仙祠基本格局，前有钟离殿，中有吕祖殿（主殿），后为卢生殿，按照师徒关系由大到小排列为主建筑的三大殿。

明代定型的八仙，本来就是一块修炼，一起游戏人间的团伙，既然在黄粱梦有了汉钟离、吕洞宾二仙，那么其余六仙自然也被请入吕仙祠会聚，共享香火了。吕仙祠里面的歇山式两层建筑即是八仙阁。八仙阁肇建于明末清初，新中国成立前曾被毁，现在的八仙阁为 1984 年重建的，外观雕梁画栋，气势非凡，内有天津泥人张再传弟子塑的八仙塑像，一个个仙风道骨，气宇轩昂，呼之欲出。吕仙祠内清净幽雅，素有"蓬莱仙境"之美誉，难怪八洞神仙要在此相聚小憩了！

游 人为什么爱抚摸卢生石卧像？

在吕仙祠的卢生殿内，供有卢生石雕卧像，卧像与睡榻相连，由整块青石雕成，床高二尺，长五尺，卢生卧于床上，头枕高枕，双腿微屈，一手搭于枕上，一手轻抚膝侧，双目微闭，神态悠然，似仍酣然于梦中。你若仔细观瞧就会发现一种奇怪的现象：这石雕卧像虽是青石雕成，却有着金属般的光滑质感，很多香客游人竞相抚摸卧像，边摸边念念有词。

人们为什么要抚摸卢生石卧像呢？原来，据当地老人讲，卢生随吕洞宾成仙而去，留下肉体于人间，久而久之便成了这尊石像，就是说，这是仙体。并且流传着这样一句民谣："摸摸卢生头，一生不发愁；摸摸卢生手，什么都会有；摸摸卢生体，百病全消除。"

在现实生活中，有谁没有发愁事，有谁不想拥有一切想要的东西？人生总是会有或多或少的缺憾，而弥补这些只需要摸摸卢生像就解决了，有这样天大的好事，哪一个能抵挡住诱惑呢？于是人们竞相来摸个痛快，久而久之，这石卧像便在游人香客的抚摸下变得黝亮光滑，以至于有人误认为它是青铜雕制的。

卢生殿前的名联对世人有何警示作用？

在卢生殿前悬有这样一副对联，上联写的是"睡至二三更时凡功名都成幻境"，下联写的是"想到一百年后无少长俱是古人"。作者及出处已无从考证，但至少在清代已有此联语了。现联为中国著名书法家谢冰岩先生重新书写。

很多游人在这副对联前驻足沉思，甚至抄写在本子上，拿回去细细品味。从字面上理解，上联说：人在二三更时进入熟睡阶段，所梦到的一切都因为到了高峰而转为下坡路，成为幻境；下联则讲出了一个质朴的人生哲理：人终有一死，不论是达官贵胄，还是平民百姓，百年之后都将化为尘土，这是不可变更的自然法则，想用万贯家财买个青春永驻，用倾朝权力换得长生不老，都是徒劳。人死之后，万事皆空，人人平等，当然也就没有什么高低和贵贱之分了。于是得意者想到这些，便对自己的嚣张行为有所收敛；而失意者则从此联中得到一些慰藉和心理平衡。

你知道"梦字碑"和"梅花碑"吗？

在吕仙祠卢生殿前东西对称立有两通石碑。西边的叫"梦字碑"，东边的叫"梅花碑"。

　　"梦字碑"碑面上是一繁体"夢"字，为邯郸陈光唐先生设计，遵义陈善礼先生所书。采用字里套字，梦里套梦的形式浓缩了《枕中记》内容，如果你按照梦字的笔画顺序去读，整个黄粱美梦的故事梗概就清清楚楚了。从梦字的结构来看，可以这样理解：草字头，双十字，代表人生的年轻时代；中间四字，代表人生的青壮年，正是立业的时候；五六十岁，一般都有所成，用一个官帽盖上；夕字，代表人生的晚年，如夕阳般即将落下。梦字概括了人的青年、中年和老年时期，把人生如梦的意思表达得淋漓尽致。

　　"梅花碑"是清代进士王琴堂为吕仙祠住持画写的作品。王琴堂（1859～1932年），字韵泉，晚年道号了一子，是邯郸最后一名进士，近代实业家、慈善家。他在书画方面也造诣颇深，写画梅花被时人称为"邯郸三绝"之一绝，其诗书画尤为日本人所喜爱。吕仙祠的"梅花碑"是他晚年时的作品，碑身正面是诗画，文图并茂，比例适当，给人以视觉的美感：梅花老干从碑角延出，盘虬于碑面，画笔苍劲有力，枝杈穿插错落有致，攒三聚五的花朵点缀其间，似有清香飘逸而出；诗有两首，一是吕祖"乩诗"，二为自撰的七古诗。七古诗行笔流畅自如，清逸劲秀。作者以梅言志，赞颂梅花的高洁品质。碑身背面是一副楷体对联："梦醒黄粱方悟道，心同明月可寻梅。"表现了作者的人生感悟和清净高雅的思想境界。

魏象枢的咏黄粱梦诗碑具有什么价值？

　　在吕仙祠的碑廊里，有一块长2米，宽0.75米的石碑，碑上刻有四首七言绝句，这就是吕仙祠的镇观之宝——魏象枢诗碑。理学家魏象枢（1617～1687年），字环溪，号庸斋。明末清初人。

今张家口蔚县人，官至清刑部尚书。主要著作有《儒宗录》《寒松堂集》等书。

魏象枢诗碑在吕仙祠年代不算最早，仅有300多年历史，但其保存状况良好，具有很高的历史、文学和书法艺术价值，诗旨也蕴含着深刻的人生哲理。诗题《拟过邯郸访卢生未果》表明，魏象枢本打算到吕仙祠拜访一下卢生，后来不知出于何种原因转道而去，遗憾之情溢于诗中：

> 人生如梦几时醒？唯有卢生作得成。
> 我欲梦中还说梦，不知何处访卢生。
>
> 邯郸无梦亦无醒，大抵都因饭未成。
> 也美黄粱分一箸，却疑火短米还生。
>
> 何妨眼睡念头醒，百念难成一念成。
> 就里岂无消息在，谁来说与老书生？
>
> 一枕羲皇睡不醒，更无婚宦梦中成。
> 神交百里真知己，明夜烦劳访魏生。

魏象枢的字在当时是非常有名的，四首诗字体飞逸，行文流畅，且又规矩适度；从诗文看，每首第一句末字为"醒"，第四句末字为"生"，作者的刻意而为想要表达的或许是：梦终究是梦，现实中有很多事情我们看不透，像做梦一样，但还是要清醒着面对生活，把握好自己的人生。看来，魏象枢还是一个积极面对生活的乐观主义者。

民俗神宫体现了哪些民间世俗观念?

位于吕仙祠中轴线东部的民俗神宫,是 1995 年由光绪行宫改制而成的。内有 33 尊和人们日常生活息息相关的蜡制神像,分列于五座殿堂。主殿是财神殿,文昌、月老、天后、仓颉为配殿。

民俗神宫是一个两进的四合院落,进入垂花门,前院东侧是仓颉殿,供奉的是行业的祖师或保护神,门口对联中"为民造福即是神明"真切地道出了民俗神的来源。主神为汉字的创造者仓颉,伴有土木建筑行业的祖师鲁班,药神邳彤,酒神杜康,茶神陆羽,梨园神唐玄宗,司法业祖师皋陶。西侧为天后殿,供奉的是女神,主神是海神天后,即妈祖。相陪的有战争女神九天玄女,示兆救人的紫姑神,送子娘娘顺天圣母和把守阴间最后一道关口的孟婆神。

后院正殿是财神殿,殿内供奉的是福运之神,主神是武财神赵公明,招财、进宝二位神将侍立两边,寿星、福神相伴左右。哪位想要福禄寿三全可千万别忘了拜拜他们啊!东侧文昌殿供奉的是文教系统的神道,主神是掌管考生命运的文昌帝君,两边侍立有天聋、地哑二仙童,相陪的是读书人的保护神钟馗,魁星,笔神蒙恬,书神长恩。对面是月老殿,供奉的是家庭保护神,主神是婚姻媒神月老,相陪的有保佑家庭和睦的和合二仙,小儿神项托,灶王爷,土地公公和土地奶奶。

民俗神宫集中的各路神道,反映了人们对劳动的崇尊,对文化的敬重,对幸福的追求,对灾难的警惕等传统的世俗心态,值得一观。

吕 仙祠中的行宫为谁而建?

吕仙祠中轴线东西两侧对称分布有院落，西边为慈禧行宫，东边是光绪行宫。

光绪二十七年（1901 年）八月二十四日，慈禧太后从西安回銮，沿途的地方官员奉命修建行宫接驾。邯郸设行宫两处，一在县城内，一在吕仙祠。因为限期太紧，邯郸的地方官来不及新建行宫，便将吕仙祠原有的西王母殿改建为慈禧行宫。当年十一月十四日慈禧一行过邯郸后曾在此午休。慈禧行宫位于吕仙祠中轴线西侧，为传统的两进四合院建筑，宫门向南，前院是接官厅，厅后为五间宽的门厅，是行宫的奏事房。后院主房五间，就是慈禧太后休息和接见大臣的地方。

1992 年后，文物处将接官厅改为元辰殿，殿内供奉六十位保护神，故也称六十甲子殿。游客可根据生辰找到自己的保护神。殿中间供奉的是传为"众星之母"的斗姥。宫门厅则改成展室，东侧是慈禧展室，陈列有慈禧太后从 68 岁到 74 岁的数幅照片，反映了她荒淫无度的生活状况。门厅西侧是清帝展室，展有清朝皇帝、皇后的画像和清朝皇帝世袭表。展室的设置旨在帮助游客了解清朝历史，提醒人们勿忘国耻。后院现为慈禧蜡像馆，内有慈禧和李莲英的蜡像，室内保持当时的生活陈设。院内种植有红梅、黄梅数棵，环境幽雅，冬季腊梅竞相傲雪开放，故此院又称梅园。

东院为光绪行宫，1995 年后改建为民俗神宫，置有与百姓生活息息相关的民俗神 33 尊蜡像。院内翠竹丛丛，绿意盎然，故又称竹园。梅、竹二园相映成趣，于不同季节展现别样景致。

中 国名梦馆为什么能吸引游人？

中国梦文化源远流长，然而真正有实物载体的仅是吕仙祠一处，因而研究并宣传梦文化成为吕仙祠不可推卸的责任。基于此点，在多方精心筹备下投资 140 万元的中国名梦馆于 2001 年 7 月正式向游人开放了。

中国名梦馆位于吕仙祠东部，占地 300 平方米。大门西向而开，匾额是燕京大学教授时年 90 岁的文怀沙先生题写。馆内展示的是从数千条梦目中精选出的 31 条，分成帝王、名人、爱情、发财、公案等类别，用精美的壁画形式，艺术地向游人展示中国千余年来灿烂的梦文化。

进入馆内，迎面为黄帝梦游华胥国，这是黄帝代表中华民族所做的最早的政治理想梦，反映中华民族追求和平、富裕、平等的美好愿望。进入名人梦展区，这里有孔子梦周公；庄周梦蝶；李白梦游天姥山等十位名人的梦兆。帝王梦展区中有秦始皇梦与海神斗，赵简子梦游钧天，唐明皇梦游广寒宫等七条梦目。爱情梦，发财梦，公案梦都有专门的展区进行展示。专题梦中的牡丹亭梦、南柯梦、紫钗记集中在大型展室，它们同邯郸梦并称为"临川四梦"。三个梦目都是梦故事中的经典，画者详细描绘了表现原作中梦的场景，使得游人在轻松的欣赏中了解中国古代民众对美梦的憧憬和感悟。这就是中国名梦馆吸引游人的关键所在。

中国名梦馆中展示的梦目只是浩如烟海的梦目中的一粟，馆的设置，旨在以一斑窥全豹，引导大家去了解、研究和发掘更多更深的梦文化内涵。

"寿陵失本步，笑煞邯郸人"说的是什么典故？

唐代大诗人李白写的"寿陵失本步，笑煞邯郸人"两句诗，概括了一个与邯郸有关的故事。故事源于庄子《秋水》里的一段话，大意是说：燕国寿陵地方有个少年，听说赵国人走路姿态优美，就不远千里来邯郸学习。不想因为学习的方法不对，结果不单没有把邯郸人的步法学会，反而把自己原来走路的步法也忘光了，没办法，只好爬着回家，于是便有了"邯郸学步"的典故。

因"邯郸学步"的典故而产生的古迹"学步桥"，位于邯郸市内沁河带状公园西段。沁河原名牛首水，发源城西紫山，贯流城东北，注入滏阳河。在古代，城北只有一座跨沁河的木质浮桥，由于经常被河水浸泡而易坏，明代万历四十五年（1617年）改建为石拱桥。石桥身长32米，宽9米，高约8米，共有三大四小七孔拱券。桥孔中心处雕有向下俯视的龙头，桥面两侧各有18根望柱和19块栏板，均有精美的雕刻。建成后，此桥就成为行客驻足赏景的好地方。20世纪80年代，学步桥得到重修。桥北头立有石碣和"邯郸学步"石雕像。尤其是带状公园建成后，又新辟了广场建了石牌坊。坊上的"庄周秋水非闲话，太白高歌有古风"对联，点明了这个故事的渊源。随着"邯郸学步"成语的传播，这座桥的名气更为远扬。来到邯郸的游客，如果不到此桥观景是很遗憾的。

赵王城的价值在何处？

在邯郸市区的西南部，有一座古老的城址，它就是俗称赵王城的战国时期赵国的王宫城。它与大北城构成了完整的赵都邯郸古城城区。

邯郸城自赵国迁都于此后，经过八代君王158年的苦心经营，为历史沉淀了灿烂的赵文化和辉煌的结晶，邯郸成为当时列国最大的国都之一。王宫城址位于邯郸城的西南部，由西城、东城、北城三部分组成，平面呈"品"字形，面积505万平方米。至今王城四周城墙夯土保存基本完整，门阙遗址明确。城区内的建筑基址有数十座，其中规模最大的夯土台在西城，俗称"龙台"，现存台基近四方形，南北近300米，东西260米，残高17米。可以想像出当时是如何的气势恢宏，规模巨大。城区的布局间隔严谨有序。主体建筑和主要宫殿都正方向地坐落在中轴线上，主次分明，现有基址是国内同时期规模最大的王宫基址。在两千多年里，邯郸虽经多次兴衰，但城址仅是随着时局的变化或扩大或缩小，而未有过整体性的移迁，这在中外都城史上是罕见的。因而，其范围内的地下遗址相当丰富。它是我国目前保存最完整的战国至汉代的古城址，整体布局基本符合我国古代"前城后廓"和"五里之城，七里之廓"的都城建筑定制，从建筑考古和历史考古方面说，赵王城具有标本性价值。

插 箭岭遗址包括哪些文化遗存？

插箭岭遗址位于邯郸市西北部赵王苑内，相传插箭岭一带是战国时期赵武灵王实行军事改革，推行"胡服骑射"训练士兵的地方。遗址包括插箭岭、梳妆台、皇姑庙、铸箭炉、灵山、照眉池6处文化遗存。

插箭岭遗址为一夯土筑成带状土丘，曾出土有战国、汉代三棱铜镞，汉绳纹陶片。实属邯郸故城大北城西垣墙体的一部分。

梳妆台分为南北两部分，南部东西宽140米，南北长180米，高7～8米。在梳妆台遗址发现有红烧土块和战、汉时期绳纹筒、板瓦残片，说明其上原有建筑。

皇姑庙位于遗址范围内中部，为一夯土高台，东西长100米，南北宽80米，高2～5米。其南与梳妆台相接。出土筒、板瓦等建筑遗物，应为建筑基址。

灵山位于遗址北部，为一土台，现呈不规则三角形，面积1540平方米，经实际勘查，其为赵邯郸故城大北城西垣角处的地面墙址残段，两端均有地下夯土延伸。出土战国时期盆、罐、筒瓦、板瓦、排水槽等。

照眉池位于梳妆台东侧，呈长方形，南北长240米，东西宽60米，地势低洼，传为赵王宫故迹，赵王宫人照眉于此。现池水干涸，地面散存有战国时期的器物残片。

炉峰山有哪几大奇观？

邯郸磁县陶泉乡境内，大山起伏，层峦叠翠，主峰雄伟高大，从南侧远望，山形酷似一香炉，当地百姓称为炉峰山。走近炉峰山，飞崖陡峭，山泉流淌，植被茂盛，古松倒挂，奇观无数。山腹底部有始建于唐代的流泉寺，舍利塔基犹存。深山观古刹，别有洞天，此为奇观之一。沟底悬壁层叠，陡峭直立，侧身站立仰望"一线天"，山峰呈现各种独特造型，极具观赏价值，此奇观之二。山腰有一棵胸围6米的古青榆树，树龄约两千年，枝叶茂盛，传说在古代战乱期间，这棵树的叶子昼采夜长，救过无数百姓的性命，被奉为"神树"，此为奇观之三。崖上有一"天书岩"，赋有美丽的人间传说，置身"天书岩"，品味传奇故事，令人浮想联翩，此为奇观之四。"五龙洞"位于峭壁之上，极难攀缘，传说是民间祈雨的地方，与峰顶的"五龙宫"遥相对望，色彩神秘，此为奇观之五。从山底沿山路陡峭的"小鬼道"爬炉峰山，体验登山之险，此为奇观之六。夏观森林绿，秋赏山叶红，犹如到香山，此为奇观之七。雨后天霁时，山岚林涛涌，幽静情人路，一心登炉峰，此为奇观之八。山上有古人居住的石砌庵体群遗存，断壁残垣，芳草萋萋，体味先人生活，此为奇观之九。过天桥，登炉峰观日出，看漳水襟带，观林海雾岚，此为奇观之十。许多到过这里的游客不禁发出"早知有炉峰，何必登泰山"的感叹。

秦 始皇是出生在邯郸吗?

有"千古一帝"之称的秦始皇，是中国封建社会第一代集权国家的统治者，很多人都熟知他的事迹，但他出生在邯郸，并在邯郸度过了童年时代，知道的人就不多了。

关于秦始皇嬴政的出生地，司马迁在《史记》中记述的很明确："以秦昭王四十八年正月生于邯郸，及生，名为政，姓赵氏。"他的出生是很曲折的。原来，嬴政的父亲名异人（即庄襄王），是秦昭襄王太子安国君的儿子。由于安国君有子二十多人，异人又是姬妾所出，不受重视。此时列国之间关系，是随着利益的转移而变化的，时战时和。秦赵两国曾有段时间关系平稳，异人就作为人质到邯郸留居。后来两国战事又起，赵国对异人采取监管措施，弄得异人出无车，食无酒，过着苦日子。有个来邯郸经商的卫国大商人吕不韦，很有政治野心，认为异人是"奇货可居"，就主动结交，供应异人的吃、穿、用。后见异人喜欢他的爱妾邯郸美女赵姬，这个很有心计的商人，就把赵姬送给异人做了夫人。

嬴政出生时，正值秦赵长平大战期间，赵王把异人夫妻禁闭在府内。为了免遭赵国人的报复，婴儿以母姓（也是秦人远祖之姓）名赵政。邯郸保卫战后期，异人在吕不韦帮助下逃回秦国，留下赵姬母子在邯郸。直到异人当了太子，赵国才把赵姬母子送还秦国，这时嬴政已九岁了。由于他在幼时常受人歧视，养成多疑和残忍的性格，又由于环境的艰苦，也培养出干事果断和坚韧的意志，打下统一大业的基础。他出生的秦质子府，经专家考证，遗址在今邯郸市内丛台公园西侧。有关部门已规划复原秦质子府，作为这个历史名人在邯郸的出生遗迹。

草头皇帝王郎在邯郸留下了什么遗址？

王郎，西汉末邯郸人，以相面占卜为职业，精通星象，以为河北有天子之气，常想称帝。他在豪强地主的支持下诈称自己是汉成帝之子子舆，于西汉地皇四年（23 年），起兵反对更始帝刘玄，在邯郸建起地方割据政权，成为黄河以北声势最大的军事集团，并在邯郸称帝。刘秀受刘玄委派利用当地的武装力量讨伐王郎，惨遭失败，几乎全军覆没。后刘秀听说信都尉不肯归附王郎集团，便星夜逃往信都，在信都太守任光等人的支持下，重振旗鼓，大举进攻王郎，于公元 24 年 5 月攻克邯郸，杀死王郎，平其城堡，留下了王郎城遗址和王郎村。王郎城址位于邯郸市复兴区插箭岭西南（今建设大街西旁），现存地面夯土墙长 600 余米，残高 3～10 米。旧志记载，这里是西汉末邯郸王郎所建城堡，故名王郎城。经考古调查证实，王郎城并不是王郎所筑的城堡，而是战国邯郸古城（大北街）西垣的一段，汉代经过维修加筑利用，遗有分界残迹可考。王郎城址南北两头均与"大北城"西垣地下墙址相连。王郎村原名"许游村"，公元 23 年，王郎在该村筑城修舍称王，形成了"王郎城"。

你 知道荀子是哪里人吗？

荀子（约前 313~前 238 年），名况，又称荀卿，赵国人，战国时思想家、教育家，是一位起于百家之衰，集儒家之大成，开法家思想之先河的儒学巨匠。荀子 15 岁时离开赵国，到齐国游学。学业完成后便四处讲学，广泛传播自己的思想和主张，晚年应楚春申君召，被任为兰陵令，在其地著书终老。韩非、李斯都是他的学生。著作有三百多篇，后经西汉史学家刘向整理，编订成 32 篇，定名为《荀卿新书》，宋以后通称为《荀子》，成为中国思想发展史上一部重要著作，其中载有很多成语，对后世影响深远。荀子思想概括而言有以下几个方面：一是天人相分，人定胜天的思想。强调天有常道，地有常法，天地按照自然规律在运行变化，人世间并没有什么鬼神、命运、妖怪在操纵，吉凶祸福在于人们自己，而不在天地。蕴含着朴素的唯物主义哲理；二是合众和专制主义的思想，认为人能够胜天地万物的原因在于合众。认定人性生来是恶的。重视环境和教育对人的影响。主张实行封建的专制主义；三是法后王的思想，即效法文、武、周公之道。秦始皇就是用荀子思想统一了中国，在政治上沿袭了他的礼仪学说，在军事上实行了中央集权制。

国 内供奉玉佛最多的寺庙是哪座？

在邯郸市铁西大街四季青村村北的红龙岭有一座占地 35 亩的寺庙，名叫大乘玉佛寺。其西倚灵山，东临照眉池，北接插箭岭和赵王苑风景区。大乘玉佛寺，原名大乘寺，始建于南北朝北周大象年间（579~581 年），距今已有 1400 余年历史了。当时名僧

云集，香火旺盛，为中原古刹名寺。后几经战祸，至民国年间化
为废墟。近年，在各级领导的支持和海内外各界人士的慷慨捐助
下，大乘寺得到重建，现已初具规模。主体建筑有大雄宝殿、罗
汉堂、九龙壁、放生池、钟鼓楼、舍利塔等。

　　大乘玉佛寺得名缘于寺内供奉着300余尊玉石佛像，寺名匾额
为已故中国佛教协会会长赵朴初先生亲笔所书。寺内玉佛像均从
佛国缅甸请来，有释迦牟尼、观音菩萨、三世佛、弥勒佛、卧佛
如来、十八罗汉、八大金刚等。其中最大玉卧佛身长6.5米，重
18吨，面部丰盈圆润，神态安详。大乘玉佛寺佛像就其数量和质
量而言，是中国目前玉佛最多，单体较大，玉质最好的佛像群。

晋冀鲁豫烈士陵园是为哪些烈士修建的？

　　晋冀鲁豫烈士陵园是根据1946年3月晋冀鲁豫边区第一届参
议会第二次大会的决议"在邯郸建立烈士陵园，纪念八路军总部
前方司令部、政治部、晋冀鲁豫军区及一二九师牺牲的烈士"而
建的。当年3月30日，刘伯承、邓小平同志率领全体参议员破土
奠基，历时四年，完成了主要纪念建筑工程。1950年10月21日，
隆重举行了烈士陵园落成典礼和安葬左权将军暨诸烈士公祭大会。
中央人民政府政务院代表谢觉哉及中央军委总政治部、华北军区、
西南军区暨第二野战军、地方代表、烈士家属等五千余人参加
典祭。

　　陵园内共安葬着为中国人民解放事业而光荣牺牲的二百多名革
命烈士，他们多数是抗日战争中牺牲的老红军和八路军的优秀指
挥员，其中有第二次国内革命战争时期牺牲的北方局军委书记张
兆丰，有抗日战争中牺牲的八路军副总参谋长左权将军，一等战
斗英雄赵亨德烈士，一级杀敌英雄王克勤烈士，以及国际主义战

士、朝鲜义勇军创始人陈光华烈士等。

晋 冀鲁豫烈士陵园的规模有多大？

　　晋冀鲁豫烈士陵园是我国建设较早、规模较大的一处革命烈士纪念地，位于邯郸市陵园路西侧，包括南北两院，占地面积约21万平方米。园内苍松翠柏，花木扶疏，庄严肃穆。

　　陵园正门门首镶嵌着一块横匾，镌刻着朱德同志题写的陵园名称：晋冀鲁豫烈士陵园。门内迎面屹立着高24米的烈士纪念塔，塔的正面镌刻着毛泽东同志题词"英勇牺牲的烈士们千古，无尚光荣"。两侧石碑上镌刻有刘少奇、周恩来等领导人的题词。绕过纪念塔，为纪念广场，广场的两侧有青青草坪。广场的顶端是陵园的中心建筑——烈士公墓，墓形为直径11米的苍穹，烈士公墓坐落在2500平方米的平台上，台基高1.5米，台基的四周有花岗岩围栏。烈士公墓的东侧是左权将军墓。左权是我国著名的将领，曾任红军十五军军长、八路军副总参谋长，1942年牺牲在抗日战场。墓区的最前面是一白色牌坊，牌坊中是一块高2.5米的汉白玉碑，碑上镌有周总理题写的纪念文章。墓区的中央是一个小型的花岗岩祭坛，最后是混凝土结构的将军墓。东行200多米是烈士纪念馆，为一座仿古建筑形式的重檐大殿，陈列有烈士的事迹介绍、遗物、文件等历史文物。陵园的西北角，有一座"四八"烈士纪念阁，为纪念1946年4月8日因飞机失事不幸遇难的王若飞、博古、叶挺、邓发和黄齐生等烈士而建。

　　晋冀鲁豫列士陵园是爱国主义教育基地，每年清明节前后，人们都从四面八方赶来，拜谒为新中国壮烈牺牲的先人，缅怀他们的丰功伟绩。

你知道"天下第一石龙"在什么地方吗？

天下第一石龙位于邯郸市北 10 公里三陵乡姜窑村西。这里西依紫山，岭麓龙盘，丘岗虎踞，巨崖交错，峭壁矗立。石龙发现于 1988 年，为一组石龙群，伏卧于卧龙坡下。目前已显世 5 条。中间为大龙，左右两侧各有两条小龙相伴，其中大龙右侧一条小龙为双头龙。五龙皆首朝东北，正好面对相距 1 公里的赵王陵，向西南方向呈斜"一"字形并向排开，蔚为壮观，似"护驾臣龙"一般。龙体掩埋之处均系黄土地质，并无岩石，石龙以其石体独存。构成石龙的石质非常奇特，在石块断面有清晰的（树木）年轮形状，由外向内逐层收缩，石的颜色由浅变深，到年轮中心部位颜色最深。经专家勘测，方圆 20 公里以内没有发现构成此种石龙的石料。龙体总长 36.9 米，高 2.5 米，体型巨大，气魄雄伟。龙体由每节长 1 米左右，宽 4.6 米的灰白色砂岩石堆砌而成，石块形似龙骨，黏合天衣无缝，实非人力可为。现裸露在外部分 17.5 米，其余部分仍全部埋于土中。石龙不是一个实心的龙柱体，有龙头、龙腔、龙翼、龙爪、龙骨、龙底盘，栩栩如生、惟妙惟肖。龙腔中空，有复杂的戏水喷水功能；龙爪居龙体左侧，距龙头 20 米，骨节有力，骨趾清晰，五指叉开，拇指和食指呈圆弧状，形态逼真。

目前，这一组被称为"天下第一石龙"的形成原因和年代尚未确定，有待专家进一步考证。

圣井岗龙神庙中供奉的龙母是何人？

龙神庙坐落在邯郸市北 10 公里户村镇圣井岗村，属省级重点文物保护单位，主祀九龙圣母。据传，元朝时前北牛叫村房永和的女儿房宝，在 16 岁那年吞吃河中桃而受孕，产下九条龙，后升天，被玉皇大帝认作干女儿，专管人间的旱与涝，被人们称为"九龙圣母"。此后，民间百姓遇旱皆求她赐雨，因祈雨甚灵而名声大振，故修龙神庙以供奉。圣井岗龙神庙始建于元延祐二年（1315 年），明清多次重修扩建，现存为一组清代风格的古建筑群。古建筑为长方形布局，以中轴线为中心，东西对称，坐北朝南，南北 243 米，共分六层，依次是戏楼、山门、圣母殿、九龙桥、圣井亭、三家奶奶殿，各层之间有院落，院落之间有配殿、道房，钟、鼓楼等。专家认为，龙神庙的戏楼在河北省是独一无二的古代建筑珍品，具有较高的研究价值。龙母神像前有圣井，相传旱不涸，涝不溢。井内有调水符牌，为历代祈雨之所，旧时邯郸十景中曾有"灵岗香市"之称。求雨的主要仪式是请牌取水，祈雨灵验后，送还请走的原铁牌时，再铸一块新牌一同奉还。再铸的牌因级别不同，而有所区别，朝廷是金牌，州府是银牌，县级是铜牌，乡级是锡牌，民众是铁牌。清同治六年（1867 年）京都一带大旱，同治皇帝命礼部尚书万青黎请牌求雨，灵验后，铸还的金牌重 8.4 斤。1986 年，整修圣井时，从井内淘出各种金属牌 110 块，其中 40 块文字记载十分详细，对研究当时的历史、气候、气象具有珍贵的史料价值。

"**鲁**酒薄而邯郸围" 说的是什么典故？

在中国历史上曾发生过一场因酒而引起的战争，引发那场战争的酒就是赵国酿造的赵酒。战国时，楚国最强。有一次楚王在郢都会见诸侯，各国都带着礼物进贡讨好。鲁国和赵国的礼物全是本国产的酒。楚国管酒官先尝了尝，品评出赵酒比鲁酒好得多，就私下向赵王要酒。赵王因带的酒少，婉言拒绝。管酒官怀恨在心，竟把两国的贡酒换了坛子。楚王早听说赵酒好，可是一喝没味道，以为是赵王有意戏弄他。大怒，立刻派兵包围了邯郸。此即"鲁酒薄而邯郸围"这一典故的由来。那么，赵酒何以如此味厚呢？据史料记载：邯郸城西十里有泉，其水甘冽，战国时赵王曾在此酿酒，泉称酒务泉，村称酒务头，有酒务之头的含意。后改名酒务楼。明成化年间举人曹瓒《咏酒务泉》诗赞曰："一脉甘泉滟玉肥，酿成佳酿世应稀。当时鲁酒皆言薄，底是邯郸反见围。"从酒务泉、酒务头的名由和《咏酒务泉》诗都证明了历代有一个相同的认定：有了酒务泉的水甘美才有了赵酒的醇厚。酒务泉有史可查的酿酒史中断在明代。20世纪末，战国遗址之一的赵国酒窖，在酒务楼村被发掘出土，窖内遗存明代在此酿酒的盛酒器皿。1999年，该村民营企业家程建文首期投资1000万元，在遗址上创建起邯郸酒务泉酒业有限公司，再现了赵酒的芬芳与魅力。

为什么说响堂山石窟是"北齐文化带"中心？

响堂山石窟位于邯郸市峰峰矿区鼓山上，始建于北齐（550～577年），隋、唐、宋、明均有续凿。北齐王朝重佛，奉为国教。当时，北齐定都于邺城（今河北临漳），同时，又以晋阳（今山西太原）作为陪都，因此，邺城与晋阳是北齐王朝两大政治、军事中心，王朝统治者们经常往来其间，为方便途中避暑游玩，停顿休息，同时为了进一步宣扬佛教，笼络臣僚，麻醉百姓，便不惜人力物力在沿途要道上选择山水秀丽、风景优美、石质良好的地方，凿窟建寺，营造宫苑，因而在晋阳与邺城之间形成了以佛教为主体的北齐文化带。在这个文化带上，邯郸辖区内的主要景点有响堂山石窟、娲皇宫石窟、清泉寺、武安市定晋岩禅果寺等。

▲ 响堂山石窟

其中响堂山石窟位于石质优良、全山为石灰岩的鼓山上，地扼通往山西的太行八径之一的滏口径要隘，是两个都城来往必经之地。响堂山石窟分南响堂石窟和北响堂石窟两处，相距15公里。共有16座窟，雕凿大大小小的造像达6000余尊，还有大量的经文碑刻等，是我国古代石窟艺术及建筑、书法的宝库。所以，从地理位置、寺院规模、文化价值等各方面来看，响堂山石窟都处于"北齐文化带"的中心位置。

南北响堂石窟各有多大规模？

南响堂石窟，位于邯郸市峰峰矿区南部鼓山之麓，因石窟凿于鼓山，亦称鼓山石窟。现有7座石窟，均凿于北齐，有大小佛像3588尊。7座窟分上下两层，均面向西南，上层5座，下层2座。其中千佛洞最为华丽，洞外为覆钵塔形，窟前设四柱三开间前廊，廊为仿木结构，其中拱窟檐以上，凿大型覆钵，钵中央雕展翅欲飞的金翅鸟，上悬宝珠，钵两端饰卷云状山花蕉叶。像这样的结构和装修形式，远远超出了一般寺庙建筑，它既体现了中国古代建筑的特点，又融会了浓厚的佛教艺术风格。这种巧妙的结合，充分显示了其民族化和区域化特点。这种特色不仅在洞外得到了体现，在洞内表现也很突出。千佛洞进深3.6米，高3.7米，窟顶为藻井，藻井雕莲花和伎乐天。八尊伎乐天，形象生动美观，堪称时代佳作。

北响堂石窟坐落在峰峰矿区和村以东的鼓山山腰，共有洞窟9座，大小佛像3000余尊，其中南、北、中三大窟为北齐凿建，其余为隋、唐、宋、明及民国续凿。窟群中北端的大佛洞规模最大，装饰也最为华丽。大佛洞进深11.8米，宽13米，高11.4米。中置塔形柱，柱三面各凿一大佛龛，塔柱上部与窟壁又设26列龛，这是典型的支提洞做法，同时在列龛造型上别出新意。龛柱、弓形楣梁饰以覆钵、垂幔，钵顶采用火焰宝珠装饰，既有浓厚的佛教色彩，又与仿木建筑的艺术形式融为一体，使大佛洞显得格外严谨华丽。

响堂山石窟的雕刻和刻经艺术价值何在?

响堂山石窟是河北省境内最大、历史最久的石窟，它的雕刻造像和摩崖刻经艺术都有极其重要的价值，是研究我国佛教、雕刻、美术、音乐、书法、建筑的珍贵实物资料。响堂山石窟雕刻精致，璀璨多彩。窟内的雕像各具特色，菩萨慈眉善目，天王威武刚烈，飞天欢乐飘逸，怪兽勇猛凶恶。刻工精细，线条清晰，佛像形态生动，面容丰润，躯干粗壮，服装宽松，衣褶厚实，富于写实，是北齐石窟高超艺术的代表。石刻造型不但继承了民族艺术的传统，同时也吸收了外来文化的因素，形成承前启后的新风格，其造像由北魏俏瘦秀丽发展为北齐健壮厚重，为隋唐写实雕刻艺术奠定了基础。响堂山石窟摩崖刻经数量可观，从可辨认的字数来看，就达48800多字，其中南响堂14000多字，北响堂34800多字。可与涉县娲皇宫的石窟刻经并列，对研究北朝的摩崖刻经、历史、书法具有重要的实物价值。响堂山摩崖刻经，都是石窟与经书刻在一起，二者形成一个整体。石刻选择在石灰岩层上，刻经多为全部经卷。刻经的字径一般在 4 厘米左右，少数字径在 16 厘米左右，南响堂的摩崖刻经主要分布在第一、二、四窟内，刻有《严华经》、《般若经》，其中《华严经》保存完整，隶书字体。北响堂摩崖刻经主要分布在二号窟刻经洞内，里面的唐邕写经造像碑尤为珍贵，记载了唐邕于北齐天统四年（568 年）到武平三年（572 年）写《维摩诘经》、《弥勒成佛经》等经文的经过，是研究该窟开凿、佛经和书法的重要实物资料。

常 乐寺为何被称为"河朔第一古刹"？

常乐寺位于峰峰矿区鼓山北响堂寺石窟下方山坡，是一处建筑群遗址。系河北省省级重点文物保护单位。始建于北齐，最初名叫石窟寺，后来改名智力寺，至北宋嘉祐年间更名为常乐寺。隋、唐、明各代均有重修扩建，占地面积 7000 平方米。

常乐寺布局宏伟，由南向北，依次排列有山门、天王殿、三世佛殿、大雄宝殿、大雄纠殿和地藏菩萨殿等，形成中轴线上的主体建筑，在中轴线两侧配有厢房、钟楼和宝塔等建筑。北齐时的常乐寺同河南安阳一带的修定寺、灵泉寺构成当时的北方三大佛教中心，故称为"河朔第一古刹"。据史料记载，古时这里曾名僧云集，经常举行规模盛大的佛事活动。

常乐寺毁于 1946 年，遗址内保留有殿宇基址，残断的石柱，散落的瓦当，各朝代的经幢石塔，石造像等。近年，首期修复工程已完毕，常乐寺当重现昔日光辉。

玉皇阁为何又称"四明无梁殿"?

　　玉皇阁位于峰峰矿区临水镇纸坊村西南处，地处古太行八陉之一的"滏口陉"要道之上，地势险要，风光秀丽。

　　玉皇阁始建于明隆庆、万历年间（1567～1620年），是为祭祀玉帝而建，属于砖瓦结构的无梁拱顶式建筑，因此又叫作"四明无梁殿"。清道光二十二年（1842年）曾有过重修。其结构、形制、装饰均很有特色，在国内是独一无二的。

　　玉皇阁建于石砌平台之上，台上三面设砖栏，阁通高18.6米，面宽五间，进深五间，平面呈方形，占地面积300平方米。外观呈二层楼阁式，琉璃瓦顶，上置宝刹。阁身通体仿木式，却均用砖砌筑而成，四面正中设拱券门，四周加设木结构回廊。外观二层处，四面明间设半圆拱形假门，墙壁面隐作圆柱分出间位，檐下是仿木斗拱，斗拱上方为仿木檐檩，再上是椽飞，均为仿木砖砌。仿作细致入微，于细微处可见其匠心。阁内无一梁柱，阁顶是由层层出跳的24层砖制斗拱支撑，壁内倾角呈上升趋势，顶部为大覆斗藻井，正中饰以飞龙，各斗拱间的壁面，都饰有生动的沥粉彩绘人物。这是玉皇阁极具特色的独到之处。阁外四周柱廊为木结构，系晚清重修。斗拱耍头雕有龙头，柱头也雕龙首含珠，雕刻精美，栩栩如生。

　　玉皇阁作为明代建筑保存至今，仍较为完整，其独特的建筑结构和精美的装饰艺术具有很高的历史、科学、艺术价值。

你知道滏阳河的发源地黑龙洞吗?

　　黑龙洞位于峰峰矿区神麇山东麓。这里是滏阳河的发源地，背山面水，风景秀丽。峰峰矿区的神麇、南鼓两山，南北对峙，其谷口称"滏口陉"，是兵家必争的要道，北齐及隋朝曾在此设立"昭关"，陉口南旁"深邃莫测"的石洞，便是传说中主宰人间旱涝的黑龙居留之地黑龙洞。古人曾有"骊龙出洞去，洞深不可测"的诗句。附近的泉水称黑龙泉，黑龙泉附近有一眼滏阳泉。黑龙泉与滏阳泉是滏阳河的发源地，两水汇流为滏阳河。因泉水从沙里冒出，犹如釜中沸腾的开水，故称滏阳河。黑龙洞在两大泉水汇流深潭的南侧，潭水清澈见底，隆冬不冻。喷泉终年涌腾翻浪，游鱼悠然，水草映翠，加之河水倒映古塔、山影，远近高阁亭榭隐约呈现，更添几分秀媚。黑龙洞岩壁腰部的庙宇建筑群称风月关。始建于唐代，后经历代维修，现存建筑为明代万历年间所修。有昆山明月阁、菩萨庙、关公庙、黑龙庙等几个殿宇，占地面积540平方米。这些殿宇的外表，庄重紧凑，具有浓厚的传统风格。黑龙洞东临滏阳河，西依神麇山，河岸绿柳成荫。四周山峦起伏，山清水秀，气候宜人，终年游客不断。

娲 皇宫为什么被称为"吊庙"？

娲皇宫位于涉县城西北约10公里的东唐王山上，是传说中女娲抟土造人，炼石补天的地方，当地人俗称奶奶庙、吊庙。始建于北齐天宝年间，距今已有1400多年历史。

娲皇宫整个建筑群占地1437平方米，分为山上、山下两部分，由朝元宫、停骖宫、广生宫和娲皇宫四组建筑组成，中间连以1000余米的台阶式盘道，各组建筑布局均依山就势，巧借天然，各具神韵，为河北省古建筑十大奇观之一，自古就有"蓬莱仙境"的美誉。

穿过朝元宫、停骖宫、广生宫三组建筑群，沿阶而上，便是主

▲ 娲皇宫

体建筑娲皇宫，由娲皇阁、梳妆楼、迎爽楼、钟鼓楼、皮疡庙等古建和北齐石窟、摩崖刻经组成。所有建筑紧贴峭壁，凌空雄峙。娲皇阁坐东面西，歇山式琉璃剪边瓦顶，共有四层，楼阁通高23米，其后面的悬崖上，凿有八个拴马鼻，用八根铁链将楼阁紧紧拴在峭壁之上。平日里铁索自然弯曲，当游客盈楼之时，伴着嘟嘟作响之声，铁链被拉直，楼体即向前倾，因此娲皇阁又有"活楼""吊庙"之称。这是中国建筑史上动静结合的完美之作，令人叹为观止。

娲皇古迹中最珍贵的文物是什么？

娲皇古迹不仅有气势磅礴、绚丽多姿的古代建筑群，而且拥有保存完好、国内罕见、规模宏大的北齐摩崖刻经，这些刻经是娲皇古迹中最珍贵的文物。

娲皇宫摩崖刻经原有七处，现存六处刻经保存较为完整，总面积160平方米，刻石1187行，共刻经文13.7万余字，刻有佛经6部，分别是《思益梵天所问经》《十地经》《佛垂般涅槃略说教诫经》《佛说盂兰盆经》《深密解脱经》《妙法莲花经》。这些刻经的字体各不相同，有的是隶书，有的是楷书，有的则是魏碑体，分五处刻于崖壁之上。著名书法家王学仲在考证中说："堪称为天下第一石室刻经者，当推河北涉县娲皇宫。在中国的刻经石刻中，无论其规模和刻字数量上，均可称为天下第一壁经群"。

北齐摩崖刻经是我国现存摩崖刻经中时代最早、字数最多的一处，也是我国佛教发展史上，特别是佛教早期典籍中弥足珍贵的资料，对研究我国早期佛教地域、流派及书法镌刻演变历史，有着极高的参考价值。

你知道八路军一二九师司令部旧址在哪里吗？

八路军一二九师司令部旧址位于邯郸市西 100 公里的涉县赤岸村。1940 年，八路军为抗击侵华日军，挥师挺进太行山区，一二九司令部从山西省辽县（现左权县）相峪村迁驻涉县常乐村，同年 12 月底迁驻赤岸村，直至 1945 年 12 月，一二九师司令部官兵在这里生活、战斗了五年时间。

赤岸村地处清漳河畔，依山傍水，自然环境很好。司令部大院在村中央的小山坡上。院内西屋是刘伯承住室，北屋是会议室，南屋是办公室，东屋是警卫室。院内花叶繁茂，吐露芳香的丁香、紫荆树就是当年刘邓首长亲自栽培的。邓小平政委住在西院一幢坐南朝北的房子里。现在，司令部大院旧址北屋、东屋和南屋陈列着反映当时军民光荣斗争史的革命文物和有关资料。抗日战争时期，刘伯承、邓小平在这里指挥晋冀鲁豫根据地军民，广泛开展抗日游击战争，不断扩大根据地，建立抗日政权，加强根据地的各项建设，为抗日战争的胜利做出了卓越贡献，在抗日战争史上写下了光辉的篇章。1945 年 8 月 20 日，抗日战争刚刚胜利，晋冀鲁豫中央局和晋冀鲁豫军区即在赤岸村成立，邓小平任中央局书记和军区政委，军区司令员是刘伯承。司令部仍设在原八路军一二九师司令部大院。刘伯承和邓小平在这里运筹帷幄，指挥晋冀鲁豫解放区军民粉碎了国民党军队的进攻。在这里制定了上党战役和平汉战役作战方案，并亲自指挥这两个著名的战役，取得了巨大胜利。

庙 坡岭为什么改为将军岭？

涉县赤岸村北侧有一山冈，原名庙坡岭。因这里安葬着刘伯承元帅、徐向前元帅、黄镇上将、李达上将、王新亭上将五位曾对中国现代历史产生过重大影响的人物，故改名为"将军岭"。1990年，由邓小平题写了岭名。这里群山环绕，风景秀丽，据说是块风水宝地。有人形象地说将军岭是"头枕大寨垴，脚踏卧牛山，左手托凤凰，右手扶鸡冠，腰中缠玉带，百龙吐清泉"的好地方。这里是除北京八宝山以外安葬元帅、将军最多的地方。沿岭东南侧石阶上坡，首先看见的是当年八路军一二九师官兵与当地群众共建的漳南大渠，当地人管它叫"救命渠""将军渠"。至今还留传着"水流南山头，吃饭不用愁，没有八路军，渠水怎能流"的民歌。从岭下登129级石砌台阶，就到了刘伯承元帅纪念亭，亭额上的"刘伯承元帅纪念亭"是邓小平题写的，亭中央立有刘帅的花岗岩全身塑像，刘帅的骨灰就安葬在塑像下面。左右两侧各立卧碑一通，分别镌刻着刘伯承的生平简历和中央领导人为刘帅撰写的悼词。从刘帅的墓地再上10级台阶就是李达上将和黄镇上将的墓地，李达的墓地在左侧，黄镇的墓地在右侧，李达墓地的后边是王新亭上将的墓地。从黄镇和李达的墓地往上登119级台阶，也就是从刘帅的墓地往上登129级台阶，就到达徐向前元帅的墓地，这里安葬着徐帅部分骨灰。再往上登129级台阶，就到了将军岭的顶部。整个将军岭总占地面积6000多平方米。

九峰山森林公园有哪些迷人景观？

　　九峰山森林公园位于河北省涉县更乐村，由四条深谷陡峰间的万亩天然人工混合林和三十多处自然、人文景观立体构成，园内山高沟深，峰峻崖险。从沟口进去，两侧有望月、卧狮、南北武仕、佛指、玉玺、虎象、情侣、神龟共九座奇峰，故称九峰山。最高峰小尖垴海拔 1158 米。登峰远眺，近见清漳流水一线，远望武安城古塔倩影，日升月落，变化万千。此沟又因巨松参天，枝密林茂，乡人俗称大树沟。三省七县树种，园中各种植物繁多，几乎无所不有。更有杜梨、山杏、苹果、山楂、核桃等 20 多种干鲜果树散落沟内。连翘、远志、柴胡、细辛百十种中药材遍布其间。阵阵幽香滋润山风，雨沥百草涓涓下流，喝一杯九龙潭水，百病可祛，精神倍增。

　　九峰山万亩山野，随着树木繁茂，渐渐变成太行深处的一个世外桃源。林荫丛莽之间，蜿蜒条条甬道，将游人引领到密林深处。险峰要隘有亭台楼榭，扶梯曲栏，仿木长廊，凌空栈道。草间斜坡，卧有供游人一尽雅兴的滑梯。自然与人文景观遍布道边，诸如刀耕人家、象鼻山、天狗蚀月，一步一景，让人叹为观止。其间传说，或离奇叫绝，或情意缠绵，或侠肝义胆，无不蕴藏着深邃的文化底蕴。

武安城的象征舍利塔建于何代？

　　舍利塔位于武安市城内东门里塔西路东端，原妙觉寺南，既是武安八景之一，又是武安的象征，属河北省重点文物保护单位。从结构及用料推断，当为宋代建筑。是建于北宋元祐六年（1091

年）的妙觉寺的附属物。塔高 38.71 米，13 层，有地宫，平面呈正八边形，每边长 3.4 米。塔身为砖结构，仅顶部有合抱粗木柱支撑顶端，塔身一至二层较高，以上渐减。塔身每层东、南、西、北四面正中有券门，塔九层以下分内外两层，塔心为八角形实心塔柱，内外层之间有通道，可盘绕而上，至第八层以塔心柱为梯达第九层。第九层通道内外壁均出斗拱，托着券顶。由于塔的逐渐缩小，第十一层为木柱托着塔刹，塔心柱除第八层外，每层均为置佛像而辟一方室。舍利塔历经千年的风雨，下部已被土埋没，塔顶已风化坍落，塔尖也微倾斜，但古塔巍巍，美观坚固。它曾经历过多次大地震的考验，特别是道光十年的大地震，塔附近的建筑物几乎全毁，唯这座古塔矗立无恙。它是研究古代建筑的重要资料。近年来，武安市政府对此塔作了较大规模的加固维修，使之更加挺拔雄秀。

你 知道道教圣地"古武当山"吗？

古武当山位于邯郸武安市西北 40 公里的太行山深处。由于这座新名世的道教历史文化名山遍布奇景异观，伴随着优美传说的远播，已成为冀晋鲁豫四省交界处的旅游必至的胜地。

古武当山是集道教、内家武术和丰富旅游资源为一体的一座仙山，这座山之所以被称为仙山，是因为它是道教大神真武大帝最早修炼之处。由于唐代山上就有武当派道教的庙观，其得名历史，比国内其他武当山要早。经文史专家考证：山上古碑铭为"古武当山"，乃为国内道教界久寻不得的，唯道籍上载名的"北方武当山"。因而庙观中供奉的是真武大帝和太极宗师张三丰。古庙建在山的极顶之处，海拔 1437 米，雄伟瑰丽，如同仙居，真是"神在庙中坐，庙在云中行"。此地人迹罕至，显得格外神秘。

这里还有与"五岳"相媲美的山色,它山势奇特,五峰相望,顶顶有庙,峰峰插天。植被繁茂,处于原始森林状态,满山葱郁。"武当天池"坐落其间,云水弥漫,实为人间仙境。

这里处处呈现着大自然的灵气,幻化为形态逼真的造物奇观,最著名的有"阳山奇观""大鹏展翅""神猴献瑞""毛公峰""鲁迅峰"和"太极掌",鬼斧神工,令人叫绝。

这里又是休闲避暑的好处去,有"清凉夏都"之称。炎炎三伏天,居人晨昏穿长衣,凉夜须盖被。遍谷药草山果,供人采食。悬于峰嶂间的观光索道,更给游人饱览大好河山的便利。

悠久的道家拳术及养生方式,更吸引国内外的探奇寻幽者。古武当山,不可不游。

京 娘湖的传说真与宋太祖有关吗?

武安市西北部的京娘湖,是一处风景幽美的自然风光游览区。京娘湖原称口上水库,因这一带有关宋太祖赵匡胤的传说遗迹很多,最著名的是千里送京娘的故事,后改名叫京娘湖。景区有十八景,分别为高峡平湖、仙灵峡、宋祖峡、京娘峡、怒狮昂首、神龟探头、雄鹰傲视、屯山积粮、神女舍粟、叠桥戏月、驼峰竞秀、妆台传情、寒潭遗恨、云崖寄志、古岩飘锦、清风开屏、危岩藏经等。

相传五代的时候,青年赵匡胤(后来的宋太祖)学得一身武艺,独身闯荡江湖,广交天下壮士好汉。有一次他在太原搭救了一位被强盗抢去的姑娘赵京娘,步行千里送她还乡。途经武安,京娘对他产生爱意,多次暗示明喻。赵匡胤以天下为重,只认京娘为义妹,没有应允婚事。十八景中的宋祖峡、京娘峡、妆台传情、寒潭遗恨等,都和这段故事有关。据《武安县志》记载:赵匡胤有次过太行山，曾写过《咏日》："欲出未出光辣挞，千山万水如火发。须臾走向天上来，赶却残星赶却月。"十八景中的云崖寄志，就是因赵匡胤在山崖上题过此诗而得名，至今字迹还依稀可辨。根据上述景观传说，可证宋太祖多次游经武安是个事实。

京娘湖景区层峦叠嶂，川谷幽深，湖上行舟，饱览两岸秀色，令人心旷神怡。特别是近年景区进行了全面开发，建设成了多处度假村。这里和摩天岭景区邻近，公路交通很是方便，已成为避暑胜地。夏秋季节，到此游览的旅客极多。

"长寿村"的村民为何长寿？

在武安市西北 60 公里摩天岭脚下，有一个山村叫艾蒿坪，因村民长寿少病，无人得过癌症而远近闻名，故得名长寿村。长寿村人何以长寿呢？这与村里的长寿泉和长寿茶有关。村后有几眼甘泉，泉水从山岩之中喷涌而出，清冽甘甜。经检验，泉水里富含矿物质和中草药成分，凡饮用过此水的人就不会生病，故称"长寿泉"。摩天岭山上有上千亩的连翘茶林，村民以此作原料加工成连翘茶叶，以泉水沏之，饮后身爽体健，从此得名"长寿茶"。据村里老人讲他们就是常饮长寿泉和长寿茶而长寿的。这里已建成长寿村风景区，建有长寿园。景区气候凉爽，有优美的自然环境，独特的民居建筑，古朴淳厚的民风和雄伟险峻的摩天岭。游人到此必登摩天岭。其峰高耸入云，似与天相接而得名。主峰东侧有一条用红石砌成的盘山大道，称十八盘，古为通晋要道。沿道而上，层峦叠嶂，林木葱郁，鸟语花香，山泉叮咚，空气清新，气候宜人。山上物产丰富，有核桃、柿子、松柏、山杏、洋槐等几十种珍贵的山间古树；还有柴胡、远志、荆芥、苍术、益母草等药材；山鸡野兔随处可见。所以到此观光的游客无不品尝此地的山中果品。长寿村景区集民风民俗和自然风光于一体，是休闲度假的好去处。

你 知道豫剧《朝阳沟》的创作原型发生在哪里吗？

现代豫剧《朝阳沟》在 20 世纪 60 年代闻名全国，至今魅力不衰，深受广大群众的喜爱。剧中塑造的男女主人公银环和栓保，反映了 20 世纪五六十年代农村青年自力更生、艰苦创业的爱情生活与生产活动。很多人都喜爱《朝阳沟》，却不知道《朝阳沟》创作原型发生地在邯郸武安县列江村。

武安县列江村是我国著名的豫剧作家、导演杨兰春先生的故乡。20 世纪 60 年代之前，这里山高坡陡，条件艰苦。有一位叫银环的城里学生，随同当地青年栓保上山下乡来此安家落户，扎根山区，其思想境界是一般人难以做到的。但银环也曾思想动摇过，在李支书、二大娘、栓保妈认真劝导，苦心挽留下，终于使银环安下心来，扎根农村，并对朝阳沟的山山水水，一草一木产生了深厚感情。

剧作家杨兰春回乡探亲时，听到乡亲们讲述银环、栓保的事迹，很受感动。回到工作地郑州后，便创作了现代豫剧《朝阳沟》。

武安县列江村现在仍然完好地保留着银环、栓保的旧居，室内陈列物品都原汁原味，古朴真实。如今的朝阳沟阳春花木繁茂，百鸟争鸣，盛夏泉水清澈，秀丽迷人，秋天层林尽染，果实累累，冬季银装素裹，冰挂串串。

朝阳沟是近年开发的旅游景区，欲知银环、栓保在银幕下的生活情景如何？乡亲们现在生活怎样？请到朝阳沟来看一看。

朱山石刻的文物价值何在？

朱山石刻位于永年县西部吴庄村北 1 公里处的朱山（又名猪山）顶上。石刻长 2 米，宽 0.4 米，为长条状天然红砂岩摩崖石刻。刻字面依山势斜面向西，上有"赵廿二年八月丙寅群臣上寿此石北" 15 个篆刻大字。文字实长 1.2 米，宽 0.08 米。据考证，朱山石刻为西汉文帝后元六年（前 158 年）诸臣为赵王刘遂祝福、祈祷刻石。赵王刘遂是赵幽王之子，汉文帝刘恒即位时（前 179 年）被封为赵王，直到汉景帝刘启前元三年（前 154 年）被杀，在位共 26 年。石刻上所说赵二十二年，正是刘遂受汉文帝刘恒重用，事业鼎盛的时期，众大臣自然要捧场，于是产生了此著名刻石。清道光年间广平知府杨兆璜发现该石刻后，公之于世。1982年被列为省级重点文保单位。

朱山石刻的文物价值很高，一是年代古老，距今已有 2100 多年，是西汉侯国赵国的刻石，也是至今所发现的汉篆中最早的刻石；二是它的结字、用笔朴茂雄深，有秦相李斯的笔意。李斯的"泰山石刻"闻名天下，朱山石刻是它的继承和发展，其书法已由秦篆之长形演为方形，隶书笔意甚浓，其书体正是篆书向隶书过渡时期；三是它用文字记述了西汉初年各诸侯王所封国内各自纪年的史实，对研究汉代历史有着极高的学术价值。为加强这一珍贵文物的保护，1985 年由省文物局在朱山顶上建起了朱山石刻保护亭。

为什么称永年弘济桥为"小赵州桥"？

弘济桥地处永年县广府镇东桥村，东西横跨滏阳河上，是现存滏阳河上第一座较大的明代以前的石拱桥，与赵县安济桥（赵州桥）结构相似，故又称"小赵州桥"。属省级文物保护单位。因桥为众人广泛救助，共建而成，故名弘济桥；因其距码头很近，亦名码头桥；又因其位于广府东面，又称府东桥。该桥建于何时尚不可考，明万历十年（1582 年）重修。桥身全部以石块、石板砌成，桥面全长 44.6 米，宽 6.5 米，大券跨度 24.8 米，似长虹飞架。两边两个小拱券跨度约 2.73 米，高 4 米。尽端两个小拱券跨度 1.75 米，高 1.02 米。全桥由 18 道单券组成，券与券之间用 0.37～0.43 米宽的铁束腰相连结，外侧刻有飞龙，缠枝花等，美丽舒展。桥面两侧各有 18 根方形望柱，其规格形态各异。顶端刻有狮子、猴、寿桃、大石榴、地牦牛等图案。桥面两侧各有 17 块栏板，栏板上所刻花纹多是节节封侯、连年有余等吉祥画，还有鹿、麒麟、八仙和武松打虎等图案。图案雕刻精细，栩栩如生，具有很高的艺术价值。栏板中部的外面有"弘济桥"三个石刻大字。弘济桥至今已有 400 多年的历史，虽经长期风化，但石刻仍很清晰，保存完好，车辆始终畅通，是河北省为数不多且有研究价值的古代桥梁。

永 年广府城与夏王窦建德有关系吗？

广府城也称永年古城，位于永年县广府镇。据传，夏王窦建德曾在此建都。窦建德，隋末农民起义军领袖。唐高祖武德元年（618 年）称夏王，建都乐寿（今河北省献县），改元五凤。接着窦军南下，占据了黄河以北大部分地区。公元 619 年 10 月，迁都广府城。在境内劝课农桑，严于吏治，鼓励百姓兴修水利，发展生产，一时间出现了"境内无盗、商旅野宿"的安定局面。广府城始建于隋唐以前，春秋战国时已具雏形，称曲梁。窦建德在此建都时，对该城进行了修整，修筑了万寿宫，始具规模。素有"北国小江南"之美称。唐以前，城墙周长约3.4公里，元朝时为4.5公里，明嘉靖二十一年（1542年）进行了大规模修整，改建为砖城。明嘉靖四十二年知府崔大德为防水患和战事，修大堤及瓮城，将四道门改为八道门，设重门楼。广府城城墙坚固，雄伟壮观，城河广宽，地势低洼，周围环水，易守不易攻，为历代军事要地。城内外共有名胜古迹30余处。城内面积1.5平方公里，四周城墙除个别地段坍塌外，基本保存完好。城内有四大街、八小街、七十二道小拐弯、寺门九狮子、窦建德万寿宫、窦建德墓（现已无遗址）、明代建筑孔庙大成殿、紫山书院、城隍庙，文昌阁等景点。城外正东有弘济桥；正南有吕公祠；西南有毛遂墓；西北有校场，校场内有座娘娘坟，相传是窦建德夫人曹氏之墓；东城河有莲亭，东北角有黑龙潭。这里已成为冀南重要的旅游区。

为什么说永年是"太极拳之乡"？

清末，在邯郸市永年县诞生了一代太极宗师杨露禅、武禹襄，他们所创造的杨、武式太极拳以其柔中寓刚、刚柔相济的特点享誉海内外，赢得了公认的"国术"称誉，使邯郸永年成为著名的"太极拳之乡"。1991年，首届中国永年国际太极拳联谊会在永年召开，邯郸即成为联系海内外太极拳爱好者的纽带。广府古城是杨、武太极拳的发源地，其故居是太极拳旅游观光的热点。杨露禅故居位于广府镇，即永年老城南关。始建于明清，分南北两部分，共有房舍19间，厂棚4间。1992年对故居进行了复修，扩建了主体建筑上房和南北配房，在保留冀南民居特点的基础上增加了古式门窗、隔扇、走廊等建筑，给人以典雅厚重之感。西屋是古式茶棚，两边是古式街门楼。故居后边另开一座院，是练武场和办公室，还增设了杨式太极拳宗师的雕像、纪念馆以及供人歇息的茶座、凉棚等。武禹襄故居，位于广府镇，即永年老城迎春街路西，始建于清末，分为南北三段院落，共有主房、配房、平房、过厅、东西群房等建筑75间。另有月门、书房、花厅、月台、莲花池、假山、练武场等辅助设施。规模颇大，独具北方庭院的典型特色。由于年代久远，故居部分失去原貌。1992年进行了维修整理，塑起武禹襄塑像，修复了影壁、花园、书房等设施，开设了纪念馆、展览馆，集中展示武式太极拳的创立与发展历史。

磁州窑何以名扬天下？

磁州窑是我国古代北方著名的民间瓷窑，位于今磁县观台及峰峰矿区彭城一带，因该地古代属磁州，故称磁州窑。它始于隋代，盛于宋朝，历史悠久，闻名中外。是中华民族陶瓷业的重要发源地之一。其制瓷技艺和艺术风格均达到极高的水平。当时的陕西、山西、河南、山东、东北、内蒙古都受其影响，故而形成了"磁州窑型"和"磁州窑系"之说。据清代撰写的《磁州志》记载："明代曾在彭城滏源里，设官坛厂四十座"，"舟车络绎，售于他郡"，史籍有"千里彭城，日进斗金"之记述。可见，历史上的磁州窑盛况非同凡响。它不仅为中华民族和世界陶瓷业留下灿烂的文化艺术和科学技艺，也留下了浩如烟海、脍炙人口的民间传说。因而"州以瓷名"，磁州窑遂著称于世。有"南有景德，北有彭城"之美誉。现存古窑址数十处。1987年对观台窑遗址进行发掘，发掘出陶窑和瓷窑共10座，还有碾制原料的大型碾槽及1万余件文物，同时出土的有各种类型的琉璃瓦饰、筒瓦、板瓦、滴水、龙纹瓦等，时代为宋代早晚期和金、元时期。观台窑出土的陶瓷品种也很丰富，除不同釉色、划花、剔花外，器型也十分齐全。磁州窑瓷器装饰以黑白对比为主要特色，白釉黑花装饰最为突出，并创造性地将绘画技法，以图案装饰绘法，把人物、鸟兽、虫鱼、山水等景物绘在瓷器上，为我国瓷器彩绘装饰开创了新纪元。

曹 操是不是埋在"七十二疑冢"之内？

在磁县东南十余公里处的漳河两岸，有一大片墓群。对于这些古墓，当地传说大小共有七十二座，而且在历史上很早就有人误认为是三国时期曹操设的疑冢，因此人们称这些古墓为"七十二疑冢"。宋人俞应符咏七十二疑冢的诗曰："生前欺人绝汉统，死后欺人设疑冢。人生用智死即休，焉有余道到丘陇。人言疑冢我不疑，我有一法君未知：尽发疑冢七十二，必有一冢葬君尸。"北宋王安石也有"青山如浪入漳州，铜雀台西八里丘，蝼蚁往还空陇亩，麒麟埋没几春秋"的诗句。当然，这是古人不实地考察，以讹传讹的结果。1971 年，河北省博物馆等单位对墓群进行全面勘察，证明这片古墓群是北朝时期王室贵族墓，共有 134 座，并发掘北齐故司马氏太夫人比丘尼垣墓、北齐皇族左丞相文昭王高润墓、东魏尧氏赵君墓。墓中出土的大批文物，是研究北朝时期政治、经济、文化的重要实物资料。现为全国重点文物保护单位。

在墓葬区内，还有东魏元景植碑和北齐兰陵王碑等，均为北朝名碑。

曹 操所建的铜雀台今安在？

"东风不与周郎便，铜雀春深锁二乔。"这是唐代诗人杜牧著名的《赤壁》诗最后两句。曹操在魏都邺城西北角所建的铜雀台，就在现今河北省临漳县西南的三台村。当年是魏武曹操廷宴宾客、聚会赋诗、观赏歌舞的场所。以曹氏父子为首的邺下文人，经常在铜雀台聚会赋诗，出现了在我国古典文学史上占有重要地位的"建安七子"和建安文学。历代名人题咏铜雀台的诗仅《临漳县志》里就记载了 65 篇。曹丕有"飞阁崛其特起，层楼俨以承天"的名句。唐代诗人张说在《邺都引》中咏曹操文武兼备的英雄气概时写道："昼携壮士破坚阵，夜接词人赋华屋"，这"华屋"即是"铜雀台"。铜雀台与金凤台、冰井台合称为三台，其显赫时期是十六国的后赵。冰井台今已不复存在，今仅存金凤台和铜雀台基址。铜雀台为东汉建安十五年（210 年）所建，原有金碧辉煌的建筑群，高十丈，有屋一百二十间，三台是邺城内最高的建筑，铜雀台位于中间，因台上竖有铜孔雀而得名。南与金凤台，北与冰井台相去各六十步。后赵石虎重修三台时，把铜雀台在原高的基础上又增高二丈，并在台上建五层楼，高十五丈。巍然崇举，其高若山。元末，铜雀台被漳河冲毁一角，周围尚有 160 余步，高五丈，上建永宁寺；明朝中期三台还存在；明朝末期，铜雀台大部被漳河冲毁。现在的铜雀台基残存，南北长 60 米，东西宽 20 米，高 5 米。夯土台基，夯层 11 厘米左右。为全国重点文物保护单位。

西门豹投巫的故事发生在哪里？

战国时期的魏国邺城（即今邯郸市临漳县境内）位于漳河边，是一块重要的战略要地。西门豹任邺城县令时，漳河多水患，民不聊生，迷信活动十分猖獗，使治理漳河任务处处受阻，于是西门豹把惩治迷信活动当成了治理漳河的首要任务。西门豹看到这一带人烟稀少，满目荒凉，就问老百姓是怎么回事。一位白胡子老大爷说：都是河伯娶媳妇给闹的。河伯是漳河的神，年年都娶一个漂亮的姑娘，要不给送去，漳河就要发大水，把田地、村庄全淹了。西门豹仔细一打听，知道是地方上的贪官跟巫婆串通起来搞的鬼，心里很气愤。等第二年"河伯娶妇"的这一天，西门豹到了现场。他看到大大小小的官儿和装神弄鬼的老巫婆全来了，就提出要亲自看看河伯的新媳妇。当他看见那个要嫁给河伯的不幸女子时，就对巫婆说："怎么找了这么一个丑丫头？太不像话，麻烦你去告诉河伯一声，等我找到漂亮姑娘再给他娶媳妇！"说完一挥手，他的随从立即上来，把巫婆一下子推到漳河里去了。接着以派人催问为借口，把巫婆的大徒弟和一个民愤极大的贪官相继扔进河里。这样一来，那些干坏事的家伙谁也不敢再提给河伯娶媳妇的事了。西门豹带领全城老百姓挖河修坝，根除水害，使漳河两岸年年丰收。后人为了纪念西门豹，在投巫的河边为他建了祠堂。

为什么宋代的大名府被称为"北京"？

大名府城在邯郸市东南大名县大街乡一带。现在的大街乡大街村就是大名府城的中心。大名府始建于唐僖宗中和年间。宋仁宗庆历二年（1042 年）对大名城郭进行了增修，改名为北京。内城周长 1.83 公里，外城周长 24.3 公里，设城门 9 座，规模宏大，明建文三年（1401 年）因漳卫河漫溢，变为废墟，而后又迁修于艾家口，即今日的大名县城位置。

在历史上，大名府曾做过三次国都。第一次是五代唐（后唐）时期，在这里当政的第一个皇帝是李存勖，国号大唐（后唐），年号同光，建都魏州（大名），都名东京。同光三年（925 年）改东京名为邺都。第二次是北宋仁宗时期，于庆历二年（1042 年）把大名建为陪都北京。第三次是叛宋降金被金朝封为藩国大齐皇帝的刘豫。刘豫当儿皇帝共八年，以大名作国都二年，作副都六年。唐朝的田承嗣、何进滔、狄仁杰等，五代梁的杨师厚，北宋的王钦若、寇准、欧阳修等著名人物都在这里做过官。大名东西两城是隋唐以来直至 20 世纪 30 年前的冀南及广大地域内的政治、经济、军事、文化中心。它除做过三次国都外，自曹魏文帝黄初二年（221 年）至民国二十一年（1932 年）的 1700 多年里，先后为郡、州、府、路、道、专区的所在地。

"一部水浒传天下，大名府城美名扬"。这里古迹众多，有保存完好的古城墙、唐宋时期王侯将相墓、气势非凡的天主教堂等。大名府城址被列为省级文物保护单位。

为什么五礼碑被称为"天下第一碑"？

大名在历史上数度繁盛，散见于大名府故城内外的古建遗址、碑刻、墓葬印证着大名府的兴衰。五礼碑就是其中一个令人瞩目的遗珍。五礼碑现存放在大名县石刻博物馆，高 11.95 米、宽 3.04 米、厚 1.13 米、总重为 140.3 吨，碑石规模超过西安乾陵无字碑等碑石，因此号称"天下第一碑"。

此碑原为唐魏博节度何进滔德政碑，唐文宗时所制，碑文为著名书法家柳公权所书。宋徽宗赵佶组织编写了《五礼新仪》。大名府尹梁子美为拍皇上马屁，想刻一石碑以使五礼仪万古流芳，苦于没有大碑石，竟公然毁圮前朝碑制，把柳公权字迹磨掉，刻新仪于其上。对梁子美的破坏行为当时就有人站出来谴责，这其中就有著名词人李清照的丈夫赵明诚。他在《金石录》中说："何进滔碑，亦云政和中大名尹建言，磨去旧文，别刻新制，好古者为之叹惜。今大名之五礼碑，当即梁子美所刻也。绪何进滔之事不足道，然以唐贤书法之工，后人所当宝爱……"大意是说，磨去旧文，何进滔的事迹不足为后人说也就罢了，只可惜了柳公权的书法艺术。其后，五礼碑又历经磨难，在明代以前就已躺在地上，碎身为九段，明朝嘉靖年间被大名知府顾玉柱掘出。不幸之中的万幸是，当年梁子美磨碑时，碑两侧柳公权的字迹部分得以保留，成为柳体书法的珍贵实物资料。

战国"四公子"之一的平原君赵胜为何葬在肥乡？

平原君赵胜，名腾，与孟尝君、信陵君、春申君并称为战国"四公子"。他是赵武灵王的儿子，赵惠文王的弟弟。曾辅佐赵武灵王、惠文王、孝成王三代君主，三任赵相，为赵国的强盛尤其是抵御外敌的侵犯，保卫赵都邯郸立下了不朽的功勋。赵胜任宰相时，礼贤下士，门下宾客数千人。赵孝成王七年（前259年）长平之战后，秦军围困邯郸，形势十分危急，赵胜尽散家财，发动兵民，坚守城池，长达三年之久。以后，又多次派遣使者向魏国告急，并且亲率门客毛遂等人前往楚国求援，魏、楚两国援军到来，解了邯郸之围。《史记》中称其为"翩翩浊世之佳公子"。公元前251年，平原君因病逝世，埋葬在肥乡县城南4公里处的索家寨村，赵孝成王亲自为他举行了隆重的国葬仪式。

赵胜为何被葬于索家寨村呢？相传，秦国包围邯郸时，赵胜到肥乡调遣援兵，途中遭到秦兵的伏击而身负重伤，战马驮着他到达现在的索家寨村，遂在此养伤，并遗嘱死后葬于此村。赵胜墓面积有16平方米，为赵国时所建。据《肥乡县志》载：平原君墓高数丈，墓的东面有古庙三间，内塑平原君像。现封土残存。墓南有墓碑及碑楼，碑刻为明代万历年间张懋忠撰写，碑面正中刻有"平原君赵胜墓"六个一尺见方的大字，字体苍劲有力。1983

年，肥乡县政府制作并竖立了墓碑保护牌，重建碑楼和透花围墙。

你 知道元代名儒名医窦默的籍贯吗？

窦默是肥乡县兴教乡人，元初名儒名医，著名的理学家，字子声，初名杰，字汉卿。自幼喜读书，有大志。少年时，窦默随元军讨金，被金军俘虏。后寻机逃脱，但此时已家破母亡，孤身一人长年流浪在外。一次，南渡蔡州时，幸遇名医李浩，得其铜人针法真传，技艺日臻熟练，已达到隔衣使针的程度。后行医到今湖北孝感县，与当地县令相识，一见如故。县令对程氏理学颇有造诣，窦默遂虚心求教，从而对理学又产生了浓厚的兴趣，深得其中奥妙。金兵退去后，隐居大名，与姚妪、许衡等人讲习程氏理学。后又返回肥乡，教授经学，因其博学多才而闻名遐迩。忽必烈闻知后，在藩邸召见了他，询问治国之道。他回答道："帝王之道，在于诚意正心，心既正，则朝廷远近莫敢不一。"忽必烈很高兴，便留他在宫中做了儿子的老师。忽必烈即位后，因其像唐朝魏徵一样敢于直谏，受到重用，历任翰林侍讲学士、昭文馆大学士、正议大夫等职。后因王文统排挤，托病辞官。文统被杀后，又被请回京师，做为皇帝终身顾问。元至正十七年（1357年）卒于京师，追赠为太师，封魏国公，谥号"文正"。葬于肥乡县翟固乡城西村西南。著有《外科全书医论》等论著。窦默墓面积 15 平方米，为元代所建，墓前有墓碑，翰林院大学士王盘撰文，有重要的历史艺术价值。清同治元年（1862 年）教谕赵文廉曾捐款重修。1983 年重建碑楼，墓碑四周筑有透花围墙，属河北省重点文保单位。

成 安二祖塔所葬的是哪位高僧的舍利?

邯郸成安县城西北的东二祖村村北旧有唐代创建的元符寺, 寺中的二祖塔, 是中国佛教大乘佛宗第二代祖师慧可的舍利塔。因为禅宗初祖为天竺(印度)高僧菩提达摩, 所以慧可实际上是禅宗在中国的第一代传人。

二祖慧可俗姓姬, 河南虎牢关人, 为南北朝和隋代的高僧。他20多岁出家, 法名神光。中年时到南京讲经说法, 遇到达摩, 很是崇拜, 于是随他渡江北上, 经洛阳而回到嵩山少林寺。神光为了求得禅宗真谛, 于雪夜向达摩请教。正逢达摩参禅入定, 他就在门外立等, 任凭大雪纷飞而身不动。直至第二天达摩开定睁眼, 发现神光已是雪埋膝盖, 深为感动, 就进一步试探说: "如要传法除非天降红雪。"神光毅然用戒刀砍断左臂, 血染雪红。达摩即收他为入室弟子。改法名慧可。达摩圆寂后, 慧可承受达摩衣钵, 到邺城, 成安一带传法数十年。107岁时, 慧可到成安匡教寺说法。当地有个和尚辩和法师, 由于嫉恨慧可佛理深奥, 就勾结官府, 以散布"异端邪说"罪名严刑迫害慧可。慧可安然圆寂后, 被官府抛尸漳河, 尸体逆流而上30里, 被信徒捞起殡埋。唐太宗时于埋葬处建寺, 赐额"广慈禅院"。宋初改名为元符寺。当时寺庙的规模宏大, 与少林寺齐名。后几经毁坏, 到民国时期已破烂不堪, 仅剩遗址。塔的上部也坍塌了。1966年, 塔下部因为地震裂缝。拆塔时于地宫发现一石棺和宋碑。石棺中有小银棺, 内放二祖骨灰。为宏扬佛教文化, 纪念历史名人, 成安县政府已集巨资, 正拟再建寺院, 重现名刹辉煌。

选题策划：殷　钰　高　震　谭　燕
责任编辑：殷　钰
责任印制：闫立中
装帧设计：中文天地

图书在版编目（CIP）数据

燕赵沃野河北. 2／《燕赵沃野河北》编写组编著
. -- 北京：中国旅游出版社，2015.4
　（中国地理文化丛书）
　ISBN 978 - 7 - 5032 - 5177 - 1

　Ⅰ.①燕… 　Ⅱ.①燕… 　Ⅲ.①河北省 - 概况 　Ⅳ.
①K922.2

　中国版本图书馆 CIP 数据核字（2015）第 002363 号

书　　名：中国地理文化丛书——燕赵沃野河北（二）
作　　者：《燕赵沃野河北》编写组
出版发行：中国旅游出版社
　　　　　（北京建国门内大街甲 9 号　邮编：100005）
　　　　　http：//www. cttp. net. cn　E-mail：cttp@ cnta. gov. cn
　　　　　发行部电话：010 - 85166503
排　　版：北京旅教文化传播有限公司
经　　销：全国各地新华书店
印　　刷：三河市恒升印装有限公司
版　　次：2018 年 1 月第 1 版　2018 年 1 月第 1 次印刷
开　　本：710 毫米 ×1000 毫米　1/16
印　　张：19
字　　数：230 千字
印　　数：1 - 5000 册
定　　价：38.00 元
ＩＳＢＮ　978 - 7 - 5032 - 5177 - 1